Hauptstadt Berlin
Capital Berlin

Hauptstadt Berlin
Capital Berlin

Parlamentsviertel im Spreebogen
Parliament District at the Spreebogen

Internationaler Städtebaulicher Ideenwettbewerb 1993
International Competition for Urban Design Ideas 1993

Bauwelt
Berlin

Birkhäuser Verlag
Berlin Basel Boston

Herausgegeben von der / edited by
Arbeitsgruppe Berlin-Wettbewerbe:
Felix Zwoch mit / with Annegret Burg, Andreas Müller, Friederike Schneider, Ria Stein.

Gesamtredaktion / Editor-in-Chief
Felix Zwoch

Konzeption und Graphik / Concept and Graphics
Friederike Schneider

Lektorat / Editors
Andreas Müller
Ria Stein

Redaktionelle Mitarbeit / Editorial cooperation
Annegret Burg

Übersetzungen ins Englische / Translations into English
Christian Caryl: Essay, Einleitung, Projektbeschreibungen /
Essay, introduction, project descriptions
Francesca Rogier: Projektbeschreibungen / Project descriptions
David Bean: Typologietexte / Typology texts

Register / Index
Arge Spreebogen
Leni Lopez

Fotos / Photographs
Uwe Rau

Sämtliches Material zum Wettbewerb, soweit nicht anders angegeben, wurde von der
Senatsverwaltung für Stadtentwicklung und Umweltschutz zur Verfügung gestellt.
Wir danken Dolf Straub und Cornelia Poczka für ihre Mitarbeit. Außerdem danken wir
Gunter Strey von der Arge Spreebogen.

All competition material, unless indicated otherwise: Senatsverwaltung für
Stadtentwicklung und Umweltschutz. We thank Dolf Straub and Cornelia Poczka for their
cooperation. We thank also Gunter Strey of Arge Spreebogen.

Herstellung / Production
Bernd Fischer

Satz / Typesetting
Jech & Moeck, Berlin

Lithographie und Druck / Lithographs and Printing
Ruksaldruck, Berlin

Buchbinderische Verarbeitung / Binding
Heinz Stein, Berlin

Der Vertrieb über den Buchhandel erfolgt ausschließlich über den Birkhäuser Verlag.
World distribution by Birkhäuser Publishers, excluding orders from Bauwelt and other
journals' subscribers and readers.

A CIP catalogue record for this book is available from the Library of Congress,
Washington, D.C., U.S.A.

Deutsche Bibliothek Cataloging-in-Publication Data

Hauptstadt Berlin: Parlamentsviertel im Spreebogen ; internationaler städtebaulicher
Ideenwettbewerb 1993 = Capital Berlin / Bauwelt, Berlin.
[Hrsg. von der Arbeitsgruppe Berlin-Wettbewerbe. Gesamtred.: Felix Zwoch. Übers. ins
Engl.: Christian Caryl ...].
Berlin ; Basel ; Boston : Birkhäuser, 1993
ISBN 3-7643-2893-2 (Berlin ...) brosch.
ISBN 0-8176-2893-2 (Boston) brosch.
ISBN 3-7643-2892-4 (Berlin ...) Gb.
ISBN 0-8176-2892-4 (Boston) Gb.
NE: Zwoch, Felix [Red.]; Berlin; PT

© 1993 Bertelsmann Fachzeitschriften GmbH, Gütersloh, Berlin und Birkhäuser Verlag,
Berlin, Basel, Boston
Printed on acid-free paper
Umschlagabbildung / Cover illustration
Axel Schultes: Modellfoto, Erster Preis / Model shot, First prize

ISBN 3-7643-2892-4 (hard cover)   ISBN 3-7643-2893-2 (soft cover)
ISBN 0-8176-2892-4 (hard cover)   ISBN 0-8176-2893-2 (soft cover)

Printed in Germany
9 8 7 6 5 4 3 2 1

Inhalt

Contents

Vorwort der Präsidentin des Deutschen Bundestages

Rita Süssmuth

Am 20.Juni 1991 hat der Deutsche Bundestag beschlossen, den Sitz des Parlamentes und des Kernbereichs der Regierung in die Bundeshauptstadt Berlin zu verlegen. Das Reichstagsgebäude ist der zukünftige Sitz des Deutschen Bundestages und soll für die parlamentarische Nutzung umgebaut werden. Dieses historische Gebäude, das in Jahrzehnten der unmenschlichen Teilung Deutschlands gerade auch wegen seiner Lage direkt an der Mauer und dem Brandenburger Tor wie kein anderes Gebäude den Wunsch nach der Wiedervereinigung verkörpert hat, soll nun zum Mittelpunkt eines modernen, im wesentlichen neu zu errichtenden Parlaments- und Regierungsviertels in der Mitte Berlins werden.

Zeitgleich zum Realisierungswettbewerb „Umbau Reichstagsgebäude zum Deutschen Bundestag" wurde der „Internationale Städtebauliche Ideenwettbewerb Spreebogen" durchgeführt. Aus 835 Vorschlägen wurden acht Entwürfe ausgewählt und preisgekrönt, wobei drei Vorschläge in die erste Preisgruppe eingestuft wurden. Das Preisgericht hat diesen Arbeiten Kraft und Eleganz bescheinigt. Der erste Preis mit seiner starken architektonischen Ausprägung wird vor allem dem Gedanken der baulichen Selbstdarstellung der Verfassungsorgane gerecht. Dennoch sind auch kritische Stimmen nicht zu überhören, die

zum Beispiel die erstrebenswerte Transparenz des Parlaments- und Regierungsviertels und die notwendige Flexibilität des städtebaulichen Konzeptes anmahnen. Konzept- und Baukommission des Ältestenrates des Deutschen Bundestages haben sich schließlich für eine Überarbeitung der drei prämierten Entwürfe ausgesprochen.

Ich freue mich, daß bei diesem bedeutenden städtebaulichen Wettbewerb die nationalen Grenzen überschritten worden sind. Die Internationalität der Preisträger dokumentiert, wie viele am gegenwärtigen und zukünftigen Geschehen in der Hauptstadt Berlin Anteil nehmen und sich dafür engagieren. Mit hohem ideellem und materiellem Einsatz wurden Konzeptionen erarbeitet, die durchweg von Originalität und einer großen Reichweite zeugen. Die Stellungnahmen zu den einzelnen Entwürfen waren kontrovers. Unabhängig von der jeweiligen Ausgestaltung haben alle Teilnehmer – jeder auf seine Art – versucht, die schwierigen Rahmenbedingungen der Aufgabe mit ihren Ideen auszufüllen.

Nicht zuletzt aufgrund der wechselvollen Geschichte des Reichstages muß das Selbstverständnis des Deutschen Bundestages als höchstes Verfassungsorgan in die Umbau-Konzeption einbezogen werden. Der Deutsche Bundestag will dem Anspruch eines bürgernahen Parla-

On June 20,1991 the German Bundestag resolved to move the seat of the parliament and the core functions of the government to the Federal capital, the city of Berlin. The Reichstag will be the future seat of the German Bundestag and is to be refurbished for parliamentary use. Not least because of its location next to the Berlin Wall and the Brandenburg Gate this historic structure has symbolized the wish for the reunification of Germany more than any other building. It will now form the center of a modern parliament and government district in the heart of Berlin, in the main part to be newly erected.

Simultaneously with the "Competition for the Conversion of the Reichstag to the German Bundestag" the "Spreebogen International Competition for Urban Design Ideas" was held. From its 835 entries eight projects were chosen and given an award; of these three proposals ranked in the first group of prizes. The jury bowed to the power and elegance of these projects. In particular the first prize with its strong architectural form does justice to the aspect of built self-representation of the constitutional entities. At the same time, critical voices cannot be overheard that call admonitorily for the sought-after transparency of the parliament and government district and for the necessary flexibility of the urban design concept. The committee for concept and building

of the Parliamentary Advisory Committee has recommended a revisal of the three first prizes.

I am glad that this important urban design competition transcended the national borders. The multinationality of the award winning entries testifies to the strong interest in the present and future development of the capital city Berlin and the involvement in the city's fate that many feel. A strong ideal and material commitment yielded conceptions of great scope and high originality. Response to the projects was controversial. Yet each participant attempted – in his or her own way and regardless of the architectural design – to answer the difficult requirements of the task with own ideas.

Not least because of the chequered history of the Reichstag the self-conception of the German Bundestag as the highest constitutional entity has to be part of the planning of the building's conversion. The German Bundestag wants to meet the demand for a transparent and efficient parliament which is close to its citizenry. It is open to the outside and is conceived as a place of integration and as center and workshop of our democracy.

Through a convincing urban design concept the Bundestag seeks to integrate itself into the center of Berlin. At the same time it strives –

ments voller Transparenz und Leistungsfähigkeit gerecht werden. Er will sich als Parlament nach außen hin öffnen; er soll ein Ort der Integration und zugleich Mittelpunkt und Werkstatt unserer Demokratie sein.

Darüber hinaus soll er sich in einem überzeugenden städtebaulichen Konzept nicht nur in die Mitte Berlins einfügen, sondern auch zusammen mit den Gebäuden des Regierungsviertels in einer neuen räumlichen und strukturellen Ordnung die jahrzehntelang geteilte Stadt wieder zusammenführen und ihr damit sowohl gesellschaftlich als auch städtebaulich ihre Identität zurückgeben. Die Spreelandschaft, die zur Zeit der Errichtung des Gebäudes als landschaftlicher Bezug nicht berücksichtigt wurde, soll nun als wichtiges landschaftliches Strukturelement die städtebauliche Planung insgesamt bestimmen.

Die Aufgabe ist unbestritten schwierig. Der Deutsche Bundestag wird aber alles daran setzen, die notwendigen Schritte zu einem Parlament mit dauerhaftem Sitz in Berlin zügig umzusetzen und den selbst auferlegten Maßstäben gerecht zu werden.

together with the other buildings of the government district – to reunite the city halves, divided for decades, in a new spatial and structural order and thus to restore its social and urban identity. The scenery of the Spree river, not taken into consideration at the time of the Reichstag's construction, will now determine the overall urban layout as an important spatial element.

Undisputedly the task is difficult. Yet the German Bundestag is dedicated to a swift implementation of its decision for Berlin as permanent seat of the parliament and to meet the standards it has set for itself.

Preface of the President of the German Bundestag
Rita Süssmuth

Vorwort des Regierenden Bürgermeisters von Berlin

Eberhard Diepgen

Die beiden Wettbewerbe, die das Gesicht des Parlaments- und Regierungsviertels Spreebogen prägen werden – der Internationale Städtebauliche Ideenwettbewerb Spreebogen und der Realisierungswettbewerb für den Umbau des Reichstagsgebäudes –, sind nur eineinhalb Jahre nach dem „Umzugs-Beschluß" des Deutschen Bundestages vom 20. Juni 1991 abgeschlossen worden.

Dem Spreebogen galt der größte je in Deutschland veranstaltete städtebauliche Wettbewerb. 835 Arbeiten aus aller Welt waren zu jurieren. Dieses Interesse an Berlin zeigt, daß das Neue Berlin nicht allein Sache der Berlinerinnen und Berliner ist. Das künftige Berlin geht alle Deutschen an; es übernimmt internationale Verpflichtungen und wird international beachtet und beobachtet.

Die neue Gestaltung der Berliner Stadtmitte und die Hauptstadtplanung sind Aufgaben, bei denen sich die Städtebauer an Berlins großen Architekten Karl Friedrich Schinkel, Georg Wenzeslaus von Knobelsdorff und Andreas Schlüter, aber auch an Erich Mendelsohn, Peter Behrens und Hans Scharoun messen lassen müssen. Es sind Proportionen zu finden, die menschliches Maß haben. Zu schaffen ist ein Raum, der für die so lange zerrissene Stadt identitätsstiftend ist, der Geborgenheit vermittelt und Wohlbefinden auslöst. Und das noch in diesem Jahr-

zehnt, nicht in einem fernen Utopia. Die von Bonn und Berlin gefaßten Beschlüsse lassen diese Möglichkeit zu. Sie sind finanzierbar und praktikabel, und sie tragen dem Gedanken Rechnung, daß hier und heute die innere Einheit vollzogen werden muß. Wer uns auf die ferne Zukunft vertröstet, hat unrecht. Denn derweil werden im Osten Deutschlands provisorische Leben gelebt.

Das Ziel bleibt nach wie vor, den Umzug von Parlament und Regierung nach Berlin so zügig wie möglich voranzubringen, ohne die entscheidenden Fragen der Stadtgestaltung über das Knie zu brechen. Berlin wird weiter darauf drängen, daß man sparsam mit den vorhandenen Mitteln umgeht und so schnell wie möglich für die Arbeit von Regierung und Parlament einen angemessenen und würdigen Ort schafft. Dabei ist es ein besonders großer Verhandlungserfolg, daß acht Bonner Ministerien in bereits vorhandene Gebäude einziehen werden. Damit wird nicht nur dem Gebot der Sparsamkeit gefolgt, sondern auch ein Beitrag zum Identitätserhalt der Hauptstadt geleistet, die durch Krieg und Wiederaufbau schon zu viel Substanz verloren hat.

Das Ergebnis des Spreebogenwettbewerbs ist beeindruckend. Eine Vielzahl der Entwürfe zeigt großartige Ideen und gibt überraschende Anregungen. Die Diskussionen im Preisgericht waren langwierig und

8

The two architectural competitions which will fundamentally shape the appearance of the Spreebogen parliament and government district in Berlin – the Spreebogen International Competition for Urban Design Ideas, and the Competition for the Refurbishment of the Reichstag – have now been completed: only one and a half years after the decision by the German Bundestag, on 20 June 1991, to move the capital from Bonn to Berlin.

The competition held for the Spreebogen was the largest urban design effort of its nature ever held in Germany. The jury decided on 835 submissions from all over the world. This international interest in Berlin has proved that the new capital is a matter of concern not only for Berliners. The Berlin of the future truly affects all Germans; it will accept international responsibilities and will be followed and observed by the rest of the world.

New design of the metropolitan center of Berlin and of the future German capital presents challenges in which the urban designers of today will be judged in light of great achievements of famous Berlin architects of the past: Karl Friedrich Schinkel, Georg Wenzeslaus von Knobelsdorff, Andreas Schlüter, Erich Mendelsohn, Peter Behrens, and Hans Scharoun. The present challenge also entails the finding of pro-

portions to a naturally human scale. It also requires the creation of urban space which can bestow identity on a city torn in half for so long, provide a sense of trust, and grant a feeling of wellbeing. And all of this remains to be accomplished within this decade – not during some distant utopia.

The historical decisions reached in Bonn and Berlin provide the means for this possibility. They are practicable and they can be financed – and they take full account of the concept that inner German unification must be accomplished here and now. Whoever tries to console us with promises for a distant future does wrong. For many in the east of Germany, such a delay would mean relegating lives to a provisional status.

The goal remains clear: to achieve the move of parliament and government to Berlin as swiftly as possible, without forcing imprudent solutions for the most essential problems of urban design. Berlin will continue to insist that existing resources be employed as economically as possible, and that suitable and dignified facilities be provided for the work of government and parliament. In this context, it represents a particularly significant success in negotiations that eight government ministries will be able to move from Bonn to building complexes which are already available.

leidenschaftlich. Der am Ende mit großer Mehrheit von der Jury mit dem 1. Preis ausgezeichnete Entwurf schlägt einen Brückenschlag von Ost nach West über die Spree vor. Er ist eine preußisch-rationale und harmonische Lösung, ein kluges städtebauliches Konzept, das für verschiedene architektonische Interpretationen offen ist. Dem legitimen Selbstdarstellungsbedürfnis der Verfassungsorgane Bundesrat und Bundestag wird darin ebenso Raum gegeben wie den funktionalen Ansprüchen eines modernen Arbeitsparlaments und dem Wunsch der Bürger nach Transparenz und Offenheit. Ein „Bundesforum" als „städtebauliches Tor" verbindet den Platz der Republik mit dem neuen Stadtpark im Inneren Spreebogen. Nördlich des Spreebogens werden städtische Nutzungen wieder bis an das Spreeufer herangeführt.

Deutschland plant seine Hauptstadt Berlin. Dies ist am Ende des 20. Jahrhunderts eine große und einmalige Aufgabe. Es gilt, aus einer durch Krieg und Teilung schwer getroffenen Stadt eine lebenswerte Metropole zu machen, und es gilt, ein ausgewogenes Verhältnis zu finden zwischen der Funktionalität der Bebauung, der Schönheit der Architektur und dem Wohlgefühl der Bürger. Hier müssen mit gegenseitigem Verständnis, mit Augenmaß und mit Vernunft die Interessen aller bestmöglich in Einklang gebracht werden.

9

This development not only takes full account of the dictates of financial economy: it also makes a contribution to the preservation of the identity of the German capital – a city which has already sacrificed far too much of its substance to war and to the following attempts at reconstruction.

The results of the Spreebogen competition are indeed impressive. A great number of the submissions reveal marvelous ideas and provide astonishing impulses. We were faced with truly wrenching decisions among this wealth of possibilities, and the deliberations reached by the jury involved tedious and impassioned processes. The final decision for the first prize, reached with a large majority of the jury, was awarded to a submission which proposes architectural spanning of the Spree River from east to west. It is a harmonic solution with elements of Prussian rationality, a sensible urban design concept which is open to various architectonic interpretations. This concept satisfies the legitimate needs for self-representation of the Bundesrat and Bundestag as constitutional bodies of the government, the functional requirements of a modern working parliament, – as well as the public's wishes for transparency and openness. A "Federal Forum" as "gate to the city" links the Platz der Republik to the new urban park in the inner Spreebogen. On the north side of the Spreebogen, municipal utilization will be extended once again to the banks of the Spree.

Germany is in the process of planning its new capital Berlin – a major, unique challenge at the close of the twentieth century. This all involves making a metropolis – one worth living in – out of a city dreadfully visited by war and partition. And it entails finding a balanced relationship among the functionalism of development, the beauty of architecture, and the well-being of the citizenry. This great challenge can be met only by harmonizing the interests of all: with mutual understanding, with discernment, and with common sense.

Preface
of the Governing Mayor of Berlin
Eberhard Diepgen

Wettbewerb für eine Hauptstadt

von Wolfgang Kil

1. Im Warenhaus der Stile

Berlin ist für sehr viele Menschen in der Welt ein Ort, der historische und politische Fantasien beflügelt. Das Brandenburger Tor ist seit November 1989 zum Symbol für eine Zeitenwende geworden. Gleich daneben liegt das Wettbewerbsgelände, eine seit fast einem halben Jahrhundert extra für diesen Zweck freigehaltene grüne Wiese, auf der sich die Bauideen entfalten durften. Die Ausgangsbedingungen für den internationalen städtebaulichen Wettbewerb für das Parlamentsviertel im Spreebogen waren ausgesprochen verlockend. Ein Ausnahmefall sondergleichen, diese riesige Brache mitten im Herzen einer Millionenstadt, lediglich besetzt vom Reichstagsgebäude und einem einsam übrig gebliebenen Relikt aus der Vorkriegszeit, dem alten Schweizer Generalkonsulat. Drumherum die nachlässig gepflegte Parkwildnis des Tiergartens, und vor der Moabiter Stadtkante ein wahres Geschenk an jeden Planer: der große Bogen der Spree. Keine Neugründung in unwirtlicher Gegend war für den künftigen Sitz der deutschen Regierung vorgesehen, sondern ein Ort, der mit Geschichte tief gesättigt ist, zugleich jedoch unverbaut und offen: für jede denkbare Zukunft.

Hauptstädte werden nicht jeden Tag entworfen, und Architekten auf der ganzen Welt waren aufgerufen, sich dieser Jahrhundertaufgabe zu stellen. Die Erwartungen an das Ergebnis waren die an ein Gipfeltreffen der Baukunst der 90er Jahre.

Doch wenn es nach diesem Wettbewerb ein Fazit gibt, dann höchstens dieses: Baugeschichte als stetiges Ringen einander ablösender Stile hat ausgedient. Es ist bereits alles da, und alles darf nebeneinander sein. Die klassisch ernste Moderne hat den Angriff der verspielten Postmoderne überlebt. Dekonstruktivistische Anarchie schafft es nicht, die dräuenden Megamaschinen der Brutalisten und Metabolisten ins endgültige Aus zu drängen. Im streng formalen Rationalismus unserer Tage wird ein akademischer Neo-Neo-Neo-Klassizismus auch noch die Jahrtausendwende erreichen. Und der Kitsch ist sowieso unsterblich.

In der Ausstellung im ehemaligen Staatsratsgebäude der DDR gegenüber dem Lustgarten hat man die Pläne und Modelle sämtlicher 835 Entwürfe vier Monate lang zu einer Mammutschau zusammengedrängt. Der Besucher befand sich in einem Warenhaus der Stile. Für jeden Geschmack lag das Passende bereit, denn unserer Kultur der „Großen Gleichzeitigkeit" sind die radikalen Umstürzler ebenso wie die aktuellen Trendsetter abhanden gekommen, wirklich innovative Ideen versinken nahezu spurenlos im Ramsch. Wo es keinen *mainstream* gibt, versagen auch alle Provokationen. Ohne „verbindliche Linie" können radikale Dissidenten keine Kontur gewinnen. Es gab keine Höhepunkte, um die sich streitbare Gruppen hätten versammeln können oder wo einsame Ideensucher fasziniert fündig geworden wären.

Aufsehen erregten manche der internationalen Beiträge eher durch ein besonderes Maß an gedanklicher oder praktischer Unangemessenheit: So erschien zum Beispiel die offenkundige Neigung vieler französischer Architekten zum Volumenrausch wie ein groteskes Mißverständnis, deren Grands Projets kann man sich unter dem Himmel über Berlin, im Weichbild kümmerlicher preußischer Landstädte beim besten Willen nicht vorstellen. Die feinsinnigen Erben der italienischen Designkultur wiederum haben mit delikat kolorierten Blättern wohl auch zu dem hier gegebenen Anlaß lieber für ihre Oeuvre-Monogra-

1. In the Department House of Styles

For many people in the world, Berlin is a place that inspires historical and political fantasies. Since November 1989 the Brandenburg Gate has become the symbol of an epochal turning point. Located directly next door to it is the competition area, a green meadow which had been kept open for the past half-century specifically for this purpose. Here, it seemed, the ideas of the architects could develop unhindered. The initial conditions of the International Competition for Urban Design Ideas for the parliamentary quarter in the Spreebogen were extremely tempting.

An unparalleled exception, this enormous chunk of fallow land in the center of a city of millions, and occupied only by the Reichstag and one lonely relic of the prewar period, the old Swiss General Consulate. The area is surrounded by the carelessly cultivated park wilderness of Tiergarten, and also boasts one feature that would be a gift to any planner: the great bend of the Spree, arcing along the edge of the city district of Moabit. In a word, the planners would not be designing the future seat of the German government as a new settlement in the midst of some inhospitable terrain, but rather a place drenched with history and yet, at the same time, undeveloped and open for any imaginable future. Capital cities are not designed every day, and the call that went out to architects across the world represented a once-in-a-century challenge. The expectations were correspondingly high; the result was to amount to nothing less than a summit meeting of the architects of the 1990s. But if this competition has one bottom line, then it is this: architectural history as the constant struggle of alternating styles has come to an end. Everything is already there, and everything is allowed to coexist. Clas-

sically serious Modern architecture has survived the attack of playful postmodernism. Deconstructivist anarchy does not manage to do away for good with the threatening machines of the brutalists and metabolists. In the stern formal rationalism of our days an academic neo-neo-neo classicism will even reach the turn of the century. And kitsch is immortal anyway.

The models and drawings of all 835 entries were brought together for four months in a massive exhibition in the former State Council Building across from Lustgarten – for the visitor, a veritable department house of styles. The show offered something for every taste, for our culture of "everything at once" has lost its radical revolutionaries as well as its trendsetters; truly innovative ideas sink without a trace into the junk; in the absence of a mainstream provocations have no point, and the lack of a "binding line" also condemns radical dissidents to shapelessness. There were no climaxes that might have served as rallying points for opposing groups, no climaxes where lonely seekers of ideas might have made some fascinating find.

Many of the international entries proved capable of making a stir only in the negative sense, through a special degree of ideological or practical inappropriateness. For example, the tendency of many French architects toward a delirium of volumes seemed a grotesque misunderstanding; it is virtually impossible to imagine these *grand projets* under the less expansive skies of Berlin, with its legacy of the grim miserliness of Prussian provincial cities. Meanwhile the fastidious heirs of Italian designer culture with their delicately colored drawings seem to have been working here more for monographs about their collected works than for the uninviting realities of a construction site, however ideal it

phien gearbeitet als für die unwirtliche Realität eines Bauplatzes, und sei er auch noch so ideal ausgewählt. Der perfekte Techno-Formalismus japanischer Entwürfe mit ihren Megastrukturen konnte vielleicht vom offenbar ungebrochenen Fortschrittsglauben im Reich der aufgehenden Sonne erzählen, doch als Denkansatz für ein städtisches Ensemble in der Mitte Berlins zeigten sich die überformatigen Designobjekte schlicht untauglich. Auch aus den USA, einst Zukunftslabor und Point of Hope aller Modernisierer, war überwiegend Verwirrendes zu betrachten. Jedem praktischen Sinn von Planen und Bauen längst entflohen, so scheint es, sitzt dort eine jüngste Entwerfer-Generation an ihren Computern und versucht, in jeglicher Topographie metaphysische „Kraftlinien" zu finden. Die quälen sie dann solange in dreidimensionale Drehungen, bis ihr Plotter statt eines brauchbaren Lageplans die endlosen Entfaltungen x-flächiger Kristalle ausspuckt – Entwürfe für eine virtuelle Welt, die weder historische noch soziale Wurzeln mehr kennt.

Nach Durchsicht dieser verwirrenden Vielfalt von Vorschlägen aus aller Welt versteht man besser, was einige Architekten und Theoretiker hierzulande dazu treibt, unermüdlich und vehement das „Leitbild der europäischen Stadt" zu verteidigen. Dabei geht es gar nicht um den angemessenen Gestus eines Regierungsviertels, um demonstrative Dominanz oder Bescheidenheit. Aber Berlin ist als geographischer wie historischer Ort zu besonders, um mit einem dekonstruktivistischen Gesplitter eingeebnet oder den typologischen Mißverständnissen weit entfernter Traditionen und Folkloren ausgeliefert zu werden. Noch immer träumt beinahe jeder Architekt von seinem „großen Wurf", und sobald kein konkretes Auftraggeberbudget sie zügelt, schwelgen

viele in gigantomanischen Formen. Solch ungehemmte Lust auf „Größe", wie sie der Spreebogen-Wettbewerb in zahllosen Varianten vorführte, läßt den oft erhobenen Vorwurf, wir Deutschen (und insbesondere wir Berliner) wären mit unserer Sehnsucht nach „Parzelle und Traufhöhe" nur provinzielle Kleingeister, gelassener ertragen. Die „europäische Stadt" ist nicht auf formale Motive wie Straße, Platz und Brunnenrondell zu reduzieren. Aber mit diesem Festhalten am vertrauten Typus, der vor allem auf räumliche Gebundenheit und Orientierung zielt, leisten wir uns eine kulturelle Verlangsamung, die sich der allzu abrupten Preisgabe aller Maßstäblichkeit widersetzt. Ist es altmodisch, seine Umwelt noch im Wortsinne „begreifen" zu wollen?

Schon die Versuche der klassischen Moderne, unsere Wahrnehmungsräume zu „entgrenzen", waren ziemlich weit gediehen. Was hinter ihnen an Unbehaustheit lauerte, hat uns das Trauern um die verlorenen Qualitäten überhaupt erst gelehrt. Nach all den Zerstörungen, die erst der Krieg und dann die Neubauplanungen unseren Städten zugefügt haben, schreckt uns keine Vorstellung so sehr wie die von weiterem Ortsverlust. Das weckt einen ganz elementaren Widerstand gegen alles, was traditionelle Bindung verneint. Mögen es die anderen Freiheit oder Mut zum Eigenen nennen – zumindest hier, in Berlin, wird jeder Maßstabsbruch als Sturz in eine große Leere empfunden. Vom Alptraum stetiger Heimatlosigkeit verfolgt, kämpft man hier sogar noch um den Erhalt von Ruinen.

might be. The perfect techno-formalism of many Japanese designs maybe told of an apparently unbroken belief in progress that still seems to reign in the land of the rising sun, but their overdesigned objects proved completely fruitless as approaches for creating an urban ensemble in the center of Berlin. Even the USA, once laboratory of the future and source of hope for modernizers everywhere, only offered confusion. Long since disconnected from any practical sense of planning and building, the newest generation of American designers seem to be using their computers in a search of the metaphysical "lines of force" in every topography. They indulge in three-dimensional rotations until their plotters finally spit out, rather than a usable site plan, the endless permutations of multi-sided crystals – designs for a virtual world that no longer knows either historical or social roots.

After studying this bewildering diversity of proposals from throughout the world, one finds it easier to understand what drives some influential architects in this country to engage in inexhaustible and impassioned defenses of the "guiding image of the European city." This is not just a matter of finding the proper representative flourish for a government quarter, nor a discussion about demonstrative dominance or modesty. But Berlin is just too special as a geographical and historical site for it to be levelled out into a swarm of deconstructivist splinters or surrendered to the typological misunderstandings of distant traditions and folklores.

Almost every architect continues to dream of the "great triumph," and no sooner are the constraints of a concrete budget removed that they begin to wallow in gigantomania. When confronted with this unhindered enthusiasm for "greatness," as presented by the Spreebogen

entries in endless variation, it becomes much easier to bear the accusations of provincialism leveled at us Germans (and especially us Berliners) due to our fondness for eaves heights and manageable lot sizes. The "European city" cannot be reduced to formal motifs such as streets, squares, and round fountains. But by retaining this familiar type, which aims above all at spatial coherence and clear sources of orientation, we are encouraging a cultural slowdown which offers resistance to the hasty surrender of all sense of scale. Is it really old-fashioned to want to comprehend one's environment – that is, to capture it in the literal sense of the word?

Even classical modernism managed to get quite far in its attempts to transcend the limited of our spaces of perception. But it was only with the mournful realization of how much we had lost that we became aware of the sense of dislocation hidden behind those efforts. After all the destruction inflicted upon our cities by the war, and then by the redevelopment plans that followed, no idea frightens us more than that of an additional loss of place. The possibility of such loss awakens a very elemental sense of resistance to everything which scorns traditional links. Let the others call it freedom or the courage to be idiosyncratic – at least here in Berlin, every rupture of the existing scale is experienced as a drop into an immense emptiness. Pursued by the nightmare of constant homelessness, people in this city even fight for the preservation of ruins.

Competition for a Capital
by Wolfgang Kil

2. Von der Würde der Ämter

Kann man Demokratie bauen? Oder exakter formuliert: Ist es möglich, Gebäude zu schaffen, die den ursächlich demokratischen Charakter ihrer Bestimmung so sinnfällig zum Ausdruck bringen, daß sie, neben ihrer praktischen Funktionstüchtigkeit, auch noch als anschauliches Zeichen für das politische Selbstverständnis ihrer Auftraggeber fungieren?

Über die – möglichst sichtbaren – Zusammenhänge von Demokratie und Architektur ist in Deutschland nach 1945 oft und unter den verschiedensten Ausgangspositionen nachgedacht worden. Das Schockerlebnis der braunen Diktatur war in beiden deutschen Nachkriegsstaaten der entscheidende Antrieb, sich nachdrücklich auch von der bauästhetischen Hybris der Nationalsozialisten zu distanzieren. Gerade weil in der Nazi-Ideologie dem propagandistischen „Wort aus Stein" eine so bedeutende Rolle beigemessen worden war, suchte man nun unter entgegengesetzten Vorzeichen nach einer ebenso bedeutungsgeladenen Architekturgestik, um den politischen Wandel und die neue Verfaßtheit der Systeme unmißverständlich zu manifestieren – als bürgerlich-parlamentarische Republik das eine, als „sozialistische Volksrepublik" das andere. Diese Notwendigkeit, sich mit den Hinterlassenschaften und Folgen eines monströsen Terrorregimes auseinanderzusetzen, hat uns vielleicht gerade in Deutschland für den sinnstiftenden Gebrauch wie für den manipulativen Mißbrauch von Zeichen besonders sensibilisiert.

In dieser Tradition einer Suche nach Identifizierbarkeit bundesrepublikanischer Gesellschaft hatten auch die meisten Kommentare gestanden, die im Herbst 1992 den von Günter Behnisch entworfenen neuen

Plenarsaal für den Bonner Bundestag als Inbegriff einer „demokratischen Architektur" feierten. Allerdings gehörte die dabei häufige Gleichsetzung von „viel Glas" mit „politischer Transparenz" eher in das Reich der billigen Metaphorik als zu einer ernsthaften Architekturkritik. Diese Verkürzung offenbart ein inzwischen bedauerlich geringes Niveau der öffentlichen Reflexion, und sie wird auch durch dauernde Wiederholung nicht stichhaltiger, wenn man an die tatsächlichen Abläufe im parlamentarischen Alltag denkt.

Die Ergebnisse des Berliner Spreebogen-Wettbewerbs – und nicht zuletzt die Art und Weise, wie die politischen Auftraggeber mit den Siegerentwürfen umgehen – werden ein sehr viel geschärfteres Kritikvermögen erfordern. Um Baustoffe geht es zu allerletzt. An den zentralen Orten eines Staates muß in erster Linie die politische Praxis für die Demokratie einstehen. Nicht die Architektur.

Die Frage, ob sich in architektonischen Formen oder städtebaulichen Figuren gesellschaftliche Sachverhalte abbilden, stand für Theoretiker und Historiker nie im Zweifel. Ob beabsichtigt oder nicht – Gebautes ließ sich immer auf die Gründe und Hintergründe seines Entstehens abklopfen. Erst seit dem Eintritt in die Moderne hat es mit dieser „Abbildfunktion der Architektur" Unsicherheiten und massive Fehldeutungen gegeben. Diese haben sich erst spät und nur im Streit wieder klären lassen: Zu allen Zeiten haben Bauherren, neben ihren ganz praktischen Vorstellungen, auch Wert auf eine gebührende Darstellung ihrer eigenen Rolle in der jeweiligen sozialen Hierarchie gelegt. Bis zum Beginn unseres Jahrhunderts standen den Baumeistern vielfältige „Codierungen", d.h. kulturell verbindliche Erkennungszeichen für solche Rangeinstufung eines Gebäudes zur Verfügung.

12

2. On the Dignity of Public Office

Can democracy be built? Or, to put it more exactly: is it possible to create buildings that express the democratic character of their causes and purposes so evidently that, beyond concerns of their practical functionality, they can still serve as a vivid sign for the political self-awareness of their sponsors?

Since 1945, starting from a variety of assumptions, planners and architects have often mulled over the relationship between democracy and architecture and its most visible manifestations. In both German states, the shock of the fascist dictatorship provided the decisive motive for establishing distance from the architectural hybris of the National Socialists. Precisely because Nazi ideology assigned such a prominent place to the propagandistic "word of stone," architects and planners now began to search for an equally fraught but opposing architectural vocabulary that would clearly embody the changed political character of the two systems – as a civil democratic republic on the one hand, as a "socialist people's republic" on the other. This need to confront the legacies and consequences of a monstrous terroristic regime has perhaps, and precisely in Germany, made people especially sensitive to the possible use of architecture as a source of public meaning – as well as to the manipulative misuse of architectural signs.

It was this tradition of West German society's search for sources of identity that provided the background for most of the commentaries which, in autumn 1992, celebrated Günter Behnisch's design for the new plenary chamber of the Bonn Bundestag as the embodiment of "democratic architecture." However, the frequent identification of "political transparency" with "lots of glass" was more cheap metaphor

than serious architectural criticism. This reduction reveals the sadly low level to which public reflection has sunk, and its ritual repetition becomes even less convincing when one confronts the actual business of everyday parliamentary life. The results of the Spreebogen competition – and not least the way that the official sponsors deal with the designs of the victors – require a much sharper sensibility on the part of the critics. At the very last this is about materials. At the central locations of a state, it is not architecture but actual political practice upon which democracy must rely.

The question of whether social conditions are represented in architectural forms or urban plans has never stood in doubt for theoreticians or historians. Whether intended or not – it has always been possible to examine buildings for the motives and assumptions behind their construction. It is only with the beginning of modernism that we have begun to see insecurities and enormous false interpretations in respect to this "representational function of architecture." Only lately, and only in argument, has it proved possible to clarify these problems again: In all ages the clients of architects have placed a value on appropriate representation of their own place in the social hierarchy, beyond very practical considerations about the use of their buildings. Until the beginning of our century, the architects could resort to a variety of "codings," that is, culturally binding identifiers for such rankings of a building or its owner.

That classical Modern architecture managed to free itself from the traditional canon of such hierarchies undoubtedly counts today as one of its visionary democratic achievements. Strictly symmetrical axial systems or even colonnade façades in particular were labelled vehicles of

Man muß es zu den visionär-demokratischen Impulsen der klassischen Moderne rechnen, daß sie sich programmatisch vom althergebrachten Kanon dieser Hierarchieformen lossagte. Vor allem streng symmetrische Achsensysteme oder gar Säulenfronten wurden zu Ausdrucksträgern einer ebenso autoritären wie muffigen Vergangenheit erklärt und verpönt. An deren Stelle suchten die Avantgardisten der ersten Jahrhunderthälfte in abstrakten Rastern oder in frei fließenden, „ungebundenen" Formen und Räumen nach einem adäquaten architektonischen Ausdruck für die Gesellschaft des hemmungslosen industriellen Fortschritts. Eine solche Gesellschaft war ihnen in sozialer Hinsicht nur egalitär vorstellbar, strukturell nur als hochkomplexes Gebilde: Also wurde auch das architektonische Vokabular von allen Gestaltungsnormen befreit, die bislang verbindliche Rangordnungen, von Erhaben bis Niedrig, darzustellen hatten. An die Stelle der statischen Bilder, die sich gewichtig und starr auf den Bestand „ewiger Werte" berufen hatten, traten die stets aufs neue austarierten Spannungszustände betont disparater Teile: als ästhetische Metaphern für Instabilität. Denn das treibende Grundgefühl dieser „Ästhetik der Moderne" hieß Bewegung, Veränderung.

Aber die Hoffnung, mit einer ästhetischen Revolution eine tatsächlich gerechte und menschenfreundlichere Gesellschaft praktisch befördern zu können, erwies sich als trügerisch: Auch die sozial engagierteste Baukunst vermag keiner anderen gesellschaftlichen Realität Raum und Gestalt zu geben als der vorhandenen. Das wurde, von ihren Protagonisten weitgehend unbemerkt, zum Dilemma und zur Falle für die Architektur der Moderne. Deren Kritiker gaben schließlich ihr die Schuld an den Unzulänglichkeiten der Industriegesellschaft. Die

zunehmende seelische *Unbehaustheit* der Menschen im Zeitalter der technischen Revolutionen wurde den *Behausungen* zugeschrieben. Man empfand sie als zu sehr auf materielle Effizienz fixiert, als kalt und unachtsam gegenüber den emotionalen Bedürfnissen der Benutzer. Die große Offensive der Postmoderne in der Architektur richtete sich genau gegen dieses Abbild von moderner Gesellschaft, die ja in der Tat höchst effizient, aber ansonsten kalt und unpersönlich ist. Nach den inhaltlichen, d.h sozialen Beweggründen für den einstmals radikalen Traditionsbruch der klassischen Moderne wurde nicht mehr gefragt. Auch der anti-moderne Rollback reagierte wiederum nur ästhetisch. Für den kritischen Betrachter heutiger Entwicklungen hat die postmoderne Wende allerdings einen Vorzug gebracht: Sie beseitigte die Illusion von der „Objektivität" allein zweckrationaler Formen. Architektur wurde als Ausdrucksmedium rehabilitiert und damit wieder für „Mitteilungen" freigegeben, die über eine reine Funktionsbeschreibung hinausgehen. Postmoderne Architektur bekennt sich wieder freimütig zu ideologischen Behauptungen, sie muß also auch gesellschaftliche Verhältnisse nicht einfach „bewußtlos" widerspiegeln, sondern darf, je nach Auftraggeberwunsch oder eigener Neigung, diese Verhältnisse illustrieren, verklären oder verbrämen.

Nicht zuletzt hat die Kontroverse zwischen Moderne und Postmoderne das allgemeine Interesse an der gesellschaftlichen Repräsentanzfunktion von Architektur neu geweckt und die Aufmerksamkeit für architektonisch „verschlüsselte" Botschaften über den Zustand unserer Gesellschaft geschärft. Am spannendsten, weil am aufschlußreichsten, wird diese Entzifferung zweifellos, wenn es um offizielle Bauaufgaben geht, also um die Architektur des Staates.

13

an authoritarian past and accordingly rejected. The avantgardists of the first half of the century replaced such elements with abstract grids or freely flowing, "unbound" forms and spaces that were intended to provide an adequate architectural expression of the society of unrestrained social progress. To these architects, such a society could only be imagined as an egalitarian one, with an associated complexity of structure. The architectural vocabulary was thus also freed of all formal norms that had earlier served the representation of binding hierarchies, from the sublime to the low. The static images that had heretofore claimed the weighty status of "eternal values," were now replaced by the tensions of emphatically disparate parts as aesthetic metaphors of instability. After all, the driving impulse of this "aesthetic of modernism" was movement, motion, change.

But the hope of using an aesthetic revolution as an instrument for the practical realization of a truly just and humane society proved deceptive: even the most socially engaged architecture cannot give space and form to a different social reality from that which exists. This, largely unnoticed by its protagonists, became the inescapable dilemma of Modern architecture. The critics of modernism blamed the architects' works for all the inadequacies, the immense hardships, and the enduring social differences of industrial society. People's increasing sense of spiritual homelessness in the age of the technical revolutions was blamed on the houses – which, it was said, went too far in their focus on material efficiency, were too cold and too negligent about the emotional needs of their users. The great offensive of postmodernism in architecture opposed precisely this unintended but nonetheless extant *image* of modern society, which is indeed highly efficient, but also cold

and impersonal. But no one troubled any longer to look more deeply into the origins of this state of affairs, that is, into the social motives of that radical earlier break with the tradition of classical Modern architecture. The anti-modern rollback was, in its own turn, a purely aesthetic reaction.

To the critical observer of current developments the advance of postmodernism has brought one advantage: It did away with the illusion of the "objectivity" of solely functional and rational forms. Architecture was rehabilitated as a medium of expression and thus freed to carry messages that surpass the pure description of function. Of course, now postmodern architecture once again candidly acknowledges its ideological claims; not only should it not "unconsciously" reflect the conditions of society, it may even illustrate, distort, or prettify them (depending on one's own inclinations or the desires of the clients). Not least the controversy between modernism and postmodernism has reawakened the general interest in the representative social function of architecture and intensified the attention to the architecturally "coded" messages about the state of our society. This process of decipherment becomes most intriguing where it reveals the most, namely when it confronts official architectural tasks – in other words, the architecture of the state.

Abstract blueprints for entire cities or districts – and here the architectural externalization of social conditions already begins – are never free of a fundamental suspicion: They presuppose an absolute control over the process of implementation whose scale is extremely hard to reconcile with the basic principles of diversity of opinion and the necessary balance of interests that are part of a highly differentiated society.

On the Dignity of Public Office

Reißbrettplanungen von ganzen Städten oder kompletten Stadtvierteln – und damit beginnt bereits die architektonische Verkleidung gesellschaftlicher Sachverhalte – sind von einem grundsätzlichen Verdacht nie ganz frei: Sie setzen eine Realisierungsvollmacht voraus, die sich in solcher Größenordnung nur schwerlich mit den Grundprinzipien von Meinungsvielfalt und Interessenausgleich einer hochdifferenzierten Gesellschaft vereinbaren lassen. Ihnen haftet in puncto Durchsetzungskraft und Selbstdarstellungsbestreben etwas Autoritäres, ja Absolutistisches an. Nicht umsonst waren Idealplanungen und Städtegründungen von je her eine Domäne von Diktaturen und zentralistischen Staatsgebilden. Auch extrem gebündelte Kapitalmacht tendiert zu autokratischen Allüren, denen selbst mit genügend Geschick und Energie politisch manchmal kaum noch beizukommen ist.

Aus dieser Perspektive betrachtet wäre die „demokratischste" Entscheidung der Bundesregierung gewesen, auf ein neu zu errichtendes Regierungsviertel in Berlin zu verzichten und sich mit den verschiedenen Verfassungsorganen und Ministerien im vorhandenen Raumangebot der Stadt einzurichten. Selbst für die anspruchsvollen Flächenbedürfnisse der hochentwickelten Bonner Beamtenbürokratie wären in Berlin, das ja nicht zuletzt in seiner östlichen Hälfte vierzig Jahre lang Hauptstadtfunktionen zu erfüllen hatte, ausreichend Reserven erschließbar gewesen.

Allein, der Wille zur „bescheidenen Lösung" war nicht sonderlich ausgeprägt. Im Gegenteil, das Selbstbewußtsein des Staates und seiner Apparate scheint durch die deutsche Vereinigung erheblichen Auftrieb gewonnen zu haben – da lockte die seit Kriegsende großzügig freigehaltene Fläche zwischen Reichstag und Tiergarten doch erheblich.

Die Ausschreibung zum Spreebogen-Wettbewerb, also die grundlegende Weichenstellung des späteren Nutzers, setzte sich relativ wenig mit den urbanen Qualitäten oder gar der gesellschaftlichen Vermittlungsfunktion des zukünftigen Regierungsviertels auseinander. Großer Wert wurde dagegen auf die räumliche Nähe und ein optimales Zusammenwirken einzelner Funktionsbereiche des Regierungsapparates gelegt. (Die Forderungen nach einer „stadtfreundlichen" Durchmischung der Bürolandschaft mit Läden, Gastronomie, Hotels und Freizeiteinrichtungen sind vor allem auf Drängen der Berliner Mit-Auslober zustandegekommen.) Dieses technokratische Herangehen ließ auf ein gehöriges Maß an Separierungsbedürfnis gegenüber dem vorhandenen und durchaus konfliktträchtigen städtischen Umfeld schließen. Die Bonner Vokabel dafür lautete „Sicherheitsbedarf", die Berliner argwöhnten ein „Beamtenghetto".

Den Wettbewerbsteilnehmern war mit dieser Vorgaben-Abstinenz jedoch weitgehend freie Hand gelassen, *ihre* Interpretationen von den vielschichtigen Beziehungen zwischen Regierung und Volk, zwischen staatlicher Repräsentanz und bürgerlicher Öffentlichkeit in die Entwürfe einzubringen.

Die dezentrale Verteilung vieler wichtiger Ämter und Institutionen der Bundesrepublik ließ die Aufgabenstellung zum neuen Berliner Parlamentsviertel auf ein minimales Kernprogramm schrumpfen: Unterzubringen waren lediglich Bundestag, Bundesrat, Kanzleramt (einschließlich Wohnsitz des Kanzlers), Parlamentarische Gesellschaft, Bundespressekonferenz und Presseclub. Allen Hauptfunktionen wurden jeweils Büroflächen zugeordnet, was insbesondere bei den Fraktionen und Ausschüssen sowie im Abgeordnetenbereich zu enormen Raum-

14

Their assertiveness and urge toward self-representation always contain an element of authoritarianism, if not absolutism. It is certainly no accident that ideal plans and the foundings of cities have always been a domain of dictatorships and centralized states. Extreme concentrations of capital also have a tendency toward authoritarian pretensions which even with enough skill and energy can barely be countered politically.

Seen from this perspective, the "most democratic" decision of the Federal Government would have been to renounce the idea of a newly built government quarter and to reconcile itself to finding spaces for the various constitutional bodies and ministries in the existing buildings of the city. Adequate reserves of space could have been made available in Berlin – which has, after all, fulfilled the function of a capital city for the past forty years in its eastern half – even for the overblown space requirements of the highly developed Bonn bureaucracy. The government, however, manifested little will to seek out such a "modest solution." Actually, just the opposite: The self-awareness of the state and its bureaucracies seems to have received considerable impetus from German unification. The temptation of that big open space between the Reichstag and Tiergarten was, in the end, just too much to resist.

The terms of the Spreebogen competition, and therefore the basic conditions set out by the future user, made relatively little reference to the urban qualities or the mediatory social function of the future government quarter. On the other hand, great emphasis was placed on the spatial proximity and optimum cooperation of the individual functional blocks of the government apparatus. (The demands for a "city-compat-

ible" mixture of office buildings, as well as stores, restaurants, and recreation facilities, were the result of lobbying by the Berlin side of the sponsorship team.) This technocratic approach bespoke a considerable desire for avoiding an engagement with the potentially quite problematic urban environment already in existence. The Bonn side prefers to speak here of "security requirements," while the Berliners warn against creation of a "bureaucrats' ghetto."

This relative lack of preconditions left the competitors largely free to incorporate into their designs *their own* interpretations of the complex relationships between government and people, between state representation and civic publicity.

The decentralized distribution of many important offices and institutions of the Federal Republic reduced the tasks of the competition for the new parliamentary quarter to a minimal core: The only institutions for which space had to be found were the Bundestag, the Bundesrat, the Chancellery (including the chancellor's residence), the Parliamentary Society, the Federal Press Conference and the Press Club. Office space was assigned to all main functions, leading to massive demands for space from the parliamentary groups and committees as well as from the deputies themselves; at least these offices can, if necessary, be located on the other side of the Spree. The president already has a place of his own in Schloss Bellevue, so that the parliamentary quarter will find its political centers of gravity in the distribution of Bundestag, Bundesrat, and Chancellery. And this is as far as the terms of the competition go.

The only specified location was the juxtaposition of Bundestag (in the Reichstag building) and Bundesrat (as a new building) with Platz der Republik between. This axis also closes off the Spreebogen area to the

anforderungen führte, die aber notfalls auch jenseits der Spree angesiedelt werden konnten. Der Bundespräsident hat seinen Platz bereits
im Schloß Bellevue, so daß das Parlamentsviertel seine politischen
Gewichtungen in der Verteilung von Bundestag, Länderkammer und
Kanzleramt findet. Soweit die Vorgaben des Auftraggebers.

Als einzige Standortvorgabe war die Gegenüberstellung von Bundestag (im Reichstag) und Bundesrat (als Neubau) mit einem sich dazwischen erstreckenden Platz der Republik festgeschrieben. Diese Achse
bildet auch den südlichen Abschluß des Spreebogen-Areals und
wurde in der Mehrzahl der Entwürfe als Bereich feierlicher Repräsentation gefaßt (bis hin zu einem „Platz der Flagge"). Variabel konnte im
Wettbewerb allerdings mit dem Standort für das Kanzleramt verfahren
werden – dessen praktische und repräsentative Bedeutung als „Sitz
der Regierung" wurde offenbar von vielen Teilnehmern unterschätzt,
die hierbei eher an eine Kanzlei für den Regierungschef gedacht
haben mögen als an den Versammlungsort des Bundeskabinetts.

Über diese *funktionale* Akzentuierung hinaus muß es nun nachdenk-
lich stimmen, in wie vielen Arbeiten sich reguläre, ja geradezu barocki-
sierende Grundrißfiguren für den gesamten Regierungskomplex
durchgesetzt haben. Das mag zu Teilen der einmaligen Topographie
des Bauplatzes zuzuschreiben sein: Das klare Halbrund des Spreebogens mit seiner zusätzlichen Mittelachse des Stichkanals zum Humboldthafen drängte symmetrische Gliederungen und zentrische Raum-
bildungen geradezu auf. Man darf vermuten, daß es einer regelrech-
ten Kraftanstrengung bedurfte, von diesem im Stadtplan angelegten
Orientierungsmuster nicht beeindruckt und überwältigt zu werden;
sogar viele „Dekonstruktivisten" haben sich bei ihren quirligen Kurven-

schwüngen von der alles dominierenden Uferlinie der Spree inspirie-
ren lassen.

Aber war es wirklich nur die Topographie? Bei dem letzten großen
Hauptstadt-Wettbewerb 1957 waren für denselben Ort sämtliche
Anklänge an Symmetrie und zentrierenden Idealplan geradezu ängst-
lich vermieden worden. Man darf also durchaus eine neue Art von
Respekt vor den Orten der Macht vermuten, wenn diesen nun, 35
Jahre später, wieder Formen der Würde und Weihe verliehen werden.
Mit der Triade aus Kongreß, Weißem Haus und National-Monument
hatte Charles L'Enfant in Washington eine demokratische Tradition der
„hohen Bedeutungen" begründet, und Oscar Niemeyer machte diese
mit seinem „Platz der Drei Gewalten" in Brasilia auch für die Moderne
akzeptabel. Indem hier Institutionen und Ideen, nicht Würdenträger
die Bedeutung des Ortes definierten, setzt diese Tradition auf die verschiedenen, die Gewaltenteilung im Staat verkörpernden Inhalte; sie
ist eher literarischer Natur.

Rein bildnerische Hierarchie-Strukturen, wie sie als feierliche Enfila-
den von Platzräumen, als triumphalistische Achsen, stadionähnliche
Umwallungen oder pyramidale Zentralgebilde nun im Berliner Wettbewerb von 1993 gehäuft auftauchten, beziehen sich in ihrer ikonogra-
phischen Schlichtheit – unreflektiert? – eher auf die heimliche Idealin-
szenierung aller Selbstherrscher bis in heutige Zeit: auf Versailles.
Dabei wird, wer nach klassischen Würdeformen greift, in der politischen Realität unserer Tage ins Leere stoßen. Politik hat sich heute in
einen Prozeß ohne symbolträchtige Ausstrahlung verwandelt. „Die
Banalität von Verwaltung läßt sich nicht austricksen", schreibt Dieter
Hoffmann-Axthelm. Wer es mit einem Zitatenschatz entlehnter Stilfor-

south and was handled in most of the entries as an area for ceremonial
representation (even including a "square of flags"). The site of the Chancellery, though, was left to the discretion of the competitors – many of
whom, evidently underestimating its practical and representative significance as "the seat of government," seemed to regard it as the office
of a government leader rather than as the meeting place of the cabinet.
Above and beyond this functional accentuation, one could certainly
find grounds for concern in the large number of projects that contain
regular, if not downright baroque layouts for the entire government
complex. This may have something to do with the unique topography
of the construction site: the clear semicircle of the arc of the Spree with
its additional central axis of the perpendicular canal to Humboldthafen virtually demanded symmetrical patterns and centrally oriented spaces. It presumably required considerable effort to avoid
being overwhelmed by this orientational pattern inherent in the urban
plan; even many "deconstructivists" allowed the shoreline of the Spree
to supply a source of order for their swirl of curves.

But was it really only the topography? In the last big Capital City Competition of 1957, the entrants avoided all references to symmetry and
centrally oriented ideal plans for the same site with an almost patho-
logical determination. One begins to suspect that we are witnessing a
new respect for the places of power, when, thirty-five years later, forms
of dignity and solemnity once again provide the architectural vocabulary for buildings of the state.

Charles L'Enfant used the triad of Congress, White House, and Washington Monument to establish a democratic tradition of "high meanings,"
and Oscar Niemeyer made this acceptable for modernism with his

"square of the three powers" in Brasilia. By allowing ideas and institutions,
rather than dignitaries, to define the meaning of the place, this somewhat
more literary tradition places the emphasis on the various contents that
embody the separation of powers in the state. The iconographic modesty of purely sculptural hierarchical structures – as they now appear in
the Berlin competition of 1993 in the form of solemn enfilades of squares,
monumental axes, stadium-like circumvallations, or pyramidal central
structures – all relate (unintentionally?) to the secret ideal dramatization
of all autocrats: to Versailles. In today's political culture, however, those
who reach for the classical forms of dignity will find themselves groping
in a vacuum. Politics today has transformed itself into a process unbur-
dened by the aura of symbols. "The banality of administration cannot be
avoided with clever tricks," writes the architectural critic Dieter Hoffmann-
Axthelm. Whoever makes the attempt nonetheless, through recourse to
frantic quotation of borrowed stylistic forms, might well end up attaining
precisely the opposite of the desired effect – the caricature. The administration as work of art?

And yet there really was such a thing, the cry for "public accessibility"
and a "working parliament." Has it now been lost in the agreeable long-
ings of a *zeitgeist* that has long since begun to feel at home in traditional relationships of "above" and "below"? And do the dramatic gestures and formal rebellions of the "New Wild Ones" really represent an
emancipatory counterprogram to the conservative norms of clear
super- and subordination? Do they not, in their randomness, destroy
that recognizable place needed both by the state and the citizen to
define themselves and define themselves as counterparts?

As the experience of all revolutions teaches us, it is easy to achieve the

On the Dignity of Public Office

men trotzdem versucht, erreicht im krassesten Fall das genaue Gegenteil des Gewünschten – die Karikatur. Die Behörde als Kunstwerk? Dabei hat es ihn durchaus gegeben, den Ruf nach „Bürgernähe" und „Arbeitsparlament". Ist er untergegangen in den gefälligen Sehnsüchten eines Zeitgeistes, der sich im politischen Wertgefüge zwischen „Oben" und „Unten" schon wieder heimisch fühlt? Und sind, andererseits, die dramatischen Kraftakte und Formzersplitterungen der „Neuen Wilden" wirklich ein emanzipatorischer Gegenentwurf zu den konservativen Normen klarer Über- und Unterordnung? Zerstören sie nicht mit ihrer Richtungslosigkeit den erkennbaren Ort, den sowohl der Staat als auch die Bürger brauchen, um sich selbst *und* als Gegenüber definieren zu können?

Wie die Erfahrungen aller Revolutionen lehren, ist es ein leichtes, Demokratie auch in den Räumen einer niedergerungenen Diktatur praktisch zu entfalten. Im Bedarfsfall taugt auch die Herrschertafel zum Runden Tisch. Aber nichts scheint schwerer, als passable und unmißverständliche Räume für demokratisches Handeln vorauszudenken. Das ist gut für die Gesellschaft, denn gerade in ihrer Unverplanbarkeit liegt eine entscheidende Stärke lebenstüchtiger, weil lernfähiger Demokratie.

Aber ein Projekt planen heißt, eine Nutzung vorab möglichst exakt zu bestimmen. Und die meisten Architekten sind nach wie vor zum Denken in Formen erzogen, weniger zur Gestaltung von Abläufen. Eher suchen sie Zuflucht bei Monumenten, als daß sie sich auf das Abenteuer wirklich offener Räume einlassen; viel zu selten gehören Buden und Zelte (oder gar Barrikaden) zu ihrem Repertoire.

3. Wie man „Staat zeigt"

Nach der Menge der Vorschläge und deren babylonischem Gewirr an Sprachen, stilistischen Tendenzen und zeichnerischen Deklamationen mutet es fast schon wie ein Wunder an, daß am Ende das Preisgericht eine so klare Entscheidung fällen konnte: mit sechzehn zu sieben Stimmen für den ersten Preis, den Entwurf von Axel Schultes. Ein klares Votum, zu dessen Entschiedenheit man die Jury nur beglückwünschen konnte. Das beinahe noch größere Wunder allerdings folgte der offiziellen Verkündung der Ergebnisse: Ohne einen Augenblick des Zögerns hatte die gesamte Öffentlichkeit (die maßgebliche Fachkritik eingeschlossen) den Juryspruch akzeptiert. Und mehr noch: Es gab von nun an nur noch diesen einen Entwurf, der alle weiteren Diskussionen um den künftigen Regierungssitz an der Spree dominierte. Alle übrigen Preisträger und Ankäufe blieben dahinter zurück. Sie verblaßten zur Folie, von der sich der Erstplazierte, schon beinahe einsam, abhob.

Axel Schultes' Entwurf hat etwas von einem Geniestreich. Er ist radikal und lapidar, einprägsam bis zur Zeichenhaftigkeit und von hoher formaler Disziplin. Er trägt eine überzeugende Stadtidee vor und verknüpft diese zugleich mit einer bildhaften Idee von Staat und Politik. Seine Architektur verleugnet an keiner Stelle ihre hochgezüchtete, ja elitäre Ästhetik und findet trotzdem „Erzählstrukturen", die sich in ihrer Lesbarkeit selbst dem baukünstlerischen Laien erschließen. Natürlich hat auch dieses Konzept seine Tücken, aber zuallererst ist es das Einfache, das so schwer zu erdenken ist.

Der Architekt ist nicht zimperlich und gibt seine Erwägungen freimütig zu Protokoll: Am Potsdamer Platz sieht er „Stadt zum blanken Euphemismus

practical realization of democracy in the rooms of a defeated dictatorship. Sometimes a round table can be turned up even among the furniture of the former rulers. But there is nothing more difficult than thinking up clear and appropriate spaces for democratic action in advance. This is good for society, for it is precisely this unplanability that gives durable democracy – durable because capable of learning – a vital strength. But planning a project means determining its use in advance as precisely as possible. And most architects are still trained to think in forms rather than to give form to processes. They resort to monuments rather than getting involved in the adventure of really open spaces; all too seldom booths or tents (or even barricades) are part of their repertoire.

3. How to "Display the State"

Considering the vast number of entries and their Babylonian jumble of idioms, styles, and statements, it appears as something of a miracle that the jury managed to reach such a clear decision – with sixteen to seven votes for the first-prize winner, the entry of Axel Schultes. One could only congratulate the jurors on the decisiveness of their verdict. But an even greater miracle was yet to come. Scarcely had the official result been announced before it was accepted by the general public – including the influential architecture critics. Even more, henceforth it was this one design that would dominate all further discussions about the future seat of government on the Spree. The other prizewinners were left behind. They faded into a dim background which henceforth served solely to highlight the virtues of the firstprize entry.

Axel Schultes' design is not without a measure of brilliance. It is both radical and straightforward, exemplary in its visual clarity and marked by great formal discipline. It presents a persuasive urban idea and at the same time combines this idea with an evocative vision of the relationship beween politics and the state. His architecture never denies its thoroughbred, indeed elitist aesthetic, and yet it still finds "narrative structures" whose readability is clear even to the architectural layman. Certainly this proposal also has its flaws – but, after all, it is the simple things that are so hard to imagine.

The architect is not timid and speaks quite candidly about the considerations that have influenced this work. Looking at the proposals for the development of Potsdamer Platz, he sees "pure euphemism" in the place of a convincing urban situation, the spirit of urbanity merely "simulated in the guise of the *grand projet*." His remedy is to embrace –

16

verkommen" und Urbanität nur noch „als Grand Projet simuliert". Dagegen will er die Dualität zwischen kompakter Stadt und offenem Landschaftsraum, wie sie mit Friedrichstraße, Charité und Moabit auf der einen, mit dem Tiergarten auf der anderen Seite gewachsen ist, bewahren und nach Möglichkeit noch unterstreichen. Seine Strategie lautet deshalb nicht „Verstädterung der Brache", sondern er will „Stadt da machen, wo sie auch ohne Planung hineinwachsen würde", also jenseits der Spree bis zur Stadtbahntrasse.

Den Tiergartenausläufer im Spreebogen überquert er lediglich mit einem schmalen und äußerst kompakt bebauten Band, wodurch er den Berlinern möglichst viel Tiergartenfläche zu erhalten versucht. Auf dieser 100 m breiten Achse sollen die Institutionen des Staates zusammenrücken, ihre isolierte, „unstädtische" Selbstgenügsamkeit aufgeben und urbane Qualitäten aus „räumlicher statt objekthafter Ausprägung" gewinnen. Das Leben dort soll sich nicht zwischen „Monumenten", sondern in „Höfen und Gärten" entfalten: eine Stadtvision, die ihre Inspirationen aus eher südländischer Lebensart zieht. Die Bedürfnisse der Anwohner aus den engen Häuserquartieren ringsum geraten dabei nicht aus dem Blick.

Die steinerne Achse verbindet aber auch den Westteil der Stadt im Bereich des Moabiter Werder mit dem Osten am Bahnhof Friedrichstraße. Mit dieser einfachen architektonischen Figur wird das zentrale politische (und heimlich umstrittene) Anliegen des ganzen Hauptstadtvorhabens thematisiert: der Regierungsumzug nach Berlin als Brückenschlag, „der Bund" als das Verbindende – eine einleuchtende Geste, die die historischen Befindlichkeiten der bis vor kurzem noch geteilten Stadt ganz selbstverständlich und auf hohem Niveau reflektiert.

Mit ähnlich praktischem Sinn für das Vorhandene verteilt Schultes in seiner Bandstruktur die Funktionen. Er muß die vorhandenen Stadtviertel, soweit sein Entwurf sie berührt, in ihrem derzeitigen Charakter gar nicht umdefinieren: Der östliche Ausleger seines „Regierungsschiffes" reicht bis an das lärmend verstädterte Chaos des Bahnhofs Friedrichstraße – dort ist der Platz für die Presse und die Büros der Abgeordneten. Am entgegengesetzten Ende, in der Beschaulichkeit von Tiergartenrand und Spreeufer, liegt der Kanzlergarten. Direkt neben dem Reichstag werden die Fraktionen und Ausschüsse untergebracht, dort durchbricht die Spree mit öffentlich zugänglichen Uferbereichen die *splendid isolation* der „Beamtenburg".

In der Mittelachse des Spreebogens erfährt der Regierungskomplex seine entscheidende Zäsur. Zwischen dem Kanzleramt und dem Parlamentarierbereich sieht der Wettbewerbsentwurf ein für alle offenes „Bundesforum" vor. Parlamentarische Gesellschaft, Bibliothek und Presseclub gruppieren sich mit Läden, Cafés und Restaurants um einen kleinen Platz, der mit seinen U-Bahn-Zugängen nicht nur eine begehbare Schneise, sondern ausdrücklich einen „Ort der Bürger" mitten im Regierungsviertel schafft.

Genau jener Punkt einer demonstrativen Verschränkung (nicht Vermischung!) von Staatsterrain und Bürgeröffentlichkeit mag es gewesen sein, der selbst viele Kritiker mit dem Entwurf von Schultes versöhnte. Denn natürlich darf nicht übersehen werden, daß die äußerste Reduzierung und Zusammenballung der Bauflächen für die Regierungsgebäude auch zu weniger freundlichen Assoziationen einlädt. Die Radikalität dieser Idee hat ihren Preis. Man kann sie auch als großen Riegel und rigorose Machtgeste interpretieren, als Staatsfestung oder, nicht

and whenever possible, to underline – the dualism between densely developed city and open landscape, the products of historical evolution as embodied by Friedrichstrasse, Charité, and Moabit on one side, Tiergarten on the other. His strategy thus consist not of "urbanizing the fallow land," but rather of "creating an urban fabric at the places where it would have developed without the intervention of planners" – in other words, in the area on both sides of the Spree up to the line of the elevated train. Where Tiergarten reaches into the Spreebogen, Schultes develops it only along a narrow and very densely developed strip in an effort to retain as much of the greenery as possible for the use of the people. It is along this 100-meter-wide axis that Schultes arranges the institutions of the state, neutralizing their "non-urban" self-sufficiency and producing an urban atmosphere by defining the character of the area through space rather than objects. Life there, according to Schultes, should take place amidst "courts and gardens" rather than between "monuments", an urban vision that draws its inspiration from a more southern view of life. Nor does he forget the needs of the people who live in the densely populated residential districts around the Spreebogen area.

This same axis of development also connects the western part of the city (around the Werder district of the borough of Moabit) with the east (at Friedrichstrasse station). The simple architectural figure thematizes the central political (and secretly controversial) concern behind the entire capital city project: the government's move to Berlin as an act of bridging, the federal government itself (the "Bund") as a force that binds the population. It is a gesture of profound good sense in a city still struggling to overcome the traumatic effects of division.

Schultes distributes the functions along a belt of development with a similarly practical approach to the historical legacy. Where his design affects them, the present character of existing urban quarter is maintained: the eastern projection of his "ship of state" reaches all the way to the urban jumble of Friedrichstrasse station, where he has chosen to site the press facilities and the offices for Bundestag deputies. Located at the opposite end, in a clearly readable position on the shore of the Spree and the edge of Tiergarten, is the chancellor's garden. He places the parliamentary fractions and the committees directly next to the Reichstag, at a spot where the Spree and publicly accessible shoreline areas break through the splendid isolation of the "government fortress." The government complex receives its most important caesura, however, in the central axis of the Spreebogen. Between the Chancellery and the area for the parliamentary deputies, Schultes' proposal suggests a "Federal Forum" open to the general public. Parliamentary society, library, and Press Club, small square, whose subway entrances stress the character of the place as an easily accessible urban "space for citizens" in the midst of the government quarter.

It is precisely this way in which his entry fuses (but not mixes) government terrain and public accessibility that finally made Schultes' design palatable even to many of its critics. For it is impossible to miss the simple fact that the extreme reduction and concentration of the buildings for government use also calls up less pleasant associations. The radicalism of the idea has its price. Schultes' government quarter can be interpreted as a daunting barrier and an intimidating embodiment of power, as an urban fortress or, in its less overtly military variant, as the bridge of a ship.

**On the Dignity of Public Office
How to "Display the State"**

ganz so martialisch, als Kommandobrücke. Die Absage an das historische Vorbild des Alsenviertels wie an alle „liebgewonnenen Vorstellungen von Volksnähe" ist unmißverständlich, es gibt keine freundlich kleinteiligen Raster. Der Personalstil dieses Architekten neigt durchaus zu kühler Prachtentfaltung und zu einem Ästhetizismus „reiner Erhabenheit", der seine Bewunderer kleinmacht, ja zu erschlagen droht. „Auch Verwechselungen mit verbindlicher Büro- oder Geschäftsviertel-Architektur sind ausgeschlossen", faßt die Architekturkritikerin Amber Sayah ihre Eindrücke zusammen: „Die starre Strenge der Spreebogen-Achse ist ein unverblümtes Signal, daß man hier der Machtzentrale der Bundesrepublik gegenübersteht."

Dazu hat Schultes in seiner Projektbeschreibung für den Spreebogen-Entwurf ein Bekenntnis abgelegt: Er habe „'Dem Deutschen Volke' Staat zeigen" wollen. Dieser wohl am häufigsten zitierte Satz des Preisträgers weckt zwiespältige Gefühle. Schultes selbst will ihn als Eingeständnis verstanden wissen: Weil auf dem Spreebogen „lebendige Stadt nicht zu machen ist", bleiben in der Konsequenz nur die nackten Institutionen übrig. Dieser Realitätssinn leuchtet wohl ein, aber sich mit ihm derart zu arrangieren bedeutet, das Grundprinzip des gesamten Entwurfs der Zerreißprobe zu unterziehen und „dichter Stadt" und „offener Landschaft" zuliebe dazwischen die unverhüllte Staatsmaschine zu akzeptieren. Sie wird uns auch noch aufrecht entgegengestreckt: nicht als unvermeidliches Übel, sondern als Bild, das mit Gelassenheit auszuhalten wenigstens der Architekt sich nicht scheut.

Immerhin bleibt da ein Rest: Dem Volke „Staat zeigen", aber zugleich dem wachsenden Selbstdarstellungsdrang eben jenes Staates die Zügel einer disziplinierenden Gestaltungsidee anlegen wollen; von

der Villa Hadriana schwärmen und dem Kanzler einen Apfelbaum hinter das Haus pflanzen, denn: „die Weisen gehen in den Garten"; und endlich noch mitten in der rigiden Apparatefestung eine Nische für den Bürger einrichten: Dieser Zwiespalt verleiht dem Siegerentwurf von Axel Schultes eine merkwürdige, nicht wirklich lösbare Spannung. Vielleicht gibt sich ja gerade in dieser Widersprüchlichkeit ein symptomatischer Konflikt unserer Zeit zu erkennen: die Wiederkehr konservativer Grundstimmungen in der Gesellschaft, gegen die sich eine einstmalige Aufbruchgeneration nur noch mit vagen Reflexen wehrt. Sie sind in die Jahre und zu wohligem Leben gekommen. Auf dem „Marsch in die Institutionen" haben sie den Erfolg schmecken gelernt. Nun können sie sich hineindenken ins Establishment, denn sie sind längst ein Teil davon. Gelegentlich rumort in ihnen die Erinnerung. An eine Herkunft, die einmal Aufklärung hieß.

Postskriptum

Wie bei vielen großangelegten Bauvorhaben ist auch die Geschichte des Spreebogen-Wettbewerbs mit der Preisvergabe noch nicht zu Ende. Drei Wochen nach dem Juryentscheid diskutierten im Reichstag Abgeordnete des Bundestages, Berliner Spitzenpolitiker, die Juroren und Preisträger im Beisein zahlreicher Fachleute und Journalisten über die Ergebnisse der Konkurrenz und die weiteren Schritte der Hauptstadtplanung. Doch der beabsichtigte Fachdisput geriet unversehens zu einer politischen Konfrontation. In seltener Einmütigkeit scharte sich das Berliner Publikum um den Siegerentwurf von Axel Schultes, um diesen vor allen Bonner Änderungswünschen in Schutz zu nehmen. Dabei wurde sehr schnell deutlich – die Berliner kämpften um ihre Stadt:

18

There is no mistaking the architect's rejection of the historical pattern of the old Alsen quarter as well as of "fond ideas of proximity to the people," since there is a conspicuous absence of friendly, smallscale grids. The personal style of this architect does tend towards a cool display of splendor and an aestheticism of "pure sublimity," which dwarfs his admirers, even threatens to overwhelm them. "There is no danger of this design being confused with conventional commercial architecture," says the architecture critic Amber Sayah in a summary of her impressions. "The rigid severity of the Spreebogen axis is a clear signal that one is confronted here with the power center of the Federal Republic."

Schultes has commented on this issue in his project description for the Spreebogen design. He wanted, he said, to "display the state to the German people." This sentence, possibly his most frequently quoted, will inevitably call up rather ambiguous feelings. Schultes himself wants it to be understood as a frank acknowledgement; if we accept the hard reality that "a truly living city" cannot be created in the Spreebogen, the logical consequence is a place where only the pure institutions are left behind. While this courage to face reality is commendable, its uncritical acceptance threatens to subvert the basic principle behind the entire competition; the result is a government machine that maintains the conflict between "dense city" and "open landscape." And this machine is presented to us without any reservations – not as an unavoidable evil, but rather as an image that the architect is prepared to bear with equanimity rather than enthusiasm. The bottom line is roughly as follows: the architect wants to "display the state" to the people, but at the same time demonstrates his desire to bridle that state's growing urge for self-representation by imposing upon it a disciplining formal

idea. This is an architect who speaks enthusiastically about the Villa Hadriana and proposes planting an apple tree behind the Chancellor's house (since "wise men go into the garden"), and yet places a niche for the people in the midst of his rigid government fortress: It is ambiguities such as these that give Axel Schultes' winning design a peculiar – and ultimately unresolvable – tension.

Perhaps it is the very contradictions of this situation that reveal a symptomatic conflict of our time: The rebirth of conservative moods in society, against which a generation of past rebels reacts with feeble reflexes of defense. It has gotten on in years and has found to a life of luxury. They can empathize with the establishment, for they have become part of it. Off and on a memory haunts them – a memory of an origin once called "Enlightenment".

Postscriptum

As it is the case with many major developments, the history of the Spreebogen competition is far from over. Three weeks after the jury's decision members of the Bundestag, Berlin politicians, jurors and winning architects together with numerous experts and journalists discussed the results of the competition and further steps of implementation for the capital. But the intended discourse among experts unexpectedly turned into a political confrontation. With rare unanimity the Berlin participants rallied around Axel Schultes' winning entry to defend it against all wishes for alteration from the Bonn side. It soon became clear that they defended their city:

They guarded a project that handled the realities of the existent center of Berlin most considerately and that left a maximum of the Tiergarten's

Sie verteidigten den Entwurf, der die Realitäten der vorhandenen Berliner Mitte vergleichsweise am besten berücksichtigte, der ein Maximum an Tiergarten-Landschaft unangetastet ließ und somit öffentlich verfügbar hielt; sie verteidigten ein Stadtkonzept, das sich programmatisch als Kritik an den problematischen Entwicklungen der Investoreninsel Potsdamer Platz verstand; sie verteidigten die Öffnung des Beamtenbezirkes für die Bürger und damit die entscheidende neue Qualität eines Regierungssitzes in Berlin. Und nicht zuletzt bestanden sie mit dieser vehementen Fürsprache auf ihrem generellen Mitspracherecht bei allen anstehenden Hauptstadtfragen; sie klagten die Planungshoheit der Stadt für die umfangreichen Regierungsbauten ein.

Doch in diesem verdeckt ausgetragenen politischen Konflikt, in dem nur wieder ein weiteres Mal der zähe Streit zwischen den Befürwortern und Gegnern eines Regierungsumzuges nach Berlin zum Vorschein kam, wurde die eigentlich brisantere Kritik, der sich Schultes' Konzept ausgesetzt sah, kaum wirklich zum Thema der Auseinandersetzung erhoben.

„Wenn die Arbeit 630 der erste Preis wird, dann wird man in Bonn dem nicht zustimmen können", hatte Friedrich Bohl, Chef des Kanzleramtes und Jurymitglied, schon während der Preisrichtersitzung Einspruch gegen den späteren Siegerentwurf erhoben. Der Grund für diese Ablehnung sprach sich schnell herum: Axel Schultes hatte das Kanzleramt in die Front seines massiven „Behördenriegels" eingerückt und nicht, wie nun immer nachdrücklicher gewünscht, „als Verfassungsorgan zu einer eigenständigen Darstellung gebracht". Der Kanzler, so ließ sich die „Arbeit 630" interpretieren, ist zwar der (durch Garten und Park privilegierte) „Erste Diener des Staates", aber zur gleichrangigen Repräsentation neben Parlament und Länderkammer offenbar nicht berufen. So sensibel hatte man im Kanzleramt die „Sprache" des Schultes-Entwurfs studiert, und der darin angelegten Bescheidenheit für den obersten Dienstherren der Exekutive wollte man nicht folgen. Stattdessen wurde ein Solitär erwartet, am liebsten als repräsentative Villa im Park.

Und Axel Schultes beginnt, seinen Entwurf zu überarbeiten. Er sucht nach Wegen, dem Amtssitz des Kanzlers zu mehr Dominanz innerhalb des Verwaltungsriegels zu verhelfen. Er beugt sich den Forderungen des strengen Protokolls, das in der Durchdringung von Regierungsbezirk und öffentlichem Verkehr keinen Gewinn an Bürgernähe, sondern ein Sicherheitsrisiko sieht. Und je weiter diese Überarbeitung getrieben wird, desto weiter entfernt sich das verbleibende Resultat von dem, was einmal eine überzeugende städtebauliche Figur und die klare Interpretation eines gleichberechtigten Verhältnisses zwischen Staat und Bürgern war.

Axel Schultes wird dabei erfahren, wie wenig Halt seine faszinierende „starke Form" ihm selber bietet. Die fein hineinformulierten Inhalte, die seinem Entwurf jene beachtliche Akzeptanz in der Öffentlichkeit bescherten, werden ihm Stück um Stück umplaziert und damit uminterpretiert. Er hatte „,Dem deutschen Volke' Staat zeigen" wollen. Nun stellt sich heraus, daß er damit seinen Staat gemeint hatte, den er sich volkstümlich und weise, zivil und bescheiden denkt. Doch der Architekt hat sich verschätzt. Der wirkliche Staat sieht und beträgt sich ganz anders. Argwohn und Ämterstolz treiben ihn in die Distinktion. Und dagegen hilft keine Architektur.

Berlin, im April 1993

landscape untouched, thus making it available for public use. The Berliners were defending an urban concept which also entailed a critique of the problematic developments surrounding the investment island at Potsdamer Platz; they were vehemently supporting the increased public accessibility of the government district and with it the fundamentally new quality of the government seat in Berlin. In so doing, they insisted on their general right to a say in all matters of the future capital, and they claimed the sovereignty of Berlin in regard to all planning and building activities for the government.

But in this concealed political conflict, during which once again the lingering debate between supporters and opponents of the government's move to Berlin shone up, the more fundamental criticism that Schultes' concept met with was not really discussed.

"If entry 630 becomes the first prize, Bonn will withhold its consent." Friedrich Bohl, head of the Federal Chancellery and juror, made this objection against the Schultes' design already during the jury's final deliberations. The cause for his opposition soon became apparent: Axel Schultes had shifted the Chancellery back into a less distinctive position in the severe frontage line of the administrative strip, rather than "giving it a distinct expression as a constitutional entity", as was now the more and more explicit demand. One could interpret entry 630 as sharing the view of the Chancellor as "first servant of the state," a role not, however, entitled to representation on the same basis as the federal parliament. In the Chancellery the language of Schultes' project was studied sensitively and the modesty implied by it for the highest official of the executive was not accepted. One expected a distinct building, preferably a representative villa set in the park.

Now Axel Schultes has begun to revise his project. He tries to find ways to make the Chancellor's seat more dominant within the administrative strip. He submits to the requirements of the strict protocol that sees the fusing of government district with public use not as a gain in public accessibility but rather as safety risk. The longer this revision process is continued, the more likely it seems that the originally convincing urban design figure and the clear interpretation of the relation of equality between the state and the citizens will gradually get lost in the shuffle. Axel Schultes will see just how little support he can expect to draw from his fascinating "strong form." The intelligently articulated ideas that gave his design that overwhelming public support are slowly being dismantled through reinterpretation. He had intended to "display the state to the German people." Now it turns out that he had his version of state in mind which he deemed to be popular and wise, civil and modest. But the architect miscalculated. The actual state sees and carries itself in quite a different fashion. Distrust and pride of office propel it towards distinction. And no architecture can provide a remedy against that.

Berlin, April 1993

How to "Display the State"
Postscriptum

Der Spreebogen: Ort, Geschichte und Vorgaben des Wettbewerbs
von Annegret Burg

Der Ort

Das zukünftige Parlamentsviertel im Spreebogen liegt in der geografischen Mitte der wiedervereinigten Gesamtstadt Berlin, zwischen der City Ost im Bereich des historischen Stadtkerns und der City West im Umfeld von Bahnhof Zoo und Kurfürstendamm. An seinen Grenzen stehen mit dem Reichstagsgebäude und dem Brandenburger Tor, aber auch mit der Kongreßhalle und den Resten der Grenzanlagen Bauwerke von besonderer symbolischer Bedeutung. Das Gelände im Spreebogen war durch die Geschichte hindurch stets ein Übergangsbereich, eine Nahtstelle unterschiedlicher räumlicher Realitäten. So grenzte hier mit der Stadtmauer bis ins 19. Jahrhundert hinein eine präzise Stadtkante gegen den offenen Landschaftsraum, und in der Nachkriegszeit stießen durch den Verlauf von Todesstreifen und Berliner Mauer an dieser Stelle die beiden Teilstädte Ost-Berlin und West-Berlin hart aufeinander. Noch heute bringt der Ort im Nebeneinander von Stadtkörper und Tiergarten und mit dem tiefen Schnitt, den die Grenzanlagen in der Textur der Stadt hinterließen, seine Funktion als Übergangsbereich zum Ausdruck.

Die vor dem Krieg insbesondere im Bereich des Alsenviertels dicht bebaute Fläche des Wettbewerbsgebietes ist heute eine Stadtbrache, kaum bebaut und teilweise für Lager- und Gewerbezwecke genutzt. Mit einer Größe von 62 ha (davon 6 ha Straßenland) dürfte das Gelände gemeinsam mit den südlich anschließenden Arealen an der ehemaligen Wilhelmstraße und am Potsdamer Platz die größte innerstädtische Baulandfläche im Herzen einer europäischen Großstadt sein. Selbst das unlängst bebaute Gelände der Londoner Canary Wharf – eines der größten städtebaulichen Projekte der letzten Jahre – ist nicht einmal halb so groß wie das Wettbewerbsgebiet im Spreebogen. Trotz der Verwüstungen der Kriegs- und Nachkriegszeit besitzt das Gelände prägnante städtebauliche Merkmale.

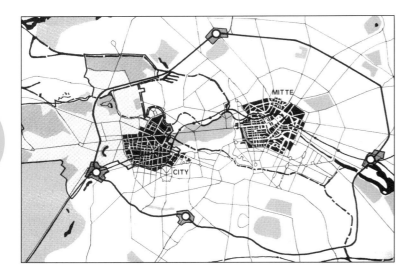

Die zwei Zentren Berlins

The two centers of Berlin

Das Wettbewerbsgebiet

The competition area

The Site

The future parliamentary quarter within the Spreebogen lies in the geographical center of the reunified city of Berlin, between the historic city center in the eastern part of the city and its younger western counterpart around Zoo Station and the Kurfürstendamm. The edges of the Spreebogen (lit. "Spree Arc") are marked by the Reichstag building and the Brandenburg Gate, the Congress Hall, and remnants of the old border fortifications, all of them architectural monuments of great historical significance. Throughout its history the Spreebogen has been an area of transition, of the contrast between different spatial realities. For example, well into the nineteenth century the city wall presented a clear line of demarcation between city and open landscape, while the postwar period saw the direct confrontation of East and West Berlin at this spot in the form of no man's land and Berlin Wall. Today the site is the dividing line between compact urban areas and the Tiergarten; the old border fortifications have also left a deep cut in the urban-fabric. Before the war the competition site was a densely developed urban quarter; today it lies fallow, scarcely developed, and desultorily used for storage and commercial purposes. Its total area of 62 hectares (including six hectares of road surface) may well make this site, along with the areas along former Wilhelmstrasse and at Potsdamer Platz that border it to the south, the most extensive inner-city construction site in the heart of a large European city. Even the recently developed Canary Wharf property in London – one of the biggest urban planning projects of recent years – is not even half his size.

Despite the devastation wrought both by the war and the period that followed, the Spreebogen area still possesses some striking urban design features. These, along with its location amidst the city as a whole, determine the uniqueness of this area.

Sie bestimmen, gemeinsam mit der Lage, die Einzigartigkeit dieses Bereiches.

Die geometrische Regulierung der Spreewindung zu einer nahezu perfekten Halbkreisform, das auf der Symmetrieachse liegende Becken des Humboldthafens mit seiner Anbindung über einen Stichkanal an den Scheitel der Spree und über eine enge Windung an den Berlin-Spandauer-Schiffahrtskanal sind signifikante städtebauliche Elemente. Sie tragen – wie der benachbarte Tiergarten – die Handschrift von Peter Joseph Lenné und sind damit die Schöpfung eines der größten deutschen Landschaftsarchitekten des 19. Jahrhunderts. Die Moltkebrücke und die Fundamente der Kronprinzenbrücke deuten noch an, wie sich die Symmetrie des Spreebogens einst in der Bebauung und im Straßensystem des Alsenviertels nach Süden bis an den Platz der Republik fortgesetzt hat.

Von der früheren Bebauung des Alsenviertels stehen heute nur noch die Schweizer Gesandtschaft und das Reichstagsgebäude, das 1957–73 von Paul Baumgarten – unter Verzicht auf die Kuppel – als Begegnungszentrum wiederaufgebaut wurde. 1973 wurde das Haus vom Deutschen Bundestag übernommen und seither für Sitzungen in Berlin genutzt. Auf einer Achse mit dem Reichstag befindet sich westlich des Platzes der Republik die Kongreßhalle als drittes Gebäude südlich der Spree. Die Kongreßhalle entstand 1956/57 als amerikanischer Beitrag zur Interbau und dient heute als „Haus der Kulturen der Welt" für internationale Tagungen und Ausstellungen, die sich außereuropäischen Kulturkreisen widmen.

Begünstigt durch die angrenzenden Grünräume des Tiergartens und der Spreeufer hat sich die Natur mit der Entwicklung von Spontanvegetationen in den Nachkriegsjahrzehnten den einst dicht besiedelten Raum des Inneren Spreebogens zurückerobert. Seine Brache wurde damit zu einem Erweiterungsbereich des Tiergartens.

Der Platz der Republik heute

Platz der Republik today

Two significant elements of the area are the curve of the Spree, artificially modified to form a perfect semicircle, and the basin of Humboldthafen, located directly on the symmetrical axis and connected to the top edge of the Spree by a short canal and to the Spandau shipping channel by a narrow bend. They – like the neighboring Tiergarten – bear the signature of Peter Joseph Lenné, and thus belong to the works of one of the greatest German landscape designers of the nineteenth century. The Moltke Bridge and the foundations of the Kronprinzen Bridge still recall how the symmetry of the Spreebogen was once continued on to the south, in the development structure and street plan of the Alsenviertel, all the way to Platz der Republik.

Of the earlier buildings of the Alsenviertel, the only ones still standing today are the Swiss Embassy and the Reichstag building, the latter refurbished by Paul Baumgarten – without the cupola – into a conference center in 1957–73. In 1973 the building was taken over by the German Bundestag and has since been used for parliamentary sessions in Berlin. Located on the same axis to the west of the Reichstag is the Congress Hall, the third building to the south of the Spree. The Congress Hall was built in 1956/57 as the American contribution to the Interbau architecture exhibition and today serves as the "House of Cultures of the World," used for international conferences and exhibitions dedicated to non-European cultures.

Encouraged by the adjacent green spaces of the Tiergarten and the river banks, nature has reconquered the once densely settled area of the inner Spreebogen with a variety of plant life in the course of the years. This fallow area has thus become an extension of the Tiergarten. The Tiergarten – once a royal hunting ground before the gates of the city – is the largest inner-city park in Berlin. Its historical borders, now protected as registered landmarks, are marked by John-Foster-Dulles-Allee and Friedensallee, directly to the south of the competition area.

The Spreebogen: Site, History, and the Competition's Objectives

by Annegret Burg

Der Tiergarten – einst kurfürstliches Jagdrevier vor den Toren der Stadt – ist der größte innerstädtische Park von Berlin. Die John-Foster-Dulles-Allee und die Friedensallee bilden unmittelbar südlich des Wettbewerbsgebietes seine unter Denkmalschutz gestellten historischen Grenzen. Die große Querallee wurde nach historischen Plänen wiederhergestellt und bildet eine Promenade zwischen dem Kulturforum und dem Spreebogen.

Die Spree tritt im Wettbewerbsgebiet aus der dichten Bebauung der historischen Mitte heraus und geht in den grünen Uferraum am Tiergarten über. Der Wechsel ihrer Ufer von der urbanen zur landschaftlichen Gestalt entspricht der Eigenschaft des Geländes als Übergangsbereich. Der Flußlauf der Spree ist ein wichtiges Identifikations- und Orientierungsband der Stadt. Nicht zuletzt durch seine bis in das 19. Jahrhundert hinein bedeutende Funktion als Verkehrsweg und damit als Lebensader der Stadt, beeinflußte er durch die Geschichte hindurch die kontinuierliche Stadtentwicklung als lineares Band Richtung Westen. Die Spree verbindet wichtige Bereiche der heutigen Berliner Innenstadt, von der Oberbaumbrücke über die City Ost bis zur City West und nach Charlottenburg. Der Spreebogen ist das zentrale Glied dieser Kette.

An der nördlichen Grenze des Wettbewerbsgebietes verläuft mit dem Stadtbahnviadukt ein zweites lineares Element, das den Stadtraum prägt und zugleich eine Barriere zu den angrenzenden, dicht bebauten Stadtvierteln darstellt. Zwischen Spree und Hochbahn liegen nur unwesentlich bebaute Flächen. Südöstlich des Humboldthafens befindet sich der von den Grenzanlagen der Nachkriegszeit freigeräumte Mauerstreifen. Ein Wachturm, das für die Maueropfer gepflanzte „Parlament der Bäume" und einige experimentelle Kunstinstallationen erinnern an die jüngste Vergangenheit. Südwestlich des Humboldthafens liegen die aufgelassenen Bahnflächen des ehemaligen Lehrter Güterbahnhofs zwischen Spree und Stadtbahnviadukt.

Der östlich des Reichstags liegende Bereich des Wettbewerbsgebietes gehört historisch zur Dorotheenstadt. Das ehemalige Reichstagspräsidentenpalais, die Kammer der Technik und das Brandenburger Tor sind historische Fragmente der einstmals dichten und noch im Stadtgrundriß ablesbaren Blockstruktur.

Der Tiergarten, Situation 1840

The Tiergarten in 1840

22

Ehemaliger Mauerstreifen mit Stadtbahnviadukt

Former border strip with elevated railroad

The Große Querallee (a major alley through the Tiergarten) was reconstructed according to historical plans and forms a promenade between the Culture Forum with the National Gallery and the Philharmonic Hall and the Spreebogen.

Within the competition area, the Spree emerges from the dense development of the historical city center and merges with the green shoreline areas. This alternation along the riverbanks between cityscape and natural landscape reinforces the transitional quality of the area. The course of the Spree is an important element of orientation for the city. Not least through its function as one of the primary traffic arteries in the city well into the nineteenth century, the river has influenced the continuous westward development of the city throughout its history. The Spree is a link between the important inner-city districts of present-day Berlin, from the Oberbaum Bridge in Kreuzberg through the eastern city center to the western city center and on into Charlottenburg. The Spreebogen area is the central link in this chain.

The northern limit of the competition area is marked by the viaduct of the elevated train, which, as a second linear element shaping the urban space, simultaneously presents a barrier to the bordering, densely built-up urban neighborhoods. The areas between the Spree and the

elevated train are scarcely developed. Now cleared of border fortifications, the strip where the Berlin Wall once stood runs to the southeast of Humboldthafen. A guard tower, the "Parliament of trees" planted in memory of the Wall's victims, and a few experimental art installations recall the recent past. To the southwest of Humboldthafen lie the open areas of the former Lehrter freight station between the Spree and elevated train viaduct.

The sector of the competition lying to the east of the Reichstag has historically been a part of the Dorotheenstadt district. The former Palace of the Reichstag President, the Chamber of Technology, and the Brandenburg Gate are historical fragments of what was once a dense block structure, traces of which remain visible in the urban layout plan.

Die Geschichte

Bis ins 19. Jahrhundert grenzte sich das Areal des Spreebogens vor den Toren der Stadt als nahezu unbebaute Fläche deutlich gegen das steinerne Gefüge des Stadtkörpers ab. An den Ufern der Spree lagen Holzumschlagplätze und eine Meierei. Im westlichen Bereich des Spreebogens, am „Zirkel", wurden seit dem frühen 18. Jahrhundert Erfrischungszelte aufgebaut, die sich innerhalb weniger Jahrzehnte mit festen Bauten zu beliebten Ausflugszielen entwickelten. Zu Beginn des 19. Jahrhunderts, als der Ort zu einem Mischgebiet aus Villen, Gaststätten und Festsälen wurde, gaben sie Anlaß zu dem bis heute erhaltenen Straßennamen „In den Zelten".

Parallel hierzu entwickelten sich aber auch militärische Einrichtungen des preußischen Staates im Bereich des Spreebogens. Als älteste dieser Einrichtungen lag nördlich der Spree, auf der Moabiter Seite, die 1717-19 errichtete Pulvermühle. 1734 war vor dem Brandenburger Tor die Anlage des wichtigsten Exerzierplatzes der Stadt gefolgt, dessen 120.000 m² große Platzfläche den Ursprung des späteren Königsplatzes (heute Platz der Republik) darstellt.

Eine wirkliche Planung für den Bereich des Spreebogens begann jedoch erst in der ersten Hälfte des 19. Jahrhunderts. Anlaß war einerseits die Expansion der Stadt, andererseits die bevorstehende Auslagerung der militärischen Einrichtungen. Die Pulvermühle wurde 1838 nach Spandau verlegt, der Exerzierplatz erwies sich als zu klein für die neuen Manövertechniken der preußischen Kavallerie.

Peter Joseph Lenné, der soeben den Tiergarten in einen Landschaftspark umgestaltet hatte, fertigte im Oktober 1839 in zwei Varianten einen ersten städtebaulichen Entwurf für den Bereich des Spreebogens und des Pulvermühlen-Geländes an. Im Sommer 1840 folgte ein Entwurf von Karl Friedrich Schinkel, eine der letzten Planungen vor seinem Tod im darauffolgenden Jahr.

Beide Entwürfe hatten eine geometrische Grundstruktur mit der einem Halbkreis angenäherten Regulierung des Flußlaufes und der als Symmetrieachse darüber gelegten Nord-Süd-Achse gemeinsam. Als durchlaufender Straßenzug verlief sie von der Charlottenburger Chaussee – der heutigen Straße des 17. Juni – nach Norden und griff über die Spree hinweg auf das Gelände der Pulvermühle. Von der Achse gabelten sich im Inneren Spreebogen V-förmig zwei Straßen, die über Brücken – die spätere Kronprinzen- und Moltkebrücke – nach Nordosten und Nordwesten führten und die Spiegelsymmetrie verstärkten. Der alte Exerzierpatz sollte in beiden Entwür-

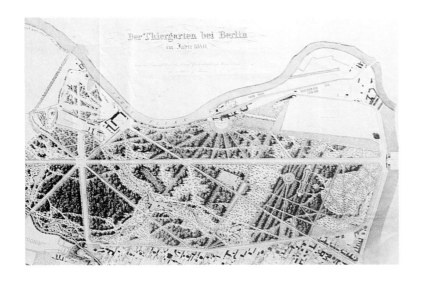

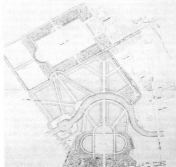

Peter Joseph Lenné,
Bebauungsplan für den Spreebogen 1839,
Zeichnung von Gerhard Koeber

Peter Joseph Lenné,
urban design plan for Spreebogen, 1839,
drawing by Gerhard Koeber

Karl Friedrich Schinkel,
Bebauungsplan für den Spreebogen 1840

Karl Friedrich Schinkel,
urban design plan for Spreebogen, 1840

History

At the beginning of the nineteenth century the Spreebogen area was an undeveloped area in front of the city gates that contrasted sharply with an urban fabric consisting largely of stone. Lumber yards and a dairy were located on the banks of the Spree. Refreshment tents built in the early eighteenth century in the western part of the Spreebogen, at the "Compass," evolved in just a few decades into permanent structures that were a popular destination for recreation-seekers. At the beginning of the nineteenth century, when the area developed into a mixture of villas, restaurants, and festival halls, it gave rise to the street name "In den Zelten" ("In The Tents"), which has been retained to the present day.

In a parallel development, however, military institutions of the Prussian state also began to spring up in the Spreebogen area. The oldest of these structures stood to the north of the Spree, on the Moabit side of the river: the Pulvermühle (Powder Mill), built in 1717-19. In 1734 it was followed by the construction in front of the Brandenburg Gate of the most important military exercise field in the city. The 120,000 square meters of the field created the basis for the later Königsplatz (today Platz der Republik).

The first true planning efforts for the Spreebogen began, however, in the first half of the nineteenth century, motivated both by the required expansion of the city and the pending relocation of the military facilities. In 1838 the Powder Mill was moved to Spandau, since the exercise field had proved too small for the new maneuvering techniques of the Prussian cavalry.

Peter Joseph Lenné, who had just transformed the Tiergarten into a landscaped park, completed a first urban design plan for the Spreebogen and the Powder Mill area in two variants in October 1839. This was followed in the summer of 1840 by a design from Karl Friedrich Schinkel one of his final planning attempts before his death in the following year.

Both plans shared a geometric structure with the bend in the river modified to form an almost exact semicircle and a north-south axis superimposed upon it. This axis ran as a continuous thoroughfare from Charlottenburger Chaussee – today's Strasse des 17. Juni – to the north, extending across the Spree into the Powder Mill site. Two streets forking off this axis in the inner Spreebogen area ran on across two bridges – the later Kronprinzen and Moltke bridges – to the northeast and northwest, thus reinforcing the mirror symmetry.

fen zu einem durch Baumreihen gefaßten Paradeplatz umgestaltet werden.

Ein grundsätzlicher Unterschied beider Entwürfe lag im Umgang mit der Eigenschaft des Ortes als Übergangsbereich und äußerte sich in der unterschiedlichen Dichte der Bebauung im Inneren Spreebogen. Schinkel konzentrierte die geschlossene Blockrandbebauung auf den Bereich nördlich der Spree und sah im Inneren Spreebogen eine nur punktuelle, offene Vorstadt-Bebauung vor. Sie vermittelte vom dicht bebauten Stadtgefüge zu den Grünanlagen des Tiergartens. Lenné hingegen bildete auch den Inneren Spreebogen zu einem aus Blockstrukturen gefügten und mit einer Stadtmauer umgebenen urbanen Viertel aus. Die harte Grenze zwischen Stadtkörper und Tiergarten blieb in diesem Entwurf erhalten.

Der Kronprinz, der die Nord-Süd-Achse vorgegeben hatte, kam 1840 als Friedrich Wilhelm IV. an die Macht. Mit seiner wenig später getroffenen Standortentscheidung für den Wintergarten des Breslauer Gastwirtes Kroll im Westen und der Bildergalerie des Diplomaten Raczynski im Osten des alten Exerzierplatzes schuf er erste konkrete Vorgaben für den Inneren Spreebogen. Darüber hinaus ergab sich auch durch die rasante Entwicklung des Verkehrs die Notwendigkeit,

neben einem von Lenné bereits berücksichtigten Hafenbecken auch den Berlin-Spandauer-Schiffahrtskanal und den Bahnhof der Berlin-Hamburger-Eisenbahn in die Planungen zu integrieren. Unter diesen Voraussetzungen entstanden 1842 und 1844 neue Pläne von Lenné, die die Grundlage für das Schema des anschließend realisierten Alsenviertels bildeten.

In der Mitte des 19. Jahrhunderts kam es zu einem deutlichen Entwicklungsschub in der Bebauung des Spreebogens. 1844 hatte Krolls Wintergarten eröffnet, der nach Plänen von Ludwig Persius errichtet worden war (1851 abgebrannt und wiederaufgebaut). Im gleichen Jahr hatte Heinrich Strack mit den Arbeiten zu dem 1847 fertiggestellten Palais Raczynski begonnen, in dem der polnisch-preußische Diplomat seine private Bildersammlung der Öffentlichkeit zugänglich machte. Der ehemalige Exerzierplatz wurde zu einem Mittelpunkt des öffentlichen und bürgerlichen Lebens.

Im Zuge der Bebauung des Inneren Spreebogens wurde der „Porzellangraben", der dem Brennstofftransport von den Holzplätzen zur Porzellanmanufaktur gedient hatte, zugeschüttet. Es entwickelte sich nördlich des ehemaligen Exerzierplatzes ab 1850 ein bürgerliches Wohnviertel, das von den spätklassizistischen Bauwerken der Schinkel-

„Berlin von Kroll's gesehen", um 1850
Palais Raczynski.
Entwurf: Johann Dietrich Strack, 1844-47

„Berlin, as seen from Kroll's", ca. 1850
Raczynski Palace.
Design by Johann Dietrich Strack, 1844-47

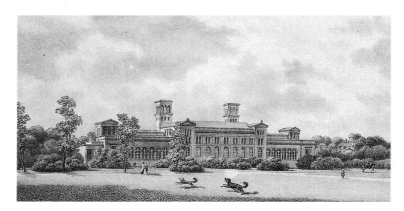

Kroll-Oper. Eröffnung Februar 1844.
Entwurf: Ludwig Persius

Kroll's Opera. Inauguration February 1844.
Design by Ludwig Persius

24

Both plans transformed the old exercise field into a parade ground enclosed by several lines of buildings.

A fundamental difference between the two designs lay in their approach to the specific features of the site as a transitional area, and this was expressed in the different densities of construction they chose for the area inside the arc of the Spree. Schinkel concentrated his closed block edge construction on the area north of the Spree, providing only for scattered and open suburban-style development within the arc of the river. In so doing he aimed to emphasize the gradual transition from the dense urban fabric to the green areas of the Tiergarten. Lenné, on the other hand, envisioned the inner arc of the Spree as an urban quarter with a clearly defined block structure and a surrounding wall. This plan retained the sharp demarcation between city and Tiergarten.

The Crown Prince who had proposed the original north-south axis came to power in 1840 as Frederick William IV. Shortly thereafter he signed decrees specifying the sites of two new construction projects in the area: the Wintergarten, owned by the Breslau innkeeper Kroll, which was to be built in the west; and the picture gallery of Count Raczynski, to be located in the east of the old exercise field. These deci-

sions represented the first concrete guidelines for development of the Spreebogen. In addition, the rapid development of traffic in the area meant that the inland harbor already provided for by Lenné's plans, not to mention the Berlin-Spandau shipping channel and the new station for the Berlin-Hamburg railroad, also had to be integrated into the planning. These conditions influenced Lenné's new plans in 1842 and 1844, which provided the basis for the layout of the later Alsenviertel development.

The middle of the nineteenth century saw a surge in construction within the Spreebogen. Kroll's Wintergarten, built according to plans of Ludwig Persius, opened in 1844. (It burned down and was rebuilt in 1851.) 1844 also saw Heinrich Strack begin his work on the Raczysnki Palace. The Polish-Prussian diplomat used the Palace, completed in 1847, to make his private art collection accessible to the public. The former exercise field became a centerpiece of public and middle-class life.

The Porzellangraben ("Porcelain Moat"), which had been used for the transport of wood from the lumber yards to the porcelain factory, was filled in during subsequent construction in the inner arc of the Spree. Starting around 1850, a middle-class residential area began to emerge to the north of the former exercise field, its buildings charac-ter-

schule – von Georg Friedrich Hitzig, Heinrich Strack, Heinrich Stüler und Ludwig Persius – geprägt wurde.

Auf dem Standort der ehemaligen Pulvermühle schuf Lenné in den 50er Jahren ein neues Hafenbecken, den Humboldthafen. Er wurde auf die Nord-Süd-Achse der Spreebogenplanung gelegt und mit einem kurzen Stichkanal an den Scheitel der Flußwindung angeschlossen. Damit nuancierte Lenné die Nord-Süd-Achse in ihrem nördlichen Abschnitt vom durchlaufenden Straßenzug zur Sichtachse. An die Stelle ihres ursprünglich als Kirche geplanten *point de vue* trat das Empfangsgebäude des Berlin-Hamburger-Personenbahnhofs.

Die Sandfläche des alten Exerzierplatzes zwischen „Kroll" und Palais Raczynski – vom Volksmund „Wüste Sahara" genannt – wurde von Lenné mit Hilfe des Mutterbodens aus dem Aushub des Humboldthafens mit Grünflächen versehen. Damit begann die schrittweise Umgestaltung zu einem urbanen Schmuckplatz. Mitte der 60er Jahre wurde die Namensgebung für Straßen und Plätze festgelegt. Der soeben errungene Sieg über Dänemark sollte dabei gefeiert werden, das Alsenviertel wurde nach einem der Schlachtfelder benannt. Die Nord-Süd-Achse bis zum Königsplatz hieß künftig Siegesallee. Der ehemalige Exerzierplatz wurde „Königsplatz" benannt und erhielt die

von Heinrich Strack geschaffene Siegessäule im Zentrum und das neue Gebäude des Generalstabs an seinem Nordwest-Rand.

Ende des 19. Jahrhunderts war das Alsenviertel im Spreebogen vollständig bebaut. Mit der wachsenden Komplexität der Regierungsfunktionen und mit ihrer zunehmenden Verlagerung aus dem Umfeld des Stadtschlosses Richtung Westen bildete sich nach der Reichsgründung neben dem Bereich der Wilhelmstraße mit seinen Ministerien auch das Alsenviertel zum Standort der Regierung aus. Hier siedelten sich zunehmend Gesandtschaften und staatliche Einrichtungen an, und es wurde zum bevorzugten Wohnort von Mitgliedern des Reichstags und des Bundesrats, von militärischen Würdenträgern und Diplomaten.

1894 wurde nach Abriß des Palais Raczynski der Reichstag nach den Plänen von Paul Wallot als westlicher Abschluß des Königsplatzes fertiggestellt. Seine Realisierung warf für nahezu ein halbes Jahrhundert Diskussionen um die Umgestaltung des Königsplatzes zu einem „Forum" als würdigen Rahmen des Gebäudes auf. Als kaiserliches „Prachtforum am Königsplatz", anschließend als „demokratisches Forum" der Weimarer Republik, verband sich mit dem Gestaltungsanspruch des Forums die Frage nach der Repräsentanz von Staat und Gesellschaft im Spreebogen.

Reichstag-Wettbewerb 1882.
Zwei erste Preise:
Friedrich Thiersch, Paul Wallot

Competition for a Reichstag 1882.
Two first prizes:
Friedrich Thiersch, Paul Wallot

Erstes Projekt für die Siegessäule.
Entwurf: Johann Dietrich Strack, 1864

First project for a victory column.
Design by Johann Dietrich Strack, 1864

ized by the late-classicist spirit of the Schinkel School – Georg Friedrich Hitzig, Heinrich Strack, Heinrich Stüler, and Ludwig Persius.

In the 1850's Lenné created a new harbor, the Humboldthafen, on the site of the former Powder Mill. The harbor was positioned on the northsouth axis of the Spreebogen planning area and connected to the top of the riverbend by a short canal. In effect, Lenné succeeded in transforming the upper segment of the north-south axis from a continuous thoroughfare into a visual axis. The reception building of Hamburg Station replaced the church that was originally planned as the point de vue.

Lenné planted the sandy space of the old exercise field between "Kroll's" and the Raczynski Palace – known by the Berliners as the "Sahara Desert" – with the help of topsoil taken from the Humboldthafen excavations. This was the beginning of the step-by-step transformation of the exercise field into a decorative urban square. In the mid-1860's official names were assigned to the streets and squares. To commemorate the recent victory over Denmark, the Alsenviertel ("Alsen Quarter") was named after one of the battlefields. The north-south axis up to Königsplatz was henceforth known as Siegesallee ("Victory Boulevard"). The former exercise field was named "Königsplatz" ("King's Square"), its center soon occupied by Heinrich Strack's

victory column, while the new building of the General Staff grew up on its northwest edge.

By the end of the nineteenth century, the Alsenviertel in the Spreebogen was covered with buildings. As government functions grew increasingly complex, they began to migrate away from the area around the City Castle toward the west. After the founding of the German Empire, Alsenviertel joined the old Wilhelmstrasse and its ministries as the main seat of government. More and more embassies and government institutions settled in the area, and it became the preferred place of residence among members of the Reichstag and the Government Council, military dignitaries, and diplomats.

In 1894, following the demolition of the Raczynski Palace, the Reichstag was completed according to the plans of Paul Wallot, thus closing off the western side of Königplatz. The Reichstag's construction touched off a half-century of discussions about transforming Königsplatz into a "forum" that would serve as a worthy frame for the building. As the imperial "ceremonial forum on Königsplatz," and later as the "democratic forum" of the Weimar republic, the question of an appropriate design for the forum became linked with the issue of the proper representation of state and society in the Spreebogen.

The History

Die Gestaltung des Königsplatzes brachte von Anfang an große räumliche Probleme mit sich, die bis in die Gegenwart hinein immer wieder Architekten beschäftigen sollten. Bereits Wallot erkannte, daß die große Weite der offen in den Alsenplatz übergehenden und nach Süden baulich nicht begrenzten Fläche kaum eine wirklich urbane Räumlichkeit erlaubte. Bei einer Entfernung von 440 Metern zwischen Reichstag und Krolloper war die Randbebauung zu niedrig angelegt. Eine größere Höhe ließ sich aber auch für den Reichstagsneubau nicht durchsetzen, da auf kaiserlichen Erlaß die Kuppel des Stadtschlosses nicht überragt werden durfte. Schwierig war auch die Ausrichtung des Reichstags nach Westen und damit die Anbindung über seine Rückfront an die Dorotheenstadt.

In der Zeit vor dem Ersten Weltkrieg gab es zwei große Planungsvorhaben, die das Areal des Spreebogens und die Gestaltung des Forums betrafen: Einerseits gab es konkrete Pläne zum Neubau eines Opernhauses am Königsplatz, andererseits fiel dieser Bereich in das Planungsgebiet des städtebaulichen Wettbewerbes Groß-Berlin und wurde von vielen der teilnehmenden Architekten als Entwurfsschwerpunkt behandelt. Die Überlegungen zu einem neuen Opernhaus waren nach Überprüfungen des Brandschutzes der Knobelsdorff-Oper Unter den Linden

entstanden. Man erwog den Abriß des historischen Hauses und seinen Neubau auf dem Gelände von Kroll. 1910 wurde ein Wettbewerb ausgeschrieben, an dem Otto March, Arnold Hartmann und Ludwig Hoffmann beteiligt waren. 1912 wurde Marchs Entwurf preisgekrönt. Die Wettbewerbsausschreibung sah neben der architektonischen Aufgabe auch die Regelung des Fußgänger- und Wagenverkehrs und Vorschläge für die Nutzung benachbarter Grundstücke vor. Otto March hatte am deutlichsten städtebaulich geplant. Neben dem Opernhaus vis-à-vis des Reichstages hatte er mit dem Kriegsministerium in der Nord-Süd-Achse am Alsenplatz ein weiteres öffentliches Gebäude an den Platz gelegt. Ähnlich wie zuvor bei Wallot wurde der Königsplatz durch Kolonnaden gefaßt und bildete nun als „vaterländisches Forum" den repräsentativen Abschluß der Siegesallee. Auch March versuchte, mit Hilfe von Proportionsstudien eine größere Bauhöhe am Königsplatz durchzusetzen.

Die Vision des Forums wurde noch während der ersten Kriegserfolge weiterverfolgt. 1915 schuf Felix Wolf einen Entwurf für ein „Deutsches Forum" am Königsplatz, das von einem „Pantheon für die gefallenen Helden" beherrscht sein sollte.

Königsplatz, Entwurf: Paul Wallot.
Berliner Kunstausstellung 1894

Königsplatz, project by Paul Wallot.
Berlin Art Exhibition, 1894

Wettbewerb Groß-Berlin, 1908/10.
4. Preis: Schmitz, Blum, Havestadt & Contag
Monumentalstadt am Lehrter Bahnhof

Greater Berlin Competition, 1908/10.
4. prize: Schmitz, Blum, Havestadt & Contag
Monumental city at Lehrter Station

The design of Königsplatz was dogged from the beginning by large spatial problems that would continue to occupy architects' attention well into the present. Wallot himself recognized that the huge empty area extending into Alsenviertel without any built limits to the south offered few of the preconditions for a truly urban space. The construction along the edges of the area was simply too low in proportion to the distance of 440 meters between Reichstag and Kroll Opera. Greater height was not allowed even for the new Reichstag building, however, because of an imperial decree that prohibited any building in the city from rising above the domes of the City Castle. Another difficulty was the alignment of the Reichstag toward the west, and the concomitant linkage of its back frontage line with Dorotheenstadt.

In the period prior to the First World War there were two large planning projects that affected the Spreebogen area and the design of the forum. On the one hand there were concrete plans for the construction of a new opera house on Königsplatz, while on the other this area fell into the planning area of the urban design competition for Greater Berlin and ultimately played a central role in the plans of many of the participating architects.

Ideas for a new opera house received an impetus after an official check revealed deficiencies in the fire security of the Knobelsdorff Opera House on Unter den Linden. Some suggested that the historical opera house should be torn down and rebuilt on the Kroll property. In 1910 the city staged a competition for this purpose, its participants including Otto March, Arnold Hartmann, and Ludwig Hoffmann. In 1912 the plan by Otto March received the first prize.

In addition to the architectural task, the terms of the competition also specified the need for regulation of pedestrian and vehicular traffic and made proposals for the use of adjacent lots. Otto March's plans were most clearly oriented to the overall urban situation. In addition to the Opera House vis-à-vis the Reichstag, he placed an additional public building, the War Ministry, in the north-south axis on Alsenplatz. Not unlike Wallot's earlier proposal, Königsplatz was now enclosed by colonnades and formed a "patriotic forum" that provided a representative terminus of the Siegesallee. March also attempted to push through a higher building height on Königsplatz with the help of proportional studies. The vision of the forum was pursued during Germany's early victories in the First World War. In 1915 Felix Wolf drew up a plan for a "German Forum" on Königsplatz, to be dominated by a "pantheon for fallen heroes."

Auch die städtebaulichen Planungen im Zuge des Wettbewerbes Groß-Berlin, die zeitgleich mit den ersten Überlegungen zum Opernhaus begannen, wurden nicht realisiert. Im Oktober 1908 war der Wettbewerb ausgelobt worden, 1910 wurden die Ergebnisse auf der „Allgemeinen Städtebauausstellung Berlin" gezeigt.

Kernpunkt der Aufgabe war – neben einer „Wohnstadt" und einer „Arbeitsstadt" – die Ausbildung eines Citybereiches als „Monumentalstadt". Hier sollten laut Wettbewerbsprogramm „Hochschulen, Museen, Kirchen, Konzertsäle, Theater, Ausstellungsgebäude, Verwaltungsgebäude für Staats- und Kommunalbehörden oder große Privatgesellschaften, Stadtpaläste" liegen. „Zentral gelegene Stadtbereiche sollten" – so Max Berg – „durch allmähliche Monumentalausbildung der zwischen ihnen liegenden Plätze und Straßenführungen zu einem zusammenhängenden Ganzen" vereinigt werden. Den Verlauf der bandartigen Monumentalstadt beschrieb Berg folgendermaßen: „Die Monumentalstadt beginnt mit dem Schlosse und der Museumsinsel und erstreckt sich dann über die Linden bis zum Brandenburger Tor. Dort teilt sie sich. Ein Arm hat sich nach Süden zu dehnen, als eine breite Monumentalstraße, ungefähr bis zum Landwehrkanal. Hier ist nach Abbruch des Potsdamer Bahnhofes ein großer, die Anhalter und

Potsdamer Bahn vereinigender Hauptbahnhof anzulegen (...). Die weitere Ausbildung der Monumentalstadt hat sich dann vom Brandenburger Tor nördlich am Tiergarten entlang zu erstrecken, vereinigend Reichstagsgebäude, Generalstab u.s.w. über die Zelte (...), Schloß Bellevue bis zur Charlottenburger Brücke." Beide Verzweigungen sollten im Westen zusammengeführt werden.

Innerhalb der Monumentalstadt lagen Spreebogen und Königsplatz im zentralen Bereich und waren von herausragender Bedeutung. Der Entwurf von Bruno Schmitz, Otto Blum, Havestadt & Contag sah – ähnlich wie der Entwurf von Otto Brix und Felix Genzmer – eine Fassung mit Kolonnaden vor. Die Nord-Süd-Achse fand durch einen Neubau als Bebauung des Alsenplatzes einen Abschluß als Sichtachse, wurde aber nördlich des Gebäudes weitergeführt und durch zwei den Stichkanal zum Humboldthafen flankierende Turmhäuser betont. Nördlich des Hafenbeckens sollte eine Halbkreisform als eine Art städtebauliches Gelenk in die in Nordwest-Südost-Richtung orientierte Stadtstruktur von Moabit umlenken. Der Bereich des Spreebogens war an ein System großer Verkehrsadern angeschlossen, die durch den Stadtkörper hindurch in Nord-Süd- und in Ost-West-Richtung geöffnet werden sollten.

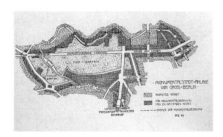

Wettbewerb Groß-Berlin, 1908/10.
Monumentalstadt
Zeichnung: Max Berg

Greater Berlin Competition, 1908/10.
Monumental City
Drawing by Max Berg

Wettbewerb Königliches Opernhaus,
Entwurf: Otto March, 1912.
„Vaterländisches Forum"

Competition Royal Opera House,
design by Otto March, 1912.
"Patriotic Forum"

Wettbewerb Königliches Opernhaus, 1912,
„Deutsches Forum" und
„Deutsches Pantheon", 1915, Felix Wolf

Royal Opera House Competition, 1912,
„German Forum" and „German Pantheon",
1915, by Felix Wolf

The urban design plans presented in the course of the Greater Berlin competition, at about the same time as the first plans for the Opera House, were never realized. The competition was initiated in October 1908, and the results were shown in the "General Urban Planning Exhibition" in Berlin in 1910.

The main task was the creation – along with a "residential city" and a "working city" – of an urban center in the form of a "monumental city." The competition brief described this as an assemblage of "institutions of higher education, museums, churches, concert halls, theaters, exhibition buildings, administrative buildings for national and local government authorities or large private companies, urban palaces." "Centrally located urban areas," wrote Max Berg, were to be unified "into a coherent whole through gradual monumental development of their squares and streets." Berg described the course of the stripshaped monumental city as follows: "The monumental city begins with the castle and the museum island and runs down Unter den Linden to the Brandenburg Gate. There it divides. One arm must move toward the south, as a broad monumental street, roughly to the Landwehrkanal. This will be the location, after the demolition of Potsdamer Station, of a main train station that will unify the Potsdam and Anhalt rail lines ... The

monumental city should extend further from the Brandenburg Gate along the northern edge of the Tiergarten, unifying the building of the Reichstag, the General Staff, etc. across In den Zelten ... and Bellevue Castle to the Charlottenburg Bridge." Both branches of the city were then to be unified in the west.

The Spreebogen and Königsplatz occupied a vital central position in the monumental city. The plan by Bruno Schmitz, Otto Blum, Havestadt & Contag – like the designs of Otto Brix and Felix Genzmer – proposed closing off the area with a colonnade. A new building on Alsenplatz provided an endpoint for the sight line of the north-south axis, but the axis itself was continued to the north of the building and emphasized by two towers flanking the short canal that led into Humboldthafen. To the north of the harbor, a large semicircular shape, serving as a kind of urban design hinge, would redirect the northwest/southwest-oriented urban structure of Moabit. The area of the Spreebogen was connected to a system of large traffic arteries which would be opened up through the urban fabric in northsouth and eastwest directions.

The aim of relieving the historical city center from traffic motivated the design of Eberstadt, Petersen, and Möhring, which extended

Im Sinne der damit verbundenen Verkehrsentlastung der historischen Mitte sah der Entwurf von Eberstadt, Petersen und Möhring die Verlängerung der Französischen Straße bis in die Lennéstraße als verbesserte Ost-West-Verbindung im Bereich der Ministergärten an der Wilhelmstraße vor. An der Kreuzung dieser Verlängerung mit der Königsgrätzerstraße bot sich die „Gelegenheit zur Schaffung eines eindrucksvollen monumentalen Platzes", der „schöne und würdige Bauplätze für die von ihrer seitherigen Stelle verdrängten Behörden, das Reichsamt des Inneren und das Justizministerium" bot. Der Königsplatz sollte als Regierungsstandort mit Reichsmarineamt, Reichskolonialamt, Generalstab und Kriegsministerium weiter ausgebaut werden. Das „Forum des Reiches" war „Abschluß und die Krönung der Siegesallee". Auch dieser Entwurf setzte sich mit dem Thema des Turmhauses auseinander und sah Höhendominanten im Bereich des Lehrter Bahnhofes vor.

Die Planungen für den Wettbewerb blieben, nicht zuletzt durch den Ausbruch des Krieges, Papier. Das Turmhaus wurde nach dem Krieg erneut von Otto Kohtz – Mitbegründer des 1920 gegründeten „Bundes der Hochhausfreunde" – thematisiert. 1920/21 veröffentlichte Kohtz ein pyramidenförmig gestuftes, 200 m hohes Hochhaus, das als

Bebauung des Alsenplatzes die Nord-Süd-Achse abschließen und sämtliche Reichs- und Staatsbehörden aufnehmen sollte.

Während der Entwurf von Kohtz jedoch in erster Linie einem architektonischen Interesse am Thema des Hochhauses entsprang, wurde die städtebaulich weitestreichende Planung von Martin Mächler mit dem Vorschlag einer großen Nord-Süd-Achse entwickelt, die sich zwischen Nord- und Südbahnhof als monumentale Verkehrsader erstrecken sollte. Bereits vor dem Ersten Weltkrieg hatte Mächler auf der Grundlage des Wettbewerbes für Groß-Berlin einen ersten städtebaulichen Entwurf hierzu erarbeitet, den er in der Nachkriegszeit – unterstützt durch Max Berg und Hugo Häring – weiterverfolgte. Bei Mächlers Entwurf lag die Qualität in der komplexen Verschmelzung der unterschiedlichen städtebaulichen Aufgaben. Das Projekt verband ein ausgearbeitetes Verkehrskonzept für Straßen- und Schienenverkehr mit dem „Prinzip der systematischen Bündelung" der Regierungsfunktionen, um der vorhandenen willkürlichen „Zersplitterung" ihrer Standorte entgegenzuwirken.

Auf dem Gelände des Lehrter Bahnhofes war ein großer „Centralbahnhof" vorgesehen, südlich des Landwehrkanals ein neuer Südbahnhof, der Anhalter und Potsdamer Bahnhof ersetzen sollte. Beide Bahnhöfe

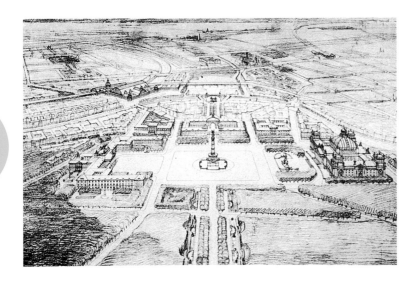
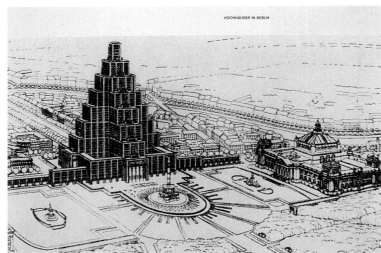

Französische Strasse into Lennéstrasse as an improved east-west connection in the area of the ministerial gardens on Wilhelmstrasse. The intersection of this extended street with Königsgrätzerstrasse offered the "opportunity for creation of an impressive monumental square" which offered "attractive and dignified construction sites for the governmental authorities who have been pushed out of their old locations, namely the Imperial Department of the Interior and the Ministry of Justice." Königsplatz would undergo further expansion as a government center with the Imperial Navy Department, Imperial Colonial Office, General Staff, and War Ministry. The "Imperial Forum" was the "conclusion and crowning element of the Victory Boulevard." This design also showed some interest in the idea of the tower and provided for vertical dominants in the area of Lehrter Station.

Not least due to the outbreak of the First World War, the plans for the competition remained paper. The tower idea was taken up again after the war by Otto Kohtz, one of the founders of the "Association of Friends of the High-Rise Building" created in 1920. In 1920/21 Kohtz published the design for a 200-meter highrise building in the form of a terraced pyramid to be built on Alsenplatz as the conclusion of the north-south axis; it was to house all the offices of the government.

While Kohtz' design emerged primarily from an architectural interest in the theme of the highrise building, Martin Mächler presented a plan which had much more far-reaching consequences for urban design. Mächler proposed a great north-south axis that would extend as a monumental traffic artery between the northern and southern train stations. Even before the First World War Mächler had used the competition for Greater Berlin to draw up a first urban plan that he continued to pursue in the postwar period, with support from Max Berg and Hugo Häring. Mächler's plan presented a complex and integrated approach to a set of different urban design challenges. The project combined a comprehensive traffic strategy for road and rail traffic with the "principle of the systematic bundling" of government functions in order to counteract the random "fragmentation" of their locations in the status quo.

Mächler's plan envisioned a large "Central Station" on the site of Lehrter Station, with a new South Station, located to the south of the Landwehr Canal, intended to replace the Anhalt and Potsdam stations. Both stations were connected by tunnels beneath the large north-south axis. Aboveground, meanwhile, the street line served as the main traffic artery that formed the backbone of the plan, combining and connecting all districts with institutions of the government. "All state and urban

waren unterirdisch unterhalb der großen Nord-Süd-Achse miteinander verbunden. Oberirdisch bildete der Straßenzug als Hauptverkehrsader das städtebauliche Rückgrat der Hauptstadtplanung und bündelte und verknüpfte sämtliche Bereiche mit Einrichtungen der Regierung. Um den Zentralbahnhof sollten „alle staatlichen und städtischen Repräsentationsbauten" liegen und den Reisenden als Entrée zur Hauptstadt empfangen. Während Mächler die preußischen Behörden um den Kemperplatz anordnete, sah er den Bereich um den Königsplatz als die „geeignetste Stelle für die Staatsbehörden" an. Hier sollten das Außen- und Innenministerium und – in einem Neubau vis-à-vis des Reichstages – der Bundesrat und die Reichskanzlei liegen. Das Alsenviertel nahm als Regierungsviertel alle weiteren Ministerien auf. Im westlichen Randbereich des Spreebogens – im Bereich des Hauptzollamtes – waren auf beiden Flußufern Gesandtschaften vorgesehen. Auch Mächler plante die Ost-West-Verbindung der Stadt mit einem Durchbruch durch die Ministergärten zwischen Jäger- und Lennéstraße.

Das Projekt von Mächler war ein umfassender und international beachteter Beitrag zur Entlastung des historischen Stadtkerns im Zuge der „Westwanderung" der City und der Regierungsfunktionen. Er wurde

1927 auf der Berliner Kunstausstellung gemeinsam mit Beiträgen von Hugo Häring, Hans Poelzig, Peter Behrens, Ludwig Hilberseimer und Max Heinrich ausgestellt. „Mächler" – schrieb Max Berg aus diesem Anlaß – „steht mit Recht im Mittelpunkt der Ausstellung, denn er zeigt den neuen Geist im Städtebau, aus dem Gesamtplan der Leistungsaufgabe Berlins entwickelt, die Arbeit eines Universalstädtebauers, der den Spezialstädtebauern die Einzelaufgaben stellt." Zu diesen Einzelaufgaben, die der detaillierten Ausarbeitung einzelner Bereiche entlang der Achse galten, gehörte der architektonische Entwurf für den Zentralbahnhof (Friedrich-List-Bahnhof), den Hilberseimer in der ihm eigenen unterkühlt sachlichen Formensprache schuf. Hierzu gehörte auch die von Berg als „vollkommen verfehlt" bezeichnete Lösung von Behrens für den nach Kriegsende in „Platz der Republik" umgetauften Königsplatz, die erneut die Idee für ein „Hochhaus in Wettbewerb mit dem Reichstagsgebäude" aufgriff. Auch Poelzig zeigte einen ersten Entwurf für den Platz der Republik auf der Berliner Kunstausstellung und umbaute – im Gegensatz zu Behrens – den Platz bei konstanter, von der Traufhöhe des Reichstages übernommener Höhe. Auf den Alsenplatz setzte er zwei die Nord-Süd-Achse flankierende Neubaublöcke.

Wettbewerb Groß-Berlin, 1908/10.
Entwurf: Eberstadt, Petersen, Möhring

Greater Berlin Competition, 1908/10.
Design by Eberstadt, Petersen, Möhring

Reichshaus am Königsplatz,
Entwurf: Otto Kohtz, 1920

House of the Reich at Königsplatz,
Design by Otto Kohtz, 1920

Bebauungsplan Groß-Berlin, 1920,
von Martin Mächler. Ausschnitt

Urban design plan for Greater Berlin, 1920,
by Martin Mächler. Detail

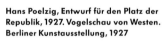

Hans Poelzig, Entwurf für den Platz der Republik, 1927. Vogelschau von Westen. Berliner Kunstausstellung, 1927

Hans Poelzig, Project for Platz der Republik, 1927. Aerial view. Berlin Art Exhibition, 1927

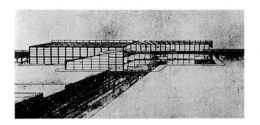

Ludwig Hilberseimer,
Entwurf Friedrich-List-Bahnhof, 1927.
Berliner Kunstausstellung, 1927

Ludwig Hilberseimer,
Project for Friedrich-List station, 1927.
Berlin Art Exhibition, 1927

representative buildings" were arranged around the Central Station, presenting travellers with a clearly marked point of reception into the city. While Mächler placed the Prussian governmental authorities around Kemperplatz, he viewed the area around Königsplatz as "the most suitable location for the offices of central government." This would be the site of the Foreign and Interior Ministries, with the Government Council and the Imperial Chancellery located in a new building vis-à-vis the Reichstag. The Alsenviertel as the main government quarter became the site of the rest of the government ministries. Embassies would be located on both riverbanks in the area along the western edge of the Spreebogen, around the present site of the Main Customs Office. Mächler also planned the city's east-west connecting line by providing an opening through the ministerial gardens between Jägerstrasse and Lennéstrasse.

The project of Mächler made a comprehensive and internationally publicized contribution to reducing the burden on the historical urban core created by the "western migration" of the city center and governmental functions. The project was displayed in 1927 at the Berlin Art exhibition together with plans by Hugo Häring, Hans Poelzig, Peter Behrens, Ludwig Hilberseimer, and Max Heinrich. "Mächler," wrote Max Berg on this

occasion, "justly stands in the center of the show, for he shows the new spirit in urban design, developed from the overall plan of the urban tasks of Berlin – the work of a universal urban designer that clearly sets out the individual tasks faced by urban design specialists." These tasks, which involved the detailed elaboration of the individual areas along the axis, included the architectural design for the Central Station (Friedrich-List-Station), which Hilberseimer drew up in his characteristically matter-of-fact formal idiom. They also encompassed Behrens' design – described as "completely unsuccessful" by Berg – for Königsplatz, which had been renamed "Platz der Republik" after the war. In his project Behrens once again took up the idea of a "highrise building in competition with the Reichstag." Poelzig also showed a first design for Platz der Republik at the Berlin Art Exhibition and – in contrast to Behrens' approach – restructured the square while maintaining a constant cornice height borrowed from the Reichstag. On Alsenplatz he placed two new blocks of construction in flanking positions along the north-south axis.

Der umfassendste Beitrag im Zusammenhang mit Mächlers Achse war der Entwurf von Hugo Häring. Er ergänzte die Nord-Süd-Achse durch eine Ost-West-Achse, die „Straße der Republik". Sie sollte eine Sichtachse vom Reichstag bis zu dem als neues Reichstagspräsidentenpalais vorgeschlagenen Schloß Bellevue herstellen und im Bereich des Inneren Spreebogens zu beiden Seiten von den Reichsministerien gesäumt werden. Südlich des Hauptzollamtgeländes sollte ein Abschnitt der Spree begradigt und in die Achse integriert werden. Der Reichstag war in seiner Bedeutung als „Vertretung des deutschen Volkes" die Dominante dieser disziplinierten stadträumlichen Ordnung. 1929 modifizierte Häring das Projekt im Rahmen einer Weiterbearbeitung. Die Neubauten der Reichsministerien, im ersten Entwurf kammartig miteinander verbunden, flankieren und betonen in dieser Variante als kräftige Hochhausscheiben die „Straße der Republik". In die Achse schob Häring vor dem Reichstag jedoch ein neues Element. Ein gewaltiges Tribünenbauwerk sollte die „Straße der Republik" mit einer gewölbten Fassade verriegeln und zum Reichstag hin ein Freilichttheater bilden. Das Theater war als republikanisches Forum für politische Veranstaltungen gedacht. Der Reichstag verlor seine Eigenschaft als symbolische stadträumliche Dominante des Regierungsviertels.

1929 stand der Platz der Republik auch durch den Wettbewerb zur Erweiterung des Reichstages im Mittelpunkt. Bereits zwei Jahre zuvor hatte zu diesem Thema ein Wettbewerb stattgefunden, an dem sich zwar 278 Architekten beteiligt hatten, der aber – wie es hieß – wegen des mangelhaften Programms des Auslobers zu unbefriedigenden Ergebnissen geführt hatte. 1929 kam es erneut zu Kritik, insbesondere da man beabsichtigte, „ohne Rücksicht auf den Gesamtbebauungsplan des Platzes der Republik beschleunigt vorzugehen". Dieser Wettbewerb machte erneut die Untrennbarkeit der architektonischen Aufgabe von der städtebaulichen Gestaltung im Spreebogen deutlich. Eingeladen worden waren u.a. Emil Fahrenkamp & de Fries, Hans Poelzig, Peter Behrens, Eduard Jobst Siedler, Wilhelm Kreis, Paul Schmitthenner. Das Projekt Fahrenkamp & de Fries (erster Preis) versuchte die große zusammenhängende Platzfolge von Platz der Republik und Alsenplatz – wie schon in vielen der vorangegangenen Projekte – durch die Bebauung des Alsenplatzes zu reduzieren. Hier sollten kammartige Baugruppen die Nord-Süd-Achse flankieren und Ministerien beherbergen. Die Siegessäule blieb als point de vue der Siegesallee erhalten, wurde aber aus der Ost-West-Achse des Reichstages leicht nach Norden verschoben.

Hugo Häring, Planung im Bereich Spreebogen und Schloß Bellevue. Berliner Kunstausstellung, 1927

Hugo Häring, Plan for Spreebogen and Schloss Bellevue. Berlin Art Exhibition, 1927.

Zweiter Wettbewerb für die Erweiterung des Reichstags, 1929. Entwurf: Hugo Häring

Second competition for the expansion of the Reichstag, 1929. Project by Hugo Häring

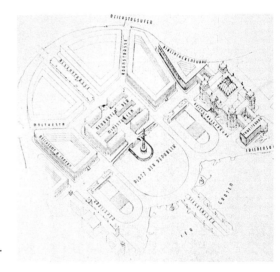

Zweiter Wettbewerb für die Erweiterung des Reichstags, 1929. 1. Preis: Emil Fahrenkamp

Second competition for the expansion of the Reichstag, 1929. 1. prize: Emil Fahrenkamp

The design with the most far-reaching consequences came from Hugo Häring. He supplemented the north-south axis with an east-west axis, "Strasse der Republik." This new street line was intended to draw a visual axis from the Reichstag to Schloss Bellevue (proposed as the new Palace of the Reichstag President) that would be lined on both sides by government ministries in the area of the inner arc of the Spree. A section of the Spree was to be flattened out and integrated into the axis south of the Main Customs Office. The Reichstag, in its function as "representation of the German people," served as the dominant element of this disciplined urban order.

In 1929 Häring modified the project within the framework of an additional variant. The new buildings of the Reich Ministries, which had been connected with each other in comb-like shapes in the first plan, were now transformed into massive highrise slabs that flanked and emphasized Strasse der Republik. However, Häring inserted a new element into the axis in front of the Reichstag. An enormous tribune blocked off Strasse der Republik with a vaulted façade, forming an open-air theater that opened out toward the Reichstag. The theater was conceived as a republican forum for political events. The Reichstag lost its role as the dominant element within the government quarter.

Platz der Republik also stood at the center of attention in 1929 thanks to the competition for expansion of the Reichstag. A competition on this theme had already taken place two years before, and although 278 architects had participated in all, the results were deemed a disappointment because – as critics said – of inadequate terms set out by the sponsors. The critics spoke up again in 1929, particularly because planners intended to "move ahead at an accelerated tempo without properly considering the overall development plan of Platz der Republik." The results of this competition once again drove home the impossibility of separating the architectural task from the comprehensive urban planning challenge in the Spreebogen.

Those invited to participate included Emil Fahrenkamp & de Fries, Hans Poelzig, Peter Behrens, Eduard Jobst Siedler, Wilhelm Kreis, and Paul Schmitthenner. The project of Fahrenkamp & de Fries (first prize) attempted – like many previous projects – to reduce the unwieldy sequence of connected squares composed of Platz der Republik and Alsenplatz by reshaping the latter with new construction. Here combshaped building groups flanking the north-south axis would house ministries. The Victory Column remained as the point de vue of the Victory Boulevard, but was shifted slightly to the north out of the axis.

Poelzig (engere Wahl) sah hingegen einen völligen Abriß des Alsenviertels vor. Die Neubebauung des Inneren Spreebogens bestand aus offenen Bauformen, zwischen denen sich das Grün des Tiergartens bis an die Spreeufer zog. Hochhausscheiben mit den Ministerien sollten radial auf den Fluß zulaufen. Im Mittelpunkt der Anlage war ein großes kreuzförmiges Forum geplant. Das Projekt sprengte radikal die dichte historische Bebauung und überlagerte sie mit einem neuen Stadtmodell. Im Zeichen der Moderne begann die Suche nach der Auflösung des Gegensatzes von Stadt und Landschaft, für die sich der Übergangsbereich zwischen Stadtkörper und Tiergarten besonders anzubieten schien.

Mit der nationalsozialistischen Machtergreifung am 30. Januar 1933 wurden die Planungen zu einem demokratischen Forum am Platz der Republik zunichte. Einen Monat nach dem Reichstagsbrand wurde der Platz am 25.3.1933 erneut in Königsplatz umbenannt. Hitler beauftragte zunächst das Stadtplanungsamt und 1936 Albert Speer, auf der Grundlage des Entwurfes von Mächler eine monumentale Prachtstraße zu entwickeln, die in einen großen zentralen Platz im Bereich des Königsplatzes münden sollte. Im Januar 1937 wurde Speer offiziell zum „Generalbauinspektor der Reichshauptstadt Berlin" ernannt.

Seine Dienststelle GBI wurde mit den Kompetenzen eines Ministeriums ausgestattet.

Berlin sollte zur gewaltigen Machtzentrale des Deutschen Reiches und zur Welthauptstadt „Germania" ausgebaut werden. Die Nord-Süd-Achse und der neue Platz im Spreebogen wurden zum Kernstück einer städtebaulichen Planung, die der Verherrlichung des Nationalsozialismus dienen sollte.

Dominiert wurde die Achse im Spreebogen durch die Kuppel der „Großen Halle", die, gekrönt von einem die Weltkugel in seinen Fängen haltenden Deutschen Adler, weithin sichtbar sein sollte. Vor dem Kuppelbau war ein Platz für 1 Million Menschen vorgesehen, seitlich gefaßt durch den Führerpalast auf dem Grundstück der Kroll-Oper und durch das als Archiv und Bibliothek des benachbarten Reichstagsneubaus dienende alte Reichstagsgebäude. Die Einmündung der Nord-Süd-Achse war flankiert von der mit dem Führerbunker verbundenen neuen Reichskanzlei und dem Oberkommando der Wehrmacht.

Speers Via Triumphalis war wichtiger Bestandteil eines umfassenden Verkehrskonzeptes, das die Planungen zu einem neuen Nord- und zu einem neuen Südbahnhof weiterverfolgte. Die Nord-Süd-Achse durch den Spreebogen und die Ost-West-Achse über die Linden und die

Zweiter Wettbewerb für
die Erweiterung des Reichstags, 1929.
Entwurf Hans Poelzig (engere Wahl)

Second competition for
the expansion of the Reichstag, 1929.
Project Hans Poelzig (honorable mention)

Albert Speer, Nord-Süd-Achse
zwischen Südbahnhof und Großer Halle.
Planungszustand 1942, Modell und Plan.

Albert Speer, North-south-axis between
southern rail station and Great Hall.
1942, model and plan.

Poelzig (honorable mention) proposed demolishing the entire Alsenviertel, replacing it with new, open construction in the Spreebogen interspersed with the greenery of the Tiergarten extending to the banks of the river. High-rise slabs containing the Ministries ran down to the Spree in a radial pattern. A large, cross-shaped forum stood at the center of the design. The project represented a radical break with the dense construction of the past, which it effaced and covered over with a new urban model. The spirit of modernity was already evident in the search for some way of overcoming the contrast between city and landscape – an approach which seemed especially appropriate to the transitional area between city and Tiergarten.

When the National Socialists took power on January 30, 1933, all the plans for a democratic forum on Platz der Republik became a thing of the past. One month after the Reichstag fire, on March 25, 1933, the square was given back its old name of Königsplatz. Hitler at first commissioned the Urban Planning Department – and then in 1936, Albert Speer – to develop a monumental representative boulevard on the basis of Mächler's design that would lead into a huge central square in the area of Königsplatz. In January 1937 Speer was officially appointed "General Construction Inspector of the Reich Capital Ber

lin." His office, known by its initials as GBI, was awarded ministerial powers.

Berlin itself was to be transformed into "Germania," the gigantic center of the worldwide empire of the Third Reich. The north-south axis and the new square in the Spreebogen were to become the core of a new urban plan serving the glorification of National Socialism.

According to the plans, the axis in the Spreebogen would be dominated by the cupola of the "Great Hall," which, crowned by a German eagle holding the globe of the world in its claws, would be visible for vast distances. A square in front of the immense dome provided enough space for a crowd of one million, enclosed by the Führer Palace on the site of the Kroll Opera and by the old Reichstag, which was to serve as the archive and library of the new Reichstag building next door. The mouth of the north-south axis would be flanked by the New Reich Chancellery, connected with the Führer Bunker, and the Supreme Command of the Wehrmacht.

Speer's Via Triumphalis was an important part of a comprehensive traffic strategy that pursued earlier plans for new North and South train stations. The north-south axis through the Spreebogen and the east-west axis along Unter den Linden and Charlottenburger Chaussee

Charlottenburger Chaussee sollten zu einem großen Achsenkreuz für den Straßenverkehr ausgebildet und in der Peripherie an einen Autobahnring angeschlossen werden. Vier weitere Ringstraßen sollten weiter im Inneren das Achsenkreuz überlagern.

1943, als bereits Abrißarbeiten im Spreebogen durchgeführt worden waren, wurde die Planungstätigkeit der GBI eingestellt und die Behörde in den Dienst der Rüstungsindustrie gestellt. Speer initiierte jedoch noch im gleichen Jahr „auf reichsweiter Ebene" einen „Wiederaufbaustab zerstörter deutscher Städte" und brach mit früheren Planungsansprüchen: „Keine hochkünstlerischen Ideen mehr, sondern Sparsamkeit, eine großzügige Verkehrsplanung, die dem Ersticken der Städte durch Verkehrsnot entgegentreten sollte; industrielle Herstellung von Wohnungen, Altstadtsanierung und Geschäftshäuser in den Zentren." Im Einvernehmen mit der Stadtverwaltung, deren Baubehörde in bescheidenem Umfang tätig blieb, initiierte Joseph Goebbels als Gauleiter von Berlin einen Wettbewerb zum „totalen Wiederaufbau Berlins". Noch wenige Tage vor der Kapitulation zeichnete auch Otto Kohtz strahlende Visionen für ein „Neues Berlin". Er entwarf massive, stufenförmig gestaffelte Scheibenhochhäuser für den Spreebogen als Abschluß einer entmonumentalisierten Nord-Süd-Achse.

Nach schweren Endkämpfen im Regierungsviertel wurde am 30.4.1945 von der Sowjet-Armee die rote Fahne auf dem Reichstagsgebäude gehißt. Zwei Tage später folgte die bedingungslose Kapitulation der Stadt. Berlin lag in Trümmern, und der Bereich um den Reichstag war hiervon besonders betroffen. Schon am 17.5.1945 wurde Hans Scharoun als Stadtbaurat des Berliner Magistrats eingesetzt. Konkrete Planungsgrundlagen gab es zu diesem Zeitpunkt nicht. Die ersten Planungen der Architekten teilten sich daher – wie es bereits in den antagonistischen Ansätzen des Entwurfes von Kohtz und der neuen Richtlinien von Speer vorgezeichnet war – in kühne fiktive Zukunftsvisionen einerseits und in bescheidene, konservativere Wiederaufbaukonzepte andererseits.

Mit dem Zehlendorf-Plan plädierten Walter Moest und Willi Görgen 1946 für eine „nüchterne und realistische Geisteshaltung", fern ab von „Schwärmerei, Romantik und Utopie". Er war in erster Linie ein die vorhandenen Strukturen belassender Sanierungsplan und ein Vorschlag zum Ausbau des Hauptstraßennetzes. Der einzige schwerwiegende Eingriff war im Sinne einer Entnazifizierung die Zerschlagung des Achsenkreuzes vor dem Brandenburger Tor und im Spreebogen. Die Nord-Süd-Achse sollte über den Bahnhof Friedrichstraße umgeleitet,

Otto Kohtz, Wiederaufbauentwurf 1945
(Variation seiner Hochhäuser aus dem
Wettbewerb Hochschulstadt 1937)

Otto Kohtz, project for Berlin's
reconstruction, 1945
(variations of an earlier high rise project of
1937)

Platz der Republik, ca. 1930

Platz der Republik, ca. 1967

Brandenburger Tor, 1930

Brandenburger Tor, 1978

were to be brought together into a huge intersection for street traffic; on the periphery of the city they would be connected to a ring highway. Four additional ring-roads would overlay the cross-axis within the city. In 1943, after demolition work within the Spreebogen had already begun, the planning activities of the GBI were stopped and its officials placed in the service of the armaments industry. In the same year, however, Speer organized a "staff for the reconstruction of German cities" on "a nationwide level," breaking with earlier planning categories in the process: "Spareness rather than highflying artistic ideas; generous traffic strategies to prevent the cities from suffocating in traffic; industrial fabrication of apartments, renewal of old towns, and commercial buildings in the centers." Meanwhile the Gauleiter of Berlin, Joseph Goebbels, staged a competition for the "total renewal of Berlin" in concert with the city government, whose building department still remained active to a certain modest degree. Only a few days before the German surrender, Otto Kohtz was also drafting radiant visions for a "new Berlin." Within the Spreebogen he pictured massive highrise slabs – once again in the form of terraced pyramids – as the conclusion of a scaled-down north-south axis.

On April 30, 1945, the Soviet Army raised the red flag on the Reichstag

building. This was followed two days later by the unconditional capitulation of the city. Berlin lay in ruins, and the area around the Reichstag was especially affected. Already on May 17, 1945, Hans Scharoun was appointed the Urban Development Director of the Berlin Magistrate. There were no concrete bases for planning at this point. For this reason the first plans of the architects – as suggested by the contradictory plans of Speer and Kohtz – indulged either in bold, fictive visions of the future or in modest, conservative strategies of reconstruction.

With their Zehlendorf Plan of 1946, Walter Moest and Willi Görgen argued for a "sober and realistic attitude," far-removed from "phantasmagoria, romanticism, and utopia." It was a redevelopment plan that essentially left the existing structures intact, combined with a proposal for expansion of the main street network. The only serious intervention was what could be described as an attempt at denazification of the urban design: the elimination of the cross-axis in front of the Brandenburg Gate and in the Spreebogen. The north-south axis was to be rerouted through Friedrichstrasse Station, the east-west axis wiped out by eliminating Charlottenburger Chausee in the Tiergarten. This would have brought Unter den Linden to an abrupt end at the Brandenburg Gate – a rejection of the important historical role of the

die Ost-West-Achse durch Aufhebung der Charlottenburger Chaussee im Tiergarten zerschlagen werden. Damit hätte der historische Straßenzug Unter den Linden, der in seiner Verlängerung über Jahrhunderte den Stadtkern mit Charlottenburg verbunden und die Entwicklungslinie der Stadt vorgegeben hatte, abrupt am Brandenburger Tor geendet.

Von visionärer Radikalität zeigten sich hingegen die Vorstellungen von Hans Scharoun, die lange Zeit Planungen und Realisierungen im Zentralen Bereich prägen sollten. „Wir bauen eine neue Gesellschaft", schrieb er in der unmittelbaren Nachkriegszeit, „aber diese Gesellschaft darf nicht in die Gehäuse der alten kriechen. Wir müssen ihr neue Gehäuse schaffen." – „Was blieb, nachdem Bombenangriffe und Endkampf eine mechanische Auflockerung vollzogen und das Stadtbild aufrissen", bot für Scharoun „die Möglichkeit, eine neue 'Stadtlandschaft' daraus zu gestalten" und „Unüberschaubares, Maßstabsloses (...) so zueinander zu ordnen, wie Wald, Wiese, Berg und See in einer schönen Landschaft zusammenwirken." Die Idee der völligen Auflösung der historischen Stadtstruktur zu einer offenen Stadtlandschaft wurde von Scharoun erstmals 1946 im Kollektivplan umgesetzt. Dieser Plan sah innerhalb eines grobmaschigen Hauptverkehrsnetzes eine

Zonierung vor, mit der die Stadt in vier Ost-West-Bänder (Cityband, Kulturband, Wohnband, Arbeitsband) unterteilt wurde. Noch der Flächennutzungsplan für West-Berlin von 1965 griff auf die Idee eines City-Kultur-Bandes zurück, das sich vom Alexanderplatz bis nach Charlottenburg erstrecken sollte. Im Gegensatz zum Kulturforum, dessen Realisierung im Zusammenhang mit dem City-Kultur-Band stand, blieb der Spreebogen in der Nachkriegszeit, auch wegen der unklaren politischen Situation der Stadt, im Abseits städtebaulicher Planungen.

Nur Ende der 50er Jahre wurde er noch einmal als politisches Forum zum Entwurfsschwerpunkt städtebaulicher Planungen. 1958 wurde in West-Berlin der Wettbewerb „Hauptstadt Berlin" ausgeschrieben. Die Ausschreibung ignorierte bewußt die seit 1948 bestehende politische Teilung der Stadt. Sie wies das Wettbewerbsgebiet zwischen der Spree im Norden und dem Landwehrkanal im Süden als ein über die Grenze hinweggreifendes Ost-West-Band aus.

Nahezu alle 150 Teilnehmer beabsichtigten, den Grundriß der Stadt auszulöschen und, im Sinne Scharouns, mit einer autogerechten „Stadtlandschaft" aus Wohnzeilen, Scheibenhochhäusern und Punktbauten zu überlagern. Auch der Platz der Republik und das Alsenviertel blie-

Hauptstadt-Wettbewerb, 1958.
Gebietsplan

Capital Berlin Competition, 1958.
Plan of the area

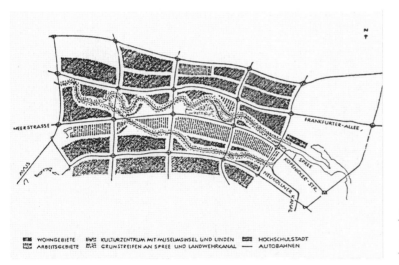

WOHNGEBIETE   KULTURZENTRUM MIT MUSEUMSINSEL UND LINDEN   HOCHSCHULSTADT
ARBEITSGEBIETE   GRÜNSTREIFEN AN SPREE UND LANDWEHRKANAL —— AUTOBAHNEN

Hans Scharoun, Kollektivplan für Berlin,
1946

Hans Scharoun, Collective Plan for Berlin,
1946

extended street, which by linking Charlottenburg with the urban core had profoundly influenced the city's westward development.

The plans of Hans Scharoun, on the other hand, displayed a visionary radicality that would long affect planning and construction in the Central District. "What remained after air raids and 'final struggle' had reduced the density of development and ripped apart the urban fabric," according to Scharoun, offered the "material for creating a new 'urban landscape'" and "giving order to the fragmentary and the unproportioned in the same way that forest, meadow, mountain, and lake work together in a beautiful landscape." Scharoun first carried out his idea of completely dissolving the historical urban structure into an open urban landscape in his collective plan of 1946. This plan was based on a widemesh traffic network encompassing a zoning pattern that divided the city into four east-west city "belts," with different functions allocated to each ("core belt," "cultural belt," "residential belt," "work belt"). The 1965 land use plan for West Berlin referred back to the idea of a cultural belt. In contrast to the Culture Forum, which was built as part of the cultural belt, the Spreebogen remained relatively unaffected by planning in the postwar period – not least because of the unclear political situation of the city.

Only toward the end of the nineteen-fifties did the Spreebogen again become a focus of urban design plans, once more in the form of a "political forum." In 1958 the Berlin Capital Competition was carried out in West Berlin. The competition terms consciously ignored the political division of the city that had already existed since 1948 and designated the competition area, between the Spree in the north and the Landwehrkanal in the south, as a linear eastwest belt that extended beyond the border between the two halves of the city.

Virtually all 150 participants planned to erase the historical layout of the city and to overlay it, following Scharoun's cue, with an "urban landscape" oriented to car traffic and consisting of residential developments, highrise slabs, and isolated buildings. Platz der Republik and Alsenviertel did not remain unaffected. The winning project by Spengelin, Eggeling, and Pempelfort, as well as the plans of Scharoun and Le Corbusier, all viewed the Spreebogen as an isolated capitol rather than as a forum connected with the city. In their rejection of the historical urban design, these plans went even farther than those projects of the nineteentwenties which had proposed demolishing the Alsenviertel and rebuilding the Spreebogen area according to a new model of the city.

ben nicht verschont. Sowohl das mit dem ersten Preis ausgezeichnete Projekt von Spengelin, Eggeling und Pempelfort als auch die Pläne von Scharoun und Le Corbusier sahen zudem im Regierungsviertel am Spreebogen eher ein von der Stadt losgelöstes Kapitol als ein mit ihr verbundenes Forum. Durch die Sprengung der historischen stadträumlichen Bezüge waren diese Arbeiten weitaus radikaler als all jene Projekte der 20er Jahre, die den Abriß des Alsenviertels und die Neubebauung des Spreebogenareals nach einem neuen Stadtmodell vorgeschlagen hatten.

Mit dem Bau der Mauer 1961 geriet der Spreebogen in eine Randlage. Nach dem Verlust seiner Funktion als Regierungsstandort gab es über Jahrzehnte keine Nutzungskonzepte oder Planungen. Erst zu Beginn der 80er Jahre begann man sich in West-Berlin erneut der Bedeutung des Spreebogenareals und des gesamten „Zentralen Bereichs" zwischen Humboldthafen und Schöneberger Kreuz bewußt zu werden.

1983 wurde „die räumliche Ordnung des Zentralen Bereichs" als Plan der Öffentlichkeit vorgestellt und floß 1984 in den Flächennutzungsplan ein. In diesem Zusammenhang wurde mit nahezu prophetischem Blick in die Zukunft die Bedeutung des Areals wie folgt formuliert: „Den Planungen im Zentralen Bereich wird mit Blickrichtung auf ihren verbindenden Charakter (...) besondere Bedeutung beigemessen. Zwischen der West-Berliner City und dem Ost-Berliner Bezirk Mitte soll der städtebauliche Bezug (...) hergestellt werden. Durch das Heranrücken von wichtigen Bauten und Nutzungen (...) soll die Trennwirkung der dort noch vorhandenen Stadtbrachen aufgehoben und der räumlich-bauliche Zusammenhang zur historischen Mitte der Gesamtstadt und nach Kreuzberg wiederhergestellt werden." Nach einem Vierteljahrhundert wurde der Blick erstmals wieder auf die Gesamtstadt gerichtet. Durch anschließende Ideenwettbewerbe wurde diese Zielsetzung architektonisch und städtebaulich konkretisiert. 1985 wurde ein städte-

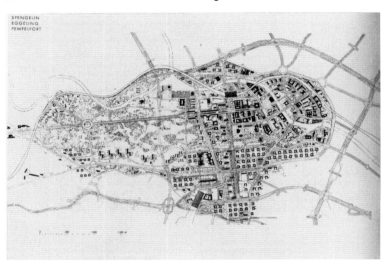

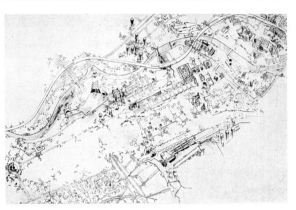

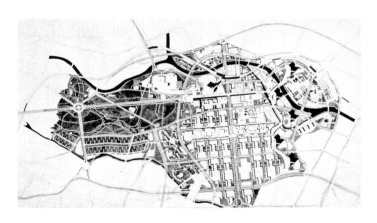

Hauptstadt-Wettbewerb, 1958.
1. Preis: Spengelin, Eggelin, Pempelfort

Capital Berlin Competition, 1958.
1. prize: Spengelin, Eggelin, Pempelfort

Hauptstadt-Wettbewerb, 1958.
2. Preis: Hans Scharoun

Capital Berlin Competition, 1958.
2. prize: Hans Scharoun

Hauptstadt-Wettbewerb, 1958.
Entwurf: Le Corbusier

Capital Berlin Competition, 1958,
Project by Le Corbusier

The construction of the Berlin Wall in 1961 suddenly relegated the Spreebogen to the urban periphery. After the area lost its function as a seat of government, there were no plans or ideas for use over the course of several decades. Only at the beginning of the nineteen-eighties did West Berlin planners once again become conscious of the significance of the Spreebogen and the entire "Central District" between Humboldthafen and Schöneberger Kreuz. In 1983 a plan proposing the "spatial organization of the Central District" was presented to the public, and in 1984 its ideas were incorporated into the land use plan. In this context the future significance of the area was described in almost prophetic terms: "Special importance is assigned to the plans for the Central District due to its unifying character. The urban relationship between the West Berlin city center and the East Berlin district of Mitte should be restored. The settlement of important buildings and uses should overcome the divisive function of the fallow urban spaces

and restore the spatial and constructional references to Kreuzberg and the historical center of the entire city." For the first time in a quarter century, attention again focused on the city as a whole.

Subsequent competitions for urban design ideas made the objective more precise both architecturally and in terms of urban design. An urban design/landscape planning competition for Platz der Republik was staged in 1985. The competition guidelines specified redevelopment of the Spreebogen into an urban quarter, to be reconnected with the urban agglomeration on both sides of the Spree. Services and administrative institutions as well as housing, squares, and open spaces were all intended to contribute to the development of an inner-city quarter. In a turnaround from the thoroughgoing rejection of the historical legacy practiced in the decades after the war, the competition sponsors now wanted to pay attention to the area's role in German history. Instead of a first prize, three second prizes were awarded ex aequo.

baulich-landschaftsplanerischer Wettbewerb für den Platz der Republik ausgeschrieben. Das Programm sah vor, den Spreebogen wieder städtisch zu bebauen und mit dem Stadtkörper beiderseits der Spree zu verknüpfen. Dienstleistungs- und Verwaltungseinrichtungen, aber auch Wohnbauten, Plätze und Freiräume sollten zur Entwicklung eines innerstädtischen Viertels beitragen. Dabei wollte man, im Gegensatz zum rücksichtslosen Umgang der Nachkriegsjahrzehnte mit dem historischen Erbe, den Spreebogenbereich wieder als Ort deutscher Geschichte verstanden wissen. Statt eines ersten Preises wurden drei zweite Preise ex aequo verliehen. Sie gingen an die Projekte von Petzold/Hansjakob, von Halfmann/Zillich mit FPB und von Hans Kollhoff, die mit sehr unterschiedlichen Ansätzen – vom Aufgreifen des historischen Stadtgrundrisses bis zum Hochhauskonzept – den Spreebogen bebauen wollten. Auf der Grundlage des Entwurfes von Petzold/Hansjakob wurden vom Berliner Senat städtebauliche Vorgaben für die Planung des 1985 von

der Bundesregierung beschlossenen Deutschen Historischen Museums erarbeitet. Danach sollte das Museum integrierter Teil einer Bebauung des Spreebogens sein, die eng an die traditionelle Struktur von Alsenviertel und Platz der Republik angelehnt war. Der Entwurf von Aldo Rossi wurde in einem internationalen Wettbewerb mit dem ersten Preis ausgezeichnet und zur Realisierung weiterbearbeitet. Die Wiedervereinigung bedeutete das Ende dieser Planungen.

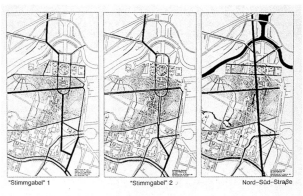

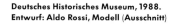

Studien zur Verkehrsführung, 1982-85

Studies for traffic planning, 1982-85

"Stimmgabel" 1   "Stimmgabel" 2   Nord-Süd-Straße

Entlastungsstraße   Mauerstraße   Tunnel

Deutsches Historisches Museum, 1988.
Entwurf: Aldo Rossi, Modell (Ausschnitt)

German Historic Museum, 1988.
Project by Aldo Rossi, model (detail)

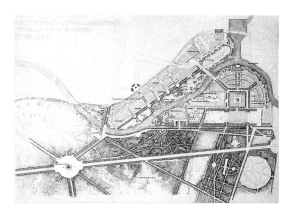

Wettbewerb Platz der Republik, 1985.
Entwurf: Petzold, Hansjakob

Competition Platz der Republik, 1985.
Project by Petzold, Hansjakob

They went to the projects of Petzold/Hansjakob, Halfmann/Zillich with FPB, and Hans Kollhoff. These projects represented very different approaches to development of the Spreebogen – from revitalization of the historical urban layout to strategies based on high-rise construction.

Working on the basis of the plans of Petzold/Hansjakob, the Berlin Senate established urban design criteria for the planning of the German Historical Museum initiated by the Federal Government in 1985. The terms specified that the museum should become an integrated part of construction in the Spreebogen that would be closely linked with the traditional structure of the Alsenviertel and Platz der Republik. Aldo Rossi's project won the first prize in an international competition and received the go-ahead for detailed development and implementation. Reunification put an end to these plans.

Der Wettbewerb

Am 20. Juni 1991 traf der Deutsche Bundestag seine Entscheidung für Berlin als Standort von Parlament und Regierung. Der Ältestenrat bestimmte das bereits 1973 vom Deutschen Bundestag für Sitzungen in Berlin übernommene Reichstagsgebäude als Ort der Plenarsitzungen des Parlaments. Damit lag es nahe, den Spreebogen als Parlaments- und Regierungsviertel auszubauen. Er soll – neben der Wilhelmstraße und dem Bereich des ehemaligen Stadtschlosses auf der Spreeinsel – in seine Tradition als einer der drei Regierungsstandorte der Stadt zurückkehren. Ein erstes städtebauliches Modell sah 1991 die Einrichtungen für Parlament und Regierung noch innerhalb der vorliegenden städtebaulichen Planung auf dem historischen Stadtgrundriß des Alsenviertels und in Nachbarschaft zum Deutschen Historischen Museum vor. Wenig später kamen Bundesregierung und Senat überein, auf diesen Standort für das Museum zu verzichten. Das neue Nutzungskonzept für den Spreebogen führte im Sommer 1992 zur Ausschreibung des Wettbewerbes zum Umbau des Reichstagsgebäudes und des Internationalen Städtebaulichen Ideenwettbewerbs Spreebogen für das künftige Parlaments- und Regierungsviertel.

Städtebauliches Konzept

Mit dem Ideenwettbewerb für das Parlaments- und Regierungsviertel in unmittelbarer Nachbarschaft zum Reichstagsgebäude sollte, neben einem schlüssigen Konzept für die Anordnung und Verbindung der einzelnen Funktionsbereiche des Bundestages, in erster Linie auch ein städtebauliches Konzept für den Wiederaufbau des Spreebogenareals gefunden werden. Man suchte nach großstadttypischen Strukturen, die – entsprechend der Besonderheit des Ortes als Übergangsbereich – der Vermittlung zwischen den umliegenden unterschiedlichen Stadtstrukturen und Funktionen gerecht werden. Zudem ergab sich die Notwendigkeit, an diesem durch den tiefen historischen Bruch zwischen Berlin Ost und Berlin West geprägten Ort beispielhafte Lösungen für das städtebauliche Zusammenwachsen der beiden Teilstädte zu finden.

Das neue Viertel im Spreebogen soll künftig integrierter Teil der Gesamtstadt Berlin werden. Dazu müssen sich nicht nur seine städtebauliche Textur und seine Stadträume sinnvoll mit den angrenzenden Stadtteilen verbinden. Auch der architektonische Ausdruck seiner Neubauten sollte sich überzeugend in das Berliner Stadtbild fügen. Eine Integration des Parlamentsviertels in diesem Sinne entspricht

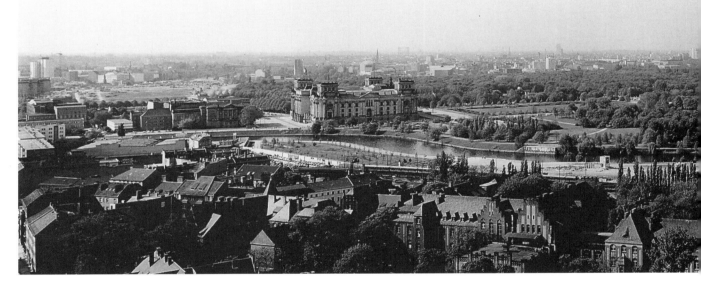

The Competition

On June 20, 1991 the German Bundestag made its decision for Berlin as the new seat of parliament and government. The Council of Elders designated the building of the Reichstag, which had already been taken over by the German Bundestag for its Berlin sessions in 1973, as the location for the plenary sessions of the parliament. This led logically to development of the Spreebogen as the new parliamentary and government quarter. Now the planners have been entrusted with returning the Spreebogen site, like Wilhelmstrasse and the area of the former City Castle on the Spree Island, to its traditional role as one of the three government sites in the city. A first urban planning model in 1991 still arranged the institutions of government and parliament within previous plans for the Spreebogen area based on the historical layout of the Alsenviertel and in proximity to the German Historical Museum. Soon, though, the Federal Government and the Berlin Senate agreed to transfer the museum to a different site. The new use strategy for the Spreebogen led in the summer of 1992 to the competition for conversion of the Reichstag building into the German Bundestag and to the International Spreebogen Urban Design Ideas Competition for the future government and parliamentary quarter.

Urban Design Concept

The aim of the Urban Design Ideas Competition for the parliamentary and government quarter in immediate proximity to the Reichstag primarily consisted of devising an urban design strategy for the redevelopment of the Spreebogen area, along with a comprehensive concept for the arrangement and integration of the various functional areas of the Bundestag. A search began for typical urban structures which – corresponding to the specific quality of the area as a zone of transition – would mediate between the various surrounding urban patterns and functions. In addition there was the need to find exemplary solutions to the problem of bringing together the two halves of the city at this place marked by the deep historical division between East and West Berlin. The new quarter in the Spreebogen should become an integrated part of the unified city of Berlin. For this to happen, not only must the Spreebogen's urban texture and urban spaces acquire meaningful links with the adjacent neighborhoods, but the architectural expression of its new buildings must also be convincingly integrated into the Berlin cityscape. Integration of the parliamentary quarter along these lines would also correspond to the self-awareness of the German Bundestag as an open and accessible parliament close to the people. The Reichstag

nicht zuletzt dem Selbstverständnis des Deutschen Bundestages als bürgernahes, sich nach außen öffnendes Parlament. Dem Reichstagsgebäude mit dem Plenarsaal war entsprechend seiner Aufgabe und seiner symbolischen Bedeutung ein besonderer Stellenwert in der architektonischen und städtebaulichen Gesamtplanung einzuräumen. Für die Bebauung im Inneren Spreebogen und im Bereich des Hafenbeckens wurde den Architekten Rücksichtnahme auf prägende Blick- und Raumachsen, aber auch auf die Wegebeziehungen zwischen Tiergarten, Parlamentsviertel, Spree und angrenzenden Wohnbezirken nahegelegt. Vorhandene und neue Grünanlagen und Promenaden sollen – soweit dies mit den Sicherheitserfordernissen vereinbar ist – auch weiterhin der Nutzung durch die Bevölkerung zur Verfügung stehen. Grün- und Freiflächen waren grundsätzlich in die Planung einzubeziehen, um das Parlamentsviertel an die Grünräume des Tiergartens und der Spreeufer anzuschließen. Sie sollten einladen zu Spaziergängen im Grünen, sollten aber auch Repräsentationsaufgaben übernehmen (z.B. Kanzlergärten für Festveranstaltungen). Hoher Stellenwert wurde der Grünflächenplanung auch im Hinblick auf die ökologische Bedeutung von Tiergarten und Spreebogen für die angrenzenden, dicht bebauten Stadtviertel eingeräumt. Um die mit der künftigen Bebauung

verbundene Verschlechterung der Durchlüftungs- und Entlastungsfunktion des Tiergartens insbesondere für die angrenzenden nördlichen Stadtviertel zu minimieren, wurde empfohlen, durch das Freihalten von Zwischenräumen in der Anordnung der Baumassen die Süd-Südost-Windrichtung zu berücksichtigen. Der vorhandene Vegetationsbestand sollte zudem, soweit möglich, in die Gesamtplanung einbezogen bzw. durch Ersatzpflanzungen ausgeglichen werden.
Besondere Bedeutung bei der Gestaltung der Freiflächen wurde den Spreeufern beigemessen, die eine übergeordnete innerstädtische Grünverbindung zwischen der Museumsinsel, der Friedrichstraße und dem Parlamentsviertel herstellen können und sich für Promenaden anbieten. Der Übergang von der Stadt zum Landschaftsraum des Tiergartens sollte in der Gestaltung der Ufer zum Ausdruck kommen. Die vorhandenen Niveausprünge von der Wasserfläche zur Terrasse der Ladestraße und zum Niveau des Parlamentsviertels sollten dabei – möglicherweise als Mittel der Funktionstrennung der öffentlichen Räume – erhalten bleiben.
Im Inneren Spreebogen wurden von den Auslobern konkrete Standortvorgaben gemacht. Der Bundesrat war vis-à-vis des Reichstages auf dem Gelände der ehemaligen Kroll-Oper vorgesehen, das

Übersichtsfoto von der Charité auf das Wettbewerbsgebiet.

Overall view of the competition site, taken from the Charité.

building with its plenary chamber was to be included in the overall architectural and urban design plans according to its task and its symbolic significance.
For development inside the arc of the Spree and in the area of Humboldthafen, the architects were encouraged to incorporate the prominent visual and spatial axes into their designs, as well as the various traffic paths between Tiergarten, parliamentary quarter, Spree, and adjacent residential areas. Both existing and new green areas and promenades – insofar as allowed by security requirements – were to be kept accessible to the public. It was also stipulated that plans should make active use of green and open areas in order to connect the parliamentary quarter to the green spaces of the Tiergarten and the banks of the Spree. These areas should invite use by strollers as well as lending themselves to representative tasks (such as "Chancellor Gardens" for celebrations). The competition sponsors also placed great emphasis on the environmental compatibility of planned green areas in respect to the ecological significance of Tiergarten and Spreebogen for the adjacent, densely populated urban quarters. Under normal conditions the Spreebogen serves a variety of important environmental functions, and in order to minimize possible burdens arising from new develop-

ment, particularly on the adjacent northern urban quarters, it was recommended that planned construction incorporate open spaces aligned in a south/southeasterly wind direction. Wherever possible, existing vegetation was to be incorporated into the overall planning or compensated for by substitute planting.
A particularly important role in the shaping of open spaces was given to the banks of the Spree, which may potentially serve as a cross-district, inner-city green link between the Museum Island, Friedrichstrasse, and the parliamentary quarter, as well as offering opportunities for promenades. The transition from city to the natural space of Tiergarten should find expression in the treatment of the riverbanks. The existing differences in level from the surface of the water to the loading zone and the level of the parliamentary quarter should be retained, possibly as a means for separating public functions.
The competition sponsors also designated several specific sites for construction within the inner arc of the Spree. The Bundesrat should be located vis-à-vis the Reichstag on the site of the former Kroll Opera, the Federal Chancellery with chancellery gardens on both sides of the Spree on the Schlieffen Bank. The Bundestag with its most important functions should be located to the north and east of the Reichstag.

**The Competition
Urban Design Concept**

Bundeskanzleramt mit Kanzlergärten beiderseits der Spree am Schliefenufer. Der Bundestag sollte mit seinen wichtigsten Funktionen nördlich und östlich des Reichstages liegen.

Für den Bereich östlich des Reichstagsgebäudes wurden Vorschläge für die Wiederherstellung der Dorotheenstadt und für den Umgang mit ihrem noch erhaltenen Stadtgrundriß erwartet. Die beiden einzigen historischen Bauwerke in diesem Bereich, das ehemalige Reichstagspräsidentenpalais und die Kammer der Technik, sollten maßstabsbildend für die künftige Bebauung sein. Die ehemalige Wilhelmstraße (Otto-Grotewohl-Straße), die das Wettbewerbsgebiet nach Osten begrenzt, wird in ihrem gesamten Verlauf als städtische Geschäftsstraße für Nahversorgung und Dienstleistungen revitalisiert. In ihrem Einzugsbereich liegen noch die Blöcke beidseitig der Clara-Zetkin-Straße. Die Randbebauung des Pariser Platzes war nicht Thema des Wettbewerbs, obwohl sie zu der Blockstruktur südlich der Clara-Zetkin-Straße gehört. Für den Pariser Platz war ein eigenes Gutachten durchgeführt worden, das in seinen Empfehlungen den Wiederaufbau in der stadträumlichen Figur der Vorkriegszeit mit einer Architektur der Gegenwart verbindet.

In den Übergangsbereichen zu den angrenzenden Stadtvierteln, insbesondere nördlich der Spree, sollte neben Bundestagsfunktionen und nachgeordneten Einrichtungen des Parlamentsviertels eine Durchmischung mit anderen städtischen Funktionen stattfinden. Hier wurden Vorschläge zur städtebaulichen Ordnung gemeinsam mit einem urbanen Nutzungskonzept erwartet. Im Bereich des Lehrter Bahnhofs war dabei zu berücksichtigen, daß dieser durch ein hier entstehendes Fernbahnachsenkreuz zu einem wichtigen Umsteigebahnhof nationaler und internationaler Fernbahnen ausgebaut und damit weitere Nutzungen im Bereich eines künftigen Bahnhofsviertels nach sich ziehen wird. Eine gute städtebauliche Anbindung des Parlamentsviertels an den Bereich des Lehrter Bahnhofs – nicht zuletzt mit Fußwegen – wurde vorausgesetzt.

Bereich	Büros		Sonderräume		Raumbedarf der vollen Funktionsfähigkeit		Reserveflächen
	Anzahl	m²	Anzahl	m²	Anzahl	m²	
1. Plenarbereich	69	1.620	18	5.009	87	6.629	
2. Fraktionen			4 Fraktionssäle	1.760*			
			4 Lobbybereiche	1.105			
			4 Vorstandssitzungssäle	648			
			181 Funktionsräume	6.007			
Fraktion gesamt:	888	16.150	189	9.520	1.077	25.670	5.134
3. Abgeordnetenbereich	2.121	38.178	-	-	2.121	38.178	11.916
4. Ausschußbereich	415	7.938	210	11.864	625	19.802	7.440
5. Bundestagsverwaltung	1.159	21.060	667	36.853	1.826	57.913	2.024
Wissenschaftliche Dokumentation					Lesesäle	2.562	
					Archivflächen	19.096	
					Büroräume	3.726	
	207	3.726	85	21.658	292	25.384	1.361
Sozial- und Sportbereich	2	36	69	4.263	71	4.299	430
Ausstellungsbereich	-	-	1	3.000	1	3.000	450
Fremdnutzer	-	-	51	4.283	51	4.283	170
RAUMBEDARF GESAMT	4.861	88.708	1.290	96.450	6.151	185.158**	28.925

Raumbedarfsplan für den Bundestag

For the area to the east of the Reichstag building, proposals were also solicited for the reconstruction of Dorotheenstadt and the development of its still extant urban layout. The only two historical buildings in this area, the former Palace of the Reichstag President and the Chamber of Technology, should set the parameters for future construction. Former Wilhelmstrasse (Otto-Grotewohl-Strasse), which limits the competition area to the east, is to be revitalized along its entire length as an urban commercial street for services. Its catchment area encompasses the blocks on both sides of Clara-Zetkin-Strasse. Construction around the edges of Pariser Platz was not a theme of the competition, although it is part of the block structure to the south of Clara-Zetkin-Strasse. Pariser Platz is the subject of a separate study which recommends its reconstruction according to the urban pattern of the pre-war period in combination with an architecture of the present.

In addition to Bundestag-related functions and subordinate institutions of the parliamentary quarter, the areas of transition to the neighboring urban quarters, especially to the north of the Spree, should be enriched by mixtures with other urban functions. Here the competition sponsors have solicited proposals for planning in conjunction with urban uses. In the area of Lehrter Station this should involve expanding the station into an important transfer point for national and international rail traffic, thus attracting further uses in the area of a future train station quarter. Good transport links between the parliamentary quarter and the Lehrter Station area – including footpaths – were also emphasized.

38

Nutzungskonzept
Deutscher Bundestag

Der Deutsche Bundestag ist das unmittelbar gewählte Verfassungsorgan der Bundesrepublik Deutschland und setzt sich z.Z. aus 650 Abgeordneten zusammen. Er versteht sich als „Ort der Integration" und „Mittelpunkt unserer Demokratie". Entsprechend seiner ausgeprägten Arbeitsteilung muß er über optimierte Funktionsabläufe und enge räumliche Zuordnung der Einzelbereiche verfügen. Zugleich möchte der Bundestag Bürgernähe und Transparenz demonstrieren. Beide Aspekte sollten gerade im Städtebau, einerseits in der Baumassenverteilung, andererseits in der Verknüpfung mit der Stadt zum Ausdruck kommen. Die neue Bebauung sollte – trotz aller notwendigen Sicherheitsvorkehrungen – ein in die Stadt integriertes und für den Bürger über Straßen, Plätze und Promenaden zugängliches Viertel, nicht ein isolierter Hochsicherheitsbereich werden. Unter Einbeziehung der Gelände östlich des Reichstags und der Dauernutzung der ehemaligen Ministerien für Außenhandel und für Volksbildung Unter den Linden, einschließlich der ehemaligen Akademie für Pädagogische Wissenschaft, will sich der Bundestag bewußt zur historischen Mitte öffnen. Er wünscht eine enge Verknüpfung mit den benachbarten, durchmischten Nutzungsbereichen mit Läden, Cafés und Restaurants.

Schematisch lassen sich die Funktionsbereiche des Bundestages in fünf Blöcke unterteilen: den im Reichstagsgebäude einzurichtenden Plenarbereich und die in Neubauten unterzubringenden Bereiche für die Abgeordneten, die Ausschüsse, die Fraktionen und die Verwaltung. Für das Raumprogramm des Bundestages ist ein Flächenbedarf von 185.000 m² Bruttogeschoßfläche angemeldet. Dabei beansprucht der Verwaltungsapparat 50 Prozent des gesamten Raumbedarfs und sollte jeweils den einzelnen Bereichen zugeordnet werden. Die räumlich-zeitlichen Beziehungen zwischen den Funktionsbereichen des Bundestages sind komplex. Am intensivsten sind die Arbeitsbeziehungen zwischen Fraktionen und Abgeordneten, zwischen Abgeordneten und Ausschüssen sowie zwischen Fraktionen und Plenum. Diese Funktionsbezüge sollten bereits in der Baumassenverteilung des Bundestages und damit in der städtebaulichen Grundposition zum Ausdruck kommen. Eine detaillierte Auseinandersetzung mit den komplexen Funktionsbezügen wird Aufgabe der weiteren Planungen und Überarbeitungen sein.

Area	Offices		Special uses		Required area necessary for immediate use		Additional area projected for future use
	Number	m²	Number	m²	Number	m²	
1. Plenary related areas	69	1.620	18	5.009	87	6.629	
2. Parliamentary groups			4 Meeting rooms for parliamentary groups 1.760* 4 Lobby areas 1.105 4 Executive meeting rooms 648 181 Function rooms 6.007				
Total space for parliamentary groups:	888	16.150	189	9.520	1.077	25.670	5.134
3. Offices for MPs	2.121	38.178	-	-	2.121	38.178	11.916
4. Offices for committees	415	7.938	210	11.864	625	19.802	7.440
5. Parliamentary administration	1.159	21.060	667	36.853	1.826	57.913	2.024
Documentation center					Reading rooms 2.562 Archival areas 19.096 Office space 3.726		
	207	3.726	85	21.658	292	25.384	1.361
Communal and recreational areas	2	36	69	4.263	71	4.299	430
Exhibition space	-	-	1	3.000	1	3.000	450
Guests	-	-	51	4.283	51	4.283	170
TOTAL AREA REQUIRED	4.861	88.708	1.290	96.450	6.151	185.158**	28.925

Space requirements for the Bundestag

Functional Concept
German Bundestag

The German Bundestag is the directly elected constitutional body of the Federal Republic of Germany, consisting at present of 650 deputies. It sees itself as a "place of integration" and "a focus of democracy." Due to its distinct division of labor it requires optimum internal working conditions and close spatial ties between the individual areas. At the same time the Bundestag hopes to demonstrate accessibility and openess to the populace. Both aspects should find expression in urban design, through the distribution of built volumes within the parliamentary area as well as spatial and fuctional links with the city. The new construction should become – despite all necessary security requirements – an urban district integrated into the city and accessible through streets, squares, and promenades, rather than an isolated high-security area cut off from other functions. The Bundestag consciously aims and orienting itself to the city's historical core through integration of the areas east of the Reichstag and through continous use of the former ministries for Foreign Trade and People's Education on Unter den Linden, including the former Academy for Pedagogical Science. It also aspires to close connections with the adjacent, mixed-use urban area.

The functional areas of the Bundestag can be roughly divided into five blocks: the plenary chamber, to be located within the Reichstag, and the additional areas for deputies, committees, parliamentary fractions, and the Bundestag administration, all to be housed in new buildings. The competition terms specify a total space requirement for the Bundestag of 185,000 square meters of gross floor area. The administrative apparatus claims fifty percent of the total space requirements, to be divided up into the amounts allocated to each functional block. The spatial and temporal relationships between the functional areas of the Bundestag are extremely complex and vary widely in density during a typical parliamentary week. The most intensive working relationships are those between the fractions and the deputies, the deputies and the committees, and the fractions and the plenary chamber. These important functional relationships should find expression in the building mass distribution of the basic functions within the overall urban design scheme, with good communications ties between the individual areas. A detailed elaboration of the complicated functional relationships will be the task of further planning and revisions.

Urban Design Concept
Functional Concept

Bundeskanzleramt

Der Bundeskanzler bestimmt nach der deutschen Verfassung die Richtlinien der Politik, die von den Bundesministern in Eigenverantwortung für ihr jeweiliges Ressort umgesetzt werden. Unterstützt wird der Bundeskanzler durch das Bundeskanzleramt, das Entscheidungen vorbereitet und ihre Realisierung verfolgt. Es unterrichtet den Bundeskanzler über die Arbeit der Bundesministerien sowie über laufende Fragen der Politik. Zu den Repräsentationsaufgaben des Bundeskanzleramtes gehören Empfänge von Staats- und Regierungschefs, internationale und nationale Konferenzen und gesellschaftliche Verpflichtungen wie Kanzlerfeste oder Ausstellungen.

Das Bundeskanzleramt regelt zudem die Sekretariatsgeschäfte der Bundesregierung, bereitet ihre Beschlüsse sowie die Sitzungen von Kabinett und Kabinettsausschüssen vor. Es ist verantwortlich für die Sicherheitspolitik.

Das Bundeskanzleramt hat für den Neubau in Berlin 18.000 m² Hauptnutzfläche angemeldet. Es benötigt insbesondere repräsentative, dem Protokoll entsprechende Außen- und Empfangsbereiche. Hierzu gehören ein Vorplatz für militärisches Protokoll mit Beflaggung, Ehrenbataillon, Musikzug, Aufstellung der Delegationsmitglieder und Stellflächen für die Presse, aber auch großzügige Vorfahrten, die dem hohen Protokoll-Fahrzeugaufkommen einschließlich Motorradeskorte bei Empfängen von Staats- und Regierungschefs entsprechen müssen.

Für das Bundeskanzleramt wurden von den Auslobern des Wettbewerbes Standorte beidseitig der Spree im Abschnitt zwischen Kongreßhalle und Moltkestraße vorgegeben. Für die Anordnung der einzelnen Bereiche wurden zwei Varianten freigestellt. Nach der ersten war es möglich, den Leitungsbereich am Schliefenufer (Südufer) und die übrigen Verwaltungsbereiche auf dem Gelände des Hauptzollamtes (Nordufer) unterzubringen. Nach der zweiten Variante konnten beide einschließlich des für protokollarische Anlässe notwendigen Empfangsbereichs und Vorplatzes südlich der Spree angeordnet werden, um das Gelände am Nordufer als „Park des Bundeskanzlers", u.a. für Kanzlerfeste zu konzipieren. Die Zusammengehörigkeit der Funktionsbereiche beidseitig der Spree sollte räumlich und architektonisch zum Ausdruck gebracht werden.

Gebäude "Leitungsbereich" vom Verwaltungsgebäude getrennt, Kanzlerbau mit repräsentativen Verkehrsflächen	3.250 m²	Executive Administration building separated from administration building, Chancellery with circulation space for ceremonial events	3,250 m²
Internationaler Konferenzsaal	322 m²	International conference room	322 m²
Raumreserve für Büros, Presse- und Informationssaal, Konferenzraum	750 m²	Space reserved for offices, press and information rooms, conference room	750 m²
Chef- und Delegationsbüros für Staatsbesuche	300 m²	Offices for visiting heads of state and their delegations	300 m²
Verwaltungsgebäude: Unterkunft für Sicherheitspersonal, Sicherheitszentrale, Hausmeisterwohnung mit ausreichenden Verkehrsflächen (ca. 7.600 m²)	11.850 m²	Administration buildings: space for security control point and personnel, caretaker's flat, with required circulation space (ca. 7,600 square meters)	11,850 m²
Raumreserve für Büros. Videokonferenztechnik, Archive	800 m²	Space for offices, video-equipped conference rooms, archives	800 m²
Wirtschaftsgebäude, möglichst vom Verwaltungsgebäude getrennt	1000 m²	Service building separated from administration if possible	1000 m²
Hauptnutzfläche gesamt	**18.272 m²**	**Total useable area**	**18,272 m²**
Amtswohnung des Bundeskanzlers verbunden mit Leitungsgebäude	ca. 200-300 m²	Office apartment of the Federal Chancellor connected to headquarters building	ca. 200-300 m²
Freiflächen	24.000 m²	Exterior open space (in vicinity)	24,000 m²
Einstellplätze Tiefgarage Außenbereich	200-300 PKW 100 PKW zusätzl. 10 LKW	Parking spaces Underground parking External parking	200-300 cars 100 cars 10 add. service

Konferenzsaal für 400 Personen	450 m²	Conference room for 400 people	450 m²
Dazugehörige Nebenräume	50 m²	Accompanying rooms	50 m²
Büro- und Sonderraumflächen	17.500 m²	Offices and special-purpose areas	17,500 m²
Hauptnutzfläche gesamt	**18.000 m²**	**Total useable area**	**18,000 m²**
Freiflächen	12.000 m²	Total open space	12,000 m²
Einstellplätze	400 PKW	Parking spaces	400 cars

Raumbedarfsplan für die Bundespressekonferenz

Space requirements for the Federal Press Conference

Raumbedarfsplan für das Bundeskanzleramt

Space requirements for the Federal Chancellery

Federal Chancellery

The Constitution of the Federal Republic entrusts the Federal Chancellor with deciding on policy guidelines, which are then implemented by the federal ministries with responsibility for their respective areas of jurisdiction. The Chancellor is supported in this work by the Federal Chancellery, which prepares decisions and monitors their implementation. It is the task of the Federal Chancellery to keep the Chancellor informed about the work of the ministries and ongoing issues of general policy. The representational tasks of the Federal Chancellery include receptions for heads of state and government leaders, international and national conferences, and social functions such as fêtes or exhibitions.

The Federal Chancellery is additionally responsible for managing the business matters of the Federal Government. Its responsibilities include the preparation of cabinet meetings and cabinet committee meetings as well as preparation of official decisions of the Federal Government. It is also responsible for developing national security policy.

The Federal Chancellery has requested 18,000 square meters of usable floor area for its new building in Berlin. In particular it requires representative outdoor areas and reception facilities. These include a forecourt for military ceremonies with flags, honor guard, musical parades, viewing areas for members of delegations, and parking areas for the press, as well as generous spaces for vehicle access to meet the high volume of official traffic, sometimes including motorcycle escorts, during reception ceremonies for heads of state and government leaders.

The competition sponsors specified locations for the Federal Chancellery on both sides of the Spree, in the section between the Congress Hall and Moltkestrasse. Two variants were allowed for the arrangement of the individual Chancellery sections. The first would locate the Executive Administration Building on Schliefenufer (south bank of the river) and the remaining administrative areas on the site of the Main Customs Office (north bank). According to the second variant, both of these sections, including the reception area and forecourt required for official ceremonies, could be located south of the Spree in order to transform the site on the north bank into a "Chancellor's Park," where special fêtes may be held. The unity of the functional areas on both sides of the Spree should be expressed spatially and architecturally.

40

Bundespressekonferenz

Die Bundespressekonferenz ist ein Verein, der seinen eigenen Mitgliedern und den Mitgliedern des Vereins der Auslandspresse die Voraussetzungen für eine umfassende Unterrichtung der Öffentlichkeit verschafft. Zu diesem Zweck organisiert sie Pressekonferenzen mit Vertretern von Bundesregierung, Bundesparteien, gesellschaftlichen Spitzenverbänden und ausländischen Gästen. Dreimal wöchentlich ist sie Gastgeberin der regelmäßigen Pressekonferenzen mit dem Regierungssprecher und den Sprechern der Bundesministerien.

Die Bundespressekonferenz muß 630 eigene Mitglieder sowie rund 450 Mitglieder des Vereins der Auslandspresse mit Büroräumen und Übertragungsmöglichkeiten aus Bundestag, Bundesrat, Bundeskanzleramt und Bundespresseamt versorgen. Sie benötigt einen Konferenzsaal für 400 Personen. Das Raumprogramm hält einen Bedarf von 18.000 m^2 Hauptnutzfläche für angemessen. Räumliche Nachbarschaft zum Deutschen Presseclub (einschließlich seines Restaurantbetriebes) war erwünscht. Bürohaus und Konferenzsaal sollten – wenngleich räumlich etwas abgesetzt – in der Nähe von Parlament, Abgeordnetenbüros und Bundeskanzleramt angeordnet werden. Als hierfür besonders geeignet empfahlen die Auslober die Bereiche nördlich der Spree.

Deutscher Presseclub

Der Presseclub ist Ort der Begegnung und Information. Er gibt den in der Bundeshauptstadt akkreditierten Journalisten die Möglichkeit, in anspruchsvoller Atmosphäre Gäste zu empfangen und sich mit Politikern in kleinen und größeren Kreisen zu Konferenzen und Hintergrundgesprächen zu treffen. Hierzu benötigt der Presseclub einerseits Banketträume für geschlossene Gesellschaften, andererseits ein für jedermann – auch für den Bürger – offenes Restaurant, das auch an den Wochenenden geöffnet bleibt. Der Presseclub sollte für Empfänge im Sommer mit Gartenflächen und zu gastronomischen Zwecken mit einer eventuell am Spreeufer liegenden Terrasse versehen werden.

Entscheidend für die Funktionsfähigkeit des 1.200 m^2 beanspruchenden Clubs sind eine gute fußläufige Verbindung zu Bundestag, Bundeskanzleramt und Bundespressekonferenz und, angesichts der häufigen Besuche von Spitzenpolitikern, gute Bedingungen für eine problemlose Vorfahrt.

Großer Speisesaal	300 m²	Large dining hall	300 m²
Öffentliches Restaurant mit Bar / Weinstube	350 m²	Public restaurant with wine and cocktail bar	350 m²
Eingangshalle, Büros, Warteräume, Zeitungsbibliothek	350 m²	Entrance hall, offices, waiting rooms, periodical library	350 m²
Küchenbereich	200 m²	Kitchen area	200 m²
Hauptnutzfläche gesamt	**1.200 m²**	**Total useable area**	**1,200 m²**
Einstellplätze	30 PKW	Parking spaces	30 cars

Gasträume	660 m²	Guest rooms	660 m²
Wirtschaftsräume	300 m²	Service spaces	300 m²
Personalräume	40 m²	Areas for use by personnel	40 m²
Büroräume, Hallen, Garderoben	600 m²	Office spaces, halls, cloakrooms	600 m²
Hauptnutzfläche gesamt	**1.600 m²**	**Total useable area**	**1,600 m²**
Freiflächen	ca. 2.000 m²	Exterior open space (in vicinity)	ca. 2,000 m²
Einstellplätze	30	Parking spaces	30

Raumbedarfsplan für den Presseclub   **Space requirements for the Press Club**

Raumbedarfsplan für die Deutsche Parlamentarische Gesellschaft   **Space requirements for the German Parliamentary Society**

Federal Press Conference

The Federal Press Conference is an association whose purpose is to hold press conferences and provide its members and members of the Foreign Press Association with the conditions for offering comprehensive information to the public. For this purpose it organizes press conferences with representatives of the Federal Government, political parties, leading public organizations, and foreign guests. Three times a week it hosts routine press conferences with the government spokesperson and the spokespersons of the federal ministries.

The Federal Press Conference must supply 630 of its own members, as well as 450 members of the Foreign Press Association, with offices and communications facilities from the Bundestag, the Bundesrat, Federal Chancellery, and Federal Press and Information Office. The spatial program of the competition outlined a space requirement of 18,000 square meters of main usable floor area, including a conference room for 400 people. A location close to the German Press Club (including its restaurants) was desirable.

Office building and conference hall should be located – although spatially differentiated – close to parliament, deputies' offices, and Federal Chancellery. The sponsors recommended the areas north of the Spree as particularly appropriate.

German Press Club

The Press Club is a place of encounters and information. It gives accredited journalists in the capital the opportunity to receive guests in a dignified atmosphere and to meet with politicians in small and large circles for conferences and interviews. To this end the Press Club requires banquet rooms for non-public events as well as a restaurant open to the general public that will also remain open on the weekends. For summer receptions the Press Club should be equipped with gardens and a restaurant on an open terrace, perhaps on the bank of the Spree.

Of particular importance to the proper functioning of the 1,200 square meter club is a good pedestrian link with the Bundestag, Federal Chancellery, and Federal Press Conference, plus good accessibility by car due to the frequent visits of senior politicians.

Functional Concept

Deutsche Parlamentarische Gesellschaft

Die Deutsche Parlamentarische Gesellschaft fördert Kontakte der Mitglieder der Parlamente des Bundes, der Länder und der europäischen Institutionen. Sie unterhält Beziehungen zu Mitgliedern ausländischer Parlamente und zu gleichgearteten Gesellschaften im Ausland. Sie ist der Rahmen für die persönliche Begegnung, aber auch für Vorträge und Informationsabende.

Die Deutsche Parlamentarische Gesellschaft beansprucht 1.600 m² Hauptnutzfläche. Sie muß fußläufig vom Plenarbereich im Reichstagsgebäude und den Abgeordnetenbüros erreichbar sein. Sie konnte auf ihren eigenen Wunsch von den Wettbewerbsteilnehmern entweder im Gebäude der ehemaligen Schweizer Gesandschaft oder in einem Neubau untergebracht werden.

Bundesrat

Der Bundesrat ist als „Parlament der Länder" das föderative Bundesorgan, durch das die 16 Bundesländer an der Gesetzgebung und Verwaltung des Bundes mitwirken. Er zählt 68 Mitglieder und ca. 130 stellvertretende Mitglieder. Sein Plenarbereich ist einschließlich der Öffentlichkeit mit etwa 400 Sitzplätzen zu konzipieren. Die Entschei-

dungen des Bundestages werden durch 17 Ausschüsse vorbereitet, in denen alle Länder mit insgesamt 70 Teilnehmern vertreten sind. Angeschlossen an den Bundesrat ist ein ständiges Sekretariat mit ca. 200 Mitarbeitern. Der Bundesrat geht von einem Flächenbedarf von 19.000 m² Hauptnutzfläche und 6.000 m² Erweiterungsfläche aus. Der Bundesrat hat am 5. 7. 1991 beschlossen, seinen Sitz bis auf weiteres in Bonn zu behalten. Diese Entscheidung soll zu einem späteren Zeitpunkt überprüft und ggf. zugunsten von Berlin revidiert werden. Auf eine Präsenz in Berlin will der Bundesrat auf keinen Fall verzichten. Vorsorglich wurde das Grundstück der ehemaligen Kroll-Oper, vis-à-vis des Reichstagsgebäudes, als Standort des Bundesrates vorgesehen. Für den Bedarfsfall war hier ein Gebäude mit Plenarbereich, Ausschußbereich und Büroflächen vorzusehen, das sich bei Einhalten der Standortvorgabe für Bundeskanzleramt und Bundestags-Plenarbereich (Reichstagsgebäude) in zentraler Position befinden und kurze Wege zu diesen Einrichtungen gewährleisten würde. Den Repräsentationsanforderungen sollte durch eine großzügige Vorfahrt und durch zugehörige Außenanlagen u.a. für Gartenfeste entsprochen werden.

Plenarbereich (Plenarsaal, Wandelhalle, Besucherzentrum, Rundfunk, Fernsehen, Presse) überwiegend mit einer Raumhöhe von 3 Normalgeschossen	4.000 m²	Plenum area (assembly hall, lobby, visitors center, radio, TV, press) Predominantly 3-stories high	4,000 m²
Ausschußbereich	3.000 m²	Committee space	3,000 m²
12 unterschiedlich große Ausschußsäle, 3 Besprechungsräume; Verbindungszone mit zentralem Ausschußsitzungsdienst überwiegend mit einer Raumhöhe von 2 Normalgeschossen - davon Büro- und sonstige Nutzflächen (überwiegend Büroräume; Hausdruckerei; Magazinflächen)	12.000 m²	12 committee rooms of varying sizes, 3 meeting rooms; common area with central services, predominantly 2-stories high - Including offices and other areas (predominantly office space, in-house publication, storage areas)	12,000 m²
Hauptnutzfläche gesamt	**19.000 m²**	**Total useable space**	**19,000 m²**
Erweiterungsflächen	**6.000 m²**	**Area for expansion**	**6,000 m²**
Freiflächen	für ca. 500 Personen	Exterior open area	for about 500 people
Einstellplätze Tiefgarage Außenbereich	300-350 PKW 20 PKW, 5 Halteplätze für Busse	Parking spaces Underground parking External parking	300-350 cars 20 cars, 5 bus parking spaces

Raumbedarfsplan für den Bundesrat   Space requirements for the Federal Council

German Parliamentary Society

The German Parliamentary Society promotes contacts between members of the parliaments of the Federal Government, the states, and European institutions. It maintains relations with members of parliaments and similar bodies in foreign countries. It provides a framework for personal encounters, but also for lectures and informational events. The German Parliamentary Society requires 1,600 square meters of usable floor area. It must be easily reachable by foot from the deputies' offices and the plenary chamber in the Reichstag building. According to the wish of the society, competition participants could situate it either in the building of the former Swiss Embassy or in a new building.

The Bundesrat (Federal Council)

The Bundesrat, as the "Parliament of the States," is the federal organ through which the 16 federal states help to shape the legislation and administration of the Federal Government. It includes 68 members and around 130 deputy members. Its plenary chamber should contain at least 400 seats, including members of the public. The decisions of the Bundesrat are prepared by 17 committees containing representatives of all states with a total of 70 session participants. The Bundesrat

uses the services of a permanent secretariat with a staff of around 200. The Bundesrat assumes space requirements of 19,000 square meters of usable floor area and 6,000 square meters of expansion area. On July 5, 1991 the Bundesrat decided to maintain its seat in Bonn for the foreseeable future. This decision will be reexamined at a later date and possibly revised in favor of Berlin. The Bundesrat will definitely insist on a presence in Berlin in any event. In advance of a final decision, the former Kroll Opera, vis-à-vis the Reichstag building, has been selected as the location for the Bundesrat. If new construction ultimately becomes needed, it should contain spaces for the plenary chamber, committees, and offices, which would be located in a central position in respect to the other sites specified for the Chancellery and the Bundestag plenary chamber (Reichstag building) with short paths to these institutions. The representational tasks should be met with expansive drives for vehicle access and associated outside areas for events such as garden fêtes.

Verkehrskonzept

Das zukünftige Parlamentsviertel im Spreebogen kann sehr gut an die Nah- und Fernverkehrssysteme angebunden werden. Im unmittelbaren Umfeld liegen Fern-, Schnell- und U-Bahn. Eine Verlängerung des im Ostteil der Stadt noch vorhandenen Straßenbahnnetzes bis in den Spreebogen hinein ist zur Überbrückung kurzer Entfernungen ebenso möglich wie eine Bootsverbindung über die Spree bis zur Museumsinsel und zu den in der historischen Mitte geplanten Institutionen der Regierung. Für die Anbindung der öffentlichen Verkehrsmittel wurde von den Wettbewerbsteilnehmern ebenso ein Konzept erwartet, wie für die Vernetzung der innerstädtischen Verkehrsstraßen und Fuß- und Radwege mit dem inneren Erschließungs- und Durchwegungssystem des Spreebogenbereiches. Für den Deutschen Bundestag und das Bundeskanzleramt war in jeweils unmittelbarer Nachbarschaft je ein Hubschrauberlandeplatz zu planen. Für alle geforderten Funktionsbereiche waren Stellplätze in vorgegebenem Umfang vorzusehen.

Die Anbindung des Parlamentsbereiches an das System der Fernbahn soll über den Lehrter Bahnhof erfolgen, der durch ein Fernbahnachsenkreuz zu einem wichtigen Verkehrsknoten ausgebaut werden soll.

Als Umsteigebahnhof, in dem nationale und internationale Fernbahnen sowie das städtische Schnellbahnsystem miteinander verknüpft werden, wird der Lehrter Bahnhof kommerzielle Nutzungen im Bereich des künftigen Bahnhofsviertels nach sich ziehen. Im Wettbewerb sollte die räumliche, funktionale und verkehrstechnische Verknüpfung zwischen Parlaments- und Bahnhofsviertel geklärt werden. Verbindlich war dabei u.a. die Vorgabe des Tiergartentunnels mit unabhängigen, aber gebündelt verlaufenden Trassen für Fernbahn, S-Bahn, U-Bahn und Straße. Die Tunnelröhren können in einem zeitlich gestuften Realisierungskonzept mit Hochbauten für weniger sensible Nutzungen überbaut werden.

Wegen der begrenzten Aufnahmefähigkeit des innerstädtischen Straßennetzes und des beschränkten Angebotes an Stellflächen für den motorisierten Individualverkehr soll künftig der ÖPNV mit ca. 80 % die Hauptlast der innerstädtischen Erschließungsaufgaben übernehmen. Er soll daher – mit Signalwirkung für andere Stadtbereiche – zum Rückgrat der Erschließung des Parlamentsbereiches werden.

Die notwendige Verbindung des Straßenverkehrs zwischen westlichen und östlichen Stadtteilen soll in erster Linie über die im Süden und Norden bereits vorhandenen Stadtautobahntangenten erfolgen, die

Traffic Concept

The present urban situation offers good conditions for linkage of the future parliamentary quarter in the Spreebogen with local and regional public transit systems. Long-distance trains, rapid urban transit, and subways are all located nearby. Extension of the tram network in the eastern part of the city into the Spreebogen for the coverage of short distances is just as feasible as a boat connection along the Spree to the Museum Island and the planned governmental institutions in the historical center. Competition participants were expected to provide a plan for connecting the area with public transit as well as for linking together inner-city streets, footpaths, and bike paths with the internal traffic routes of the Spreebogen area. Both the German Bundestag and the Federal Chancellery each required one helipad to be located in their direct vicinities. Parking places in specified quantities were also to be provided for all required functional areas.

The parliamentary district should be connected with the distance rail network through Lehrter Station, which is to be expanded into an important traffic junction by the rail intersection to be located here. As a transfer station combining national and international long-distance rail lines as well as the metropolitan rapid transit system,

Lehrter Station will attract commercial uses in the vicinity of the future station district. The spatial, functional, and traffic-system connections between the parliamentary quarter and station district were also to be clarified within the competition framework. Specific provisions were made for a Tiergarten tunnel with independent but bundled paths for distance trains, metropolitan elevated trains, subway and streets. High-rise construction for less sensitive uses can be placed above the tunnel tubes in a step-by-step implementation concept.

In the future, due to the limited absorption capabilities of the inner-city street network and limited supply of parking spaces for motorized individual traffic, the public transit system will accomodate roughly 80 percent of the main load for inner-city access tasks.

Street traffic between the western and eastern halves of the city should be connected primarily by the existing urban highway segments in the south and north, which will be closed into a ring in the east by using some of the main traffic streets. Around the center of the city, existing urban streets (streets along the banks of the Landwehrkanal as well as Skalitzer, Warschauer, Petersburger, Dimitroff, and Bernauer streets) and the planned north-south tunnel under the Tiergarten will assume the functions of inner-city trunk roads. This will also

im Osten unter Einbeziehung von Hauptverkehrsstraßen ringförmig geschlossen werden. In Zentrumsnähe übernehmen bestehende Stadt-straßen (Landwehrkanal-Uferstraßen, Skalitzer-, Warschauer-, Peters-burger-, Dimitroff-, Bernauer Straße) sowie der geplante Nord-Süd-Tun-nel unter dem Tiergarten die Funktion innerstädtischer Tangenten. Damit wird auch das Parlamentsviertel mittelbar an das Fernstraßennetz ange-schlossen, ohne daß eine Autobahn mit entsprechender Sogwirkung in den Spreebogenbereich hineinführen wird. Tunnelausfahrten an der Straße des 17. Juni und im Parlamentsviertel sind nicht vorgesehen.

Die oberirdischen Erschließungsstraßen im Wettbewerbsgebiet sollten zweistreifig geplant werden. Sie sollten so angelegt sein, daß eine Nut-zung für den Durchgangsverkehr vermieden wird. Zufahrten zum Parla-mentsviertel und damit die Verknüpfung mit dem städtischen Straßen-netz waren auf wenige Punkte zu reduzieren. Zwei dieser Punkte – die Moltke- und Kronprinzenbrücke – wurden vorgegeben.

Von der Moltkebrücke sollte eine Straßenführung direkt nach Norden, unter der Stadtbahn hindurch und mit direktem Anschluß an die Invali-denstraße entstehen. Damit wird der Durchgangsverkehr vom Uferbe-reich des Humboldthafens abgerückt. Hier war die Zu- und Ausfahrt des Tiergartentunnels, der ebenfalls an die Invalidenstraße ange-schlossen werden soll, unterzubringen. Die Invalidenstraße selbst, die heute im Bereich des Lehrter Bahnhofs über einen angeschütteten Damm verläuft, soll künftig wieder ebenerdig gelegt werden, um die Anlage eines Bahnhofsvorplatzes nach Norden zu ermöglichen.

Das Parlamentsviertel war auch durch Fuß- und Radwege an die umlie-genden Stadtviertel anzuschließen, insbesondere nach Moabit und zum Charitéviertel sowie zum Brandenburger Tor / Unter den Linden.

▨	Fernbahn
	Railroad
▉	U-Bahn
	Underground train
▨	S-Bahn
	Local train
▢	Straße
	Street

Lage der unterschiedlichen Verkehrsachsen im Spreebogen

Layout of traffic and transport systems in the Spreebogen area

indirectly connect the parliamentary quarter to the long-distance road network while dispensing with the need for a highway spur extending directly into the Spreebogen area with corresponding side effects. Tunnel exits will not be provided on Strasse des 17. Juni and in the parliamentary quarter.

The aboveground access roads in the competition area should be two lanes in width. They should be designed to dissuade use by through-traffic. It was also specified that entrance roads to the parliamentary quarter, and a corresponding linkage with the urban street network, be reduced to a minimum. Two of these points – the Moltke and Kron-prinzen bridges – were specifically designated.

From Moltke Bridge a street should lead directly northward, passing under the elevated rail line to a direct connection with Invaliden-strasse. This diverts through-traffic from the shoreline of Hum-boldthafen. The entrance and exit of the Tiergarten tunnel, which is

also to be connected to Invalidenstrasse, should also be located here. Invalidenstrasse itself, which today runs across a filled-in dike in the area of Humboldthafen, should be placed at ground level in the future in order to allow for their creation of a square in front of the station to the north.

The parliamentary quarter was also to be connected to the surround-ing urban quarters by footpaths and bike paths, especially toward Moabit and the Charité quarter as well as to the Brandenburg Gate/ Unter den Linden.

Preise und Ankäufe
Prizes and Mentions

Die Spreebögen bieten von der Friedrichstraße bis zum Moabiter Werder das ganze Spektrum großstädtischen Raumes, wenn man nur die Gunst der Orte von Stadtmitte bis zum Schloß Bellevue zu verknüpfen weiß.

Die Begrenzung des Planungsgebietes an der Luisenstraße steht den erklärten Absichten der Auslobung entgegen – der Verknüpfung der Bundesinstitutionen mit der alten Stadtmitte.

Unser Vorschlag ist es daher, „Stadt" dort zu machen, wo sie auch ohne Planung hineinwachsen würde: von der Friedrich-Wilhelm-Stadt und von Moabit aus in das gesamte Areal zwischen Stadtbahn und Spree. Auch der Hansa-Viertel-Ableger im Moabiter Werder sollte durch ein solides Stück Stadt ersetzt werden.

Der Landschaftsraum des Tiergartens soll so großzügig ausgelegt werden, wie er durch die Zerstö-

rung des Alsenviertels überhaupt erst denkbar geworden ist: das Kernstück des Spreebogens wird Park-Exklave, vis-à-vis zu der massiven Norduferbebauung.

Die sehr dichte Spur des Abgeordneten- und Fraktionsbereichs ist prominentester Teil der Friedrich-Wilhelm-Stadt und besetzt das Ufer des Schiffbauerdamms von der Friedrichstraße bis zum Reichstag.

Im Zentrum des Spreebogens, zu beiden Seiten des Bundesforums,

wagen Exekutive und Legislative unserer Volksherrschaft sich als aufeinander orientierte Solitärbauten zu artikulieren: der Bundestag mit seinem Ausschuß- und Fraktionssitzungsbereich neben dem Reichstag, das Bundeskanzleramt neben Kongreßhalle und Bundesratsgebäude. Fußgängerbrücken über die Spree verknüpfen die beiden überdachten Spreeterrassen des Bundestages. Sie verbinden Kanzlergarten und Kanzlerpark, der mit Wohn- und Gä-

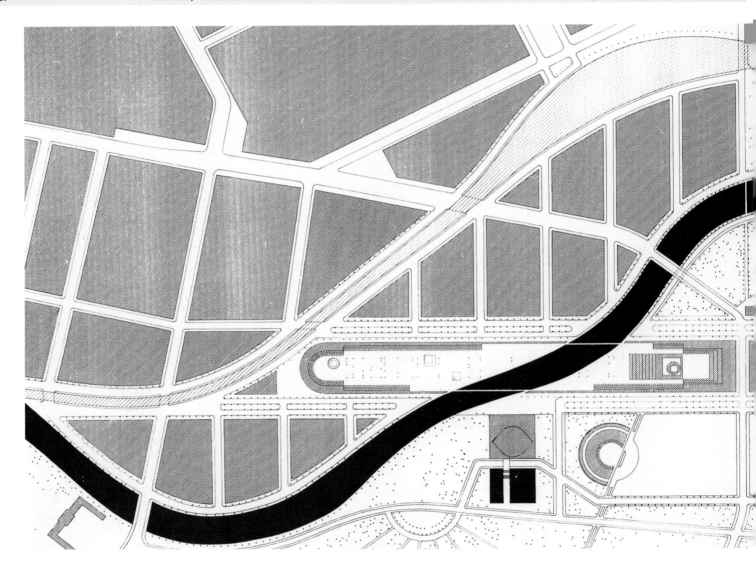

The curves in the Spree river between Friedrichstraße and Moabiter Werder offer the full spectrum of townscapes; if one only knew how to string the virtues of each place together, from the old city center Stadtmitte to Schloß Bellevue.

Setting the boundary of the planning zone at Luisenstraße is in opposition to the declared intention of the competition brief – connecting the federal institutions with the old city center. Our proposal therefore

is to create "city" where it would spread spontaneously, without planning: from Friedrich-Wilhelm-Stadt and Moabit into the entire terrain between the railroad tracks and the river. Also the new branch of the Hansaviertel in Moabiter Werder should be replaced by a solid chunk of city.

The landscape of the Tiergarten should be laid out quite generously, as is only possible to conceive since the destruction of the Alsen district:

The core of the Spreebogen becomes a park-like exclave vis-à-vis the massive development on the northern bank. A meander of spacious town- and landscapes is created.

The dense track made by the buildings for the members and parliamentary groups is the most prominent part of Friedrich-Wilhelm-Stadt and occupies the riverbank of Schiffbauerdamm from Friedrichstrasse up to the Reichstag. In the

center of the Spreebogen, on either side of the Federal Forum, the executive and legislative branches of our democracy dare to articulate themselves as individual buildings oriented to one another: The Bundestag with its committee and group meeting area next to the Reichstag, the Federal Chancellery next to the Kongresshalle and Bundesrat building.

Pedestrian bridges across the Spree link the two covered Spree terraces

stehäusern des Bundes in das Moabiter Quartier eingefügt ist.

Die Bundestagsverwaltung ist in den beiden Blöcken der Clara-Zetkin-Straße untergebracht, die Bundespressekonferenz soll in einen der Blöcke am Schiffbauerdamm.

DER ARCHITEKT

Der Verfasser schlägt eine großzügige lineare Struktur vor, die von West nach Ost eine sehr starke Verbindung zwischen Stadtmitte und Moabit herstellt. Durch lineare Alleen entsteht eine sehr feine Untergliederung.

In diesem Entwurf entsteht eine überzeugende Einheit des gesamten Parlamentsviertels, wobei jedes einzelne Gebäude individuellen Charakter aufweist. Diese urbane Gebäudesequenz wird durch schöne Plätze gegliedert. Die Straßenführung ist geschickt integriert. Die Typologien der verschiedenen Gebäudeteile sind in einem guten Maßstab entwickelt und können nicht mit sonstigen Nutzungsstrukturen verwechselt werden.

Im nördlichen Bereich wird die städtische Struktur elegant bis an die Spreeufer herangeführt. Im eigentlichen Spreebogen und am Humboldthafen sind gut proportionierte städtische Grünflächen geplant („Stadtgarten").

Das Bundesforum bildet ein städtebauliches Tor zwischen dem Platz der Republik und dem Stadtpark und vereinigt dort alle öffentlichen Nutzungen und die gesellschaftlichen Treffpunkte der Parlamentarier.

Das Projekt stellt eine eigenwillige und kraftvolle städtebauliche Struktur dar, die einer mutigen Selbstdarstellung des demokratischen Staates gerecht wird und eine anspruchsvolle Vorgabe für die weiteren Architekturwettbewerbe ergibt.

DAS PREISGERICHT

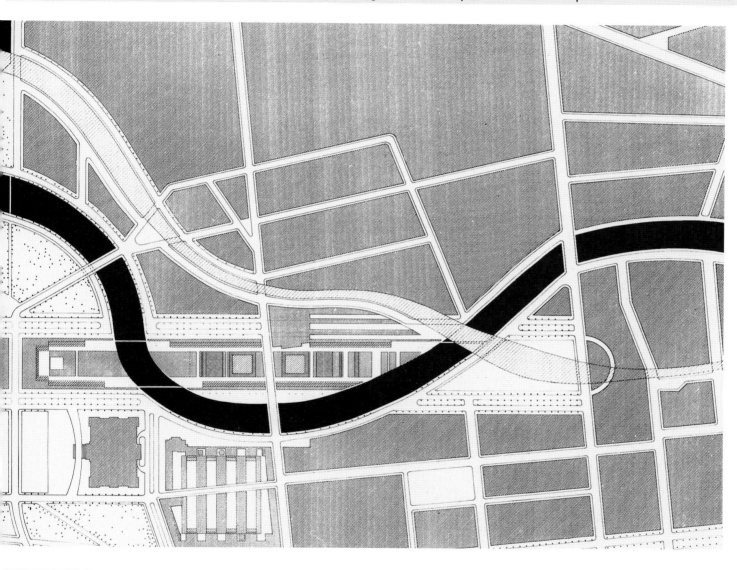

of the Bundestag. They join the Chancellor's Garden and the Chancellor's Park, which is integrated with its apartment and guest quarters in the district of Moabit.

The Bundestag administration is housed in the two blocks of Clara-Zetkin-Strasse, and the Press Conference is designated for one of the blocks along Schiffbauerdamm.

THE ARCHITECT

The author proposes a generous linear urban design structure which creates a very strong link from east to west, from the city center to Moabit. A very fine composition is produced by means of linear avenues. In this project a convincing sense of unity with the entire parliament district is conveyed in which each individual building retains its own character. This urban sequence is composed of beautiful spaces. The street network is skillfully integrated.

The typologies of the various building components are designed in an appropriate scale and are not confused with the other kinds of functions.

The urban fabric in the northern sector is elegantly extended to the Spree embankment. Well-proportioned urban greenspaces ("city garden") are planned in the actual Spreebogen and at the Humboldt Hafen.

The Bundesforum creates an urban gate between the Platz der Republik and the city park, uniting all the public uses and the social meeting places of the parliamentarians.

The project proposes a unique, powerful urban form which will be appropriate for a bold representation of the democratic state and which poses a challenging precedent for subsequent architectural competitions.

THE JURY

**Axel Schultes
with Charlotte Frank, Berlin 1**

„Man sieht nur, was man weiß."
(Fontane)

Die Betrachtung der losen [Bonner] Gruppierung der Monumente, die keine sind, keine sein wollen, läßt erkennen: räumliche, städtische Bindung war dort nicht vorgesehen. Der Blick auf die politischen Orte als isolierte, sich selbst genügende Institute war selbstverständlich, unstädtisch. Mit dieser Bonner Sehgewohnheit sieht man hinein nach Berlin, hätte vielleicht gern die vertraute

Umgebung hinübergerettet in den ja gleichfalls unstrukturierten leeren Spreebogen, wo Stadt nur Erinnerung ist. Ein Arrangement treffen für Kanzleramt, Bundestag und Bundesrat, die Ämter und Räte sich hinlagern lassen, lässig, wie Kühe auf der Weide, ein solcher Wiederholungswunsch am falschen Ort, zur falschen Zeit, wäre Ende und nicht Anfang einer neuen, anderen Periode deutscher Staatlichkeit.

„Wer etwas Neues wirklich kennen

lernen will ..., der thut gut, dieses Neue mit aller möglichen Liebe aufzunehmen; von Allem, was ihm daran feindlich, anstößig, falsch vorkommt, schnell das Auge abzuwenden, ja es zu vergessen ... Mit diesem Verfahren dringt man nämlich der neuen Sache bis an ihr Herz." (Nietzsche)

Die Seele des Spreebogens herauszulocken, den Geist des Ortes, seine geschichtliche und seine stadträumliche Dimension in ein neues ar-

chitektonisches Gleichnis zu gießen, war die Herausforderung im Wettbewerb. Mit der Liebe als Kunstgriff ging der Architekt zu Werke. [Es galt], den Zustand der Institutionen zu beschreiben, die öffentliche Sache, die „Res Publica" zu bilden, in demokratischem Geiste versteht sich.

Der preisgekrönte Vorschlag ist simpel: In seiner Sprödigkeit sehr berlinerisch, der Härte der Stadt, der Härte des Stadtschicksals angemes-

"One only sees what one knows." (Fontane)

When examining the loose grouping of monuments [in Bonn], which are not really monuments and do not aspire to be, it becomes apparent that a spatial, dense urban fabric was never intended at that site. The look upon the political places as isolated, self-sufficient institutes was self-evident and non-urban. One looks towards Berlin with this Bonn viewing habit; maybe one

would have liked to salvage the familiar Bonn environment and implant it into the Spreebogen – an equally void and unstructured site where townscape is only a memory. Find an arrangement for the Chancellery, Parliament and Federal Council, let the administrations and councils lay down comfortably, like cows on a pasture – this wish for imitation at the wrong place and the wrong time would be the end and not the beginning of a new, a differ-

ent period of representation of the German state.

"Whoever strives to really grasp something new ..., should receive this new thing with all the love he is capable of; in regard to everything that deems him hostile, offensive, and false he should avert his eye, even forget about it ... Thus he will penetrate to the heart of this new matter." (Nietzsche)

It was the challenge of the competition to coax the soul out of the

Spreebogen, the genius loci, to pour its historical and spatial dimensions into the mold of a new architectural allegory. The architect used love as his approach. The idea was to define the state of the institutions, to form the public matter, the res publica – in a democratic spirit, that is to say. The winning proposal is simple: it is very berlinish in its dryness, appropriate to the city's hardness, its hard fate, corresponding to the dimension of the city and the river.

sen, der Dimension der Stadt und des Flusses entsprechend. Auf gut preußisch also ist hier verfahren worden: der Stadt ist stattgegeben, dem Park im großzügigsten Kontrast, über zwei Spreebögen hinweg, Landschaftsraum gelassen worden. Der Bund, der Dritte im Bunde, ist das Ausgezeichnete, das Besondere, das Stadt und Land Verbindende, das „missing link" in der Stadtgestalt. Der Bund ist also wörtlich genommen als Bund der Orte

der Verfassung; die Verabredung, die Disziplin der Politik als Veranstaltung zu unser aller Wohl zeigt sich als gebaute „Solidarität der Institutionen". So schlicht ist das gedacht.
Die Republik wird manifest, dieser Bund zwei-, dreimal über die Spree hinweg ist konkret feststellbarer Raum, konkrete Planungsprämisse in der Umsetzung des Konzepts. Wie dieser Bund, dieser Raum, architektonisch Gestalt werden soll,

ist – gegen jeden Augenschein des Modells – offen. Die Architekten in Wettbewerb und Auftrag werden die stadträumliche Disziplin sofort als Chance begreifen, sich mit ihren eigenen Bildern um so freier, um so lebendiger artikulieren zu können; räumliche Bindung und objekthafte Individualität dürfen, müssen Hand in Hand gehen.
„Das Synthesevermögen unserer Zeit ist gebrochen, wir können allenfalls Fragmente bieten." (Aldo Rossi)

Eine feste, räumliche Verabredung, eine Spreebogenkonvention, kann die Synthese einiger dieser Fragmente leisten.

DER ARCHITEKT
Vortrag auf dem 2. Kolloquium
Deutscher Bundestag Berlin,
12.–13. März 1993

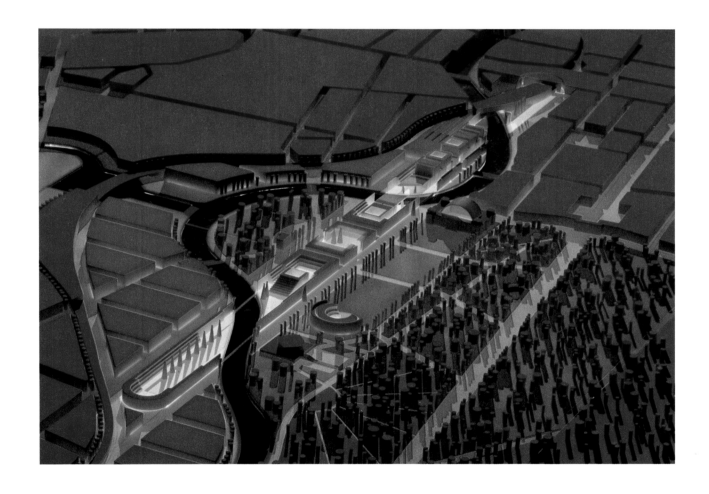

49

The proposal proceeds in a very Prussian way: it yields to the city and it leaves – in most generous contrast – ample space to the park, crossing over the two bends of the Spree. The Federation (Bund) as the third party is the distinguished, the particular element, the connection between town and country, the missing link within the cityscape. The "Bund" is thus taken literally, as a bond between the places of the constitution; agreements, politics as un-

dertaking for the common good appear as a concrete solidarity of the institutions. It is conceived as simple as that.
The republic becomes thus manifest, this two- or threefold bond across the Spree is a concrete and established space, a definite precondition for planning the implementation of this concept. How this "Bund" (link), this space shall assume architectural shape is open – despite the evidence of the model. The archi-

tects that participate in the competition to follow or receive the commission will immediately perceive this urban spatial order as a chance to express themselves with their own images all the more freely and vividly. Spatial order and object-type individuality may and must work hand in hand.
"The capacity of our times at synthesis is broken, we can only offer fragments." (Aldo Rossi)
A firm, spatial agreement, a conven-

tion for the Spreebogen, will be able to achieve a synthesis of some of these fragments.

THE ARCHITECT
at the 2. Colloquium
German Bundestag Berlin,
12–13 March 1993

**Axel Schultes
with Charlotte Frank, Berlin** **1**

Die Arbeit greift die überlieferte städtebauliche Figur des Spreebogens auf. Die große Freifläche vor dem Reichstagsportal wird belassen. Die nördliche Seite dieser Freifläche, ebenso wie der Alsenplatz, erhält eine Fassung durch große sechsgeschossige Blöcke in einheitlicher Höhe – jener des Gesimses des Reichstages.

Die Anbindung an die Innenstadt wird durch die Wiederherstellung der Blockstruktur beiderseits der Dorotheenstraße (Clara-Zetkin-Straße) geschaffen, für deren Höhe das Reichstagspräsidentenpalais Vorgabe ist. Die Blöcke sind für die Bundestagsverwaltung vorgesehen. Die Fraktionen und Abgeordnetenbereiche des Bundestages werden nördlich, dicht am Reichstagsgebäude in zwei großen Gebäudekomplexen untergebracht. Auf beiden Ufern der Spree sind sie direkt an die Spreeufer herangeführt und werden durch Fußgängerbrücken verbunden, um so eine Einheit zu bilden. Durch die Heranführung der Gebäude an die Spree wird einerseits die Sicht vom Reichstag nach Norden in den Spreebogen verstellt und unnötigerweise die Promenade auf dem nördlichen Spreeufer unterbrochen.

DAS PREISGERICHT

Im Gegensatz zu dem historischen Bezug zum Reichstag besteht keine Notwendigkeit, dem historischen Vorbild entsprechend die Flußufer zu bebauen. Hier wird eher eine Spannung gesucht, die durch das dicht am Wasser Gebauten und den das Wasser begleitenden Räumen entsteht. Die Kante im Norden erzeugt spannungsvolle, auch funktional vorteilhafte Freiräume: enge Bindungen im Abgeordnetenbereich einerseits und Freiräume für die Bundespressekonferenz andererseits.

DER ARCHITEKT

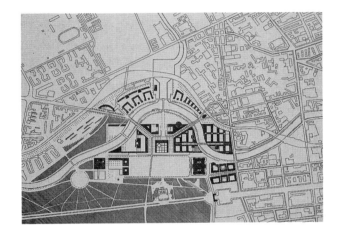

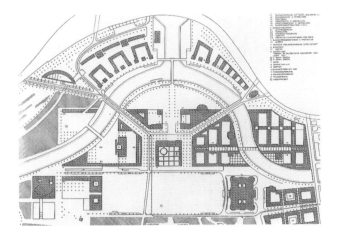

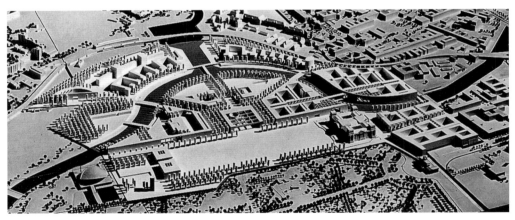

This entry is based upon the traditional urban plan of the Spreebogen. The large open area in front of the Reichstag portal remains as it is. The northern side of this open area, like Alsenplatz, is closed off by large six-story blocks of a uniform height – the same as the cornice of the Reichstag.

Reconstruction of the block structure around Dorotheenstrasse (Clara-Zetkin-Strasse) creates a link between the government district and the city center. The roof heights for these blocks follow that of the Palace of the Reichstag President. The blocks are provided for the Bundestag administration.

The facilities for Bundestag deputies and fractions are located to the north, in two large building complexes close to the Reichstag. They extend to the very edge of the Spree on both sides of the river, and are joined by pedestrian bridges to form a unit. Placing the buildings so close to the river blocks the view from the Reichstag toward the northern section of the Spreebogen and unnecessarily interrupts the promenade on the northern bank of the Spree.

THE JURY

While attention must be paid to the Reichstag as a historical reference point, today there is no need to develop the riverbank along the same lines as the historical model. We have instead sought to create a sense of tension through the interplay of buildings brought up directly to the river's edge and spaces created along the water. The straight edge of development in the north produces aesthetically satisfying open spaces that also offer functional advantages: close links with the deputies' facilities as well as open areas for the Federal Press Conference.

THE ARCHITECT

Auf dem vorgesehenen Gelände westlich des Alsenplatzes liegt das Bundeskanzleramt mit einer zum Ufer der Spree offenen Bebauung. Ein freistehendes viergeschossiges Zentralgebäude für den Leitungsbereich wird durch lange sechsgeschossige Gebäude eingefaßt. Die Südfront dieser Umfassung wird durch ein Tor unterbrochen. Eine Brücke über die Spree schafft eine Verbindung zwischen zwei gestalteten Freiflächen auf beiden Ufern der Spree – dem Garten des Kanzlers. Das Gebäude für den Bundesrat besteht aus zwei Baukörpern, die ein Portal zu einem Vorplatz für die Kongreßhalle bilden. Es schafft ein allerdings sehr entferntes Gegenüber zum Reichstag. Alle drei Verfassungsorgane sind als solche erkennbar und stehen in Sichtbeziehung zueinander.

Um ein über die Spree greifendes Ost-West-Gebäudeband zu bilden, wird auf dem Alsenplatz ein „Städtisches Foyer" – mit Läden im Erdgeschoß und der Ausstellung „Fragen an die Deutsche Geschichte" im ersten Obergeschoß – geschaffen, in das auch die U- und S-Bahn-Ausgänge münden.

Gebäude für die Bundespressekonferenz, die Parlamentarische Gesellschaft und ein Hotel bilden die Gebäudekante dieses Bandes nach Norden. Diese Kante ist so gewählt, daß von beiden Brücken her Torsituationen entstehen. Insgesamt werden abwechslungsreiche öffentliche Räume in überschaubarem Maßstab geschaffen.

Der Entwurf trifft die von Parlament und Regierung entwickelten Nutzungsvorstellungen. Er zeichnet sich durch Zurückhaltung, einen guten Maßstab und richtige Funktionszuordnung aus.

DAS PREISGERICHT

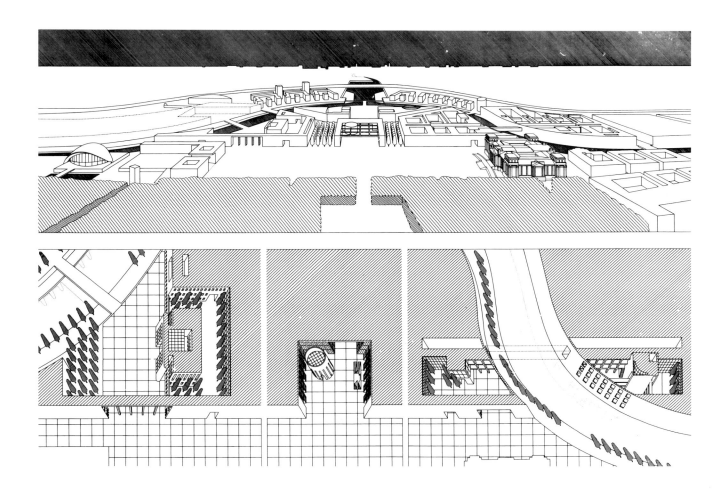

The Federal Chancellery is located on a site to the west of Alsènplatz, with one side of the complex opened up toward the bank of the Spree. A free-standing four-story central structure for the chancellery staff is enclosed by long, six-story buildings. A gate cuts through the southern front of this surrounding construction. A bridge over the Spree creates a link between two landscaped open areas – the Chancellor's garden.

The building for the Federal Council consists of two building volumes which form the portal of a square in front of the Congress Hall. This creates a rather distant counterpart to the Reichstag. All three constitutional entities are thus recognizable as such and related to each other visually.

In order to create an east-west strip of buildings across the Spree, an "urban foyer" is created on the Alsenplatz, with stores on the ground floor and the German History Exhibition in the first upper story and including entrances to underground and aboveground rail lines.

Buildings for the Federal Press Conference, the Parliamentary Society, and a hotel form the northern edge of this linear building complex. This edge is designed to create gatelike effects for the streets leading into it from the two bridges. Overall the design creates diverse public spaces on a comprehensible scale, and in this it fully corresponds to the usages envisioned by parliament and government. It is marked by restraint, reasonable scale, and proper allocation of functions.

THE JURY

Miroslav Volf, Saarbrücken 2

Die Verfasser schlagen vor, den Spreebogen mit einem Raster zu überziehen, das die Richtung der Wilhelmstraße aufnimmt. Es gelingt dabei, die Flächen innerhalb und außerhalb des Spreebogens in einen gemeinsamen städtischen Zusammenhang einzubeziehen. Mit dem neu eingeführten Raster werden frühere Achsenvorstellungen endgültig aufgegeben.

Das gewählte Systen ergibt große Flexibilität. Wenn es gelingt, den ein-geschnittenen Plätzen eine überzeugende architektonische Form zu geben, so können sich daran die verfassungsmäßigen Organe des Bundes in städtischem Konzept darstellen.

DAS PREISGERICHT

Die städtebauliche Dichte und der Wechsel von gebautem Volumen und Freiräumen werden im Spreebogen wiederhergestellt. Prägende historische Elemente wie Humboldt-hafen und Platz der Republik sind neu interpretiert. Die Struktur ist eigenständig und selbstbewußt (und nicht historisierend) auf den neuen städtischen Freiraum ausgerichtet. Sie verbindet Dorotheenstadt, Friedrich-Wilhelm-Stadt, Moabit und den Tiergarten. Sie bildet einen kultivierten Übergang von der gebauten Struktur zum Grünraum westlich und entlang der Spree.

Der großzügige, feste Platz der Republik ist die Plattform für Reprä-sentation und Manifestationen, des politischen Konsens und des politischen Disputes. Der streng angelegte Park des Bundeskanzlers stellt nicht nur Bezüge zwischen Moabit und Tiergarten, respektive Regierungsviertel und Grünraum entlang der Spree her, sondern auf politischer Ebene auch zwischen Presse und Kanzler. Der Humboldthafen verbindet die beiden Spreeufer und ist mit seiner großen Dichte an Verkehrsträgern die eigentliche An-

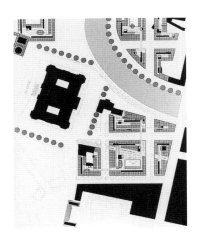

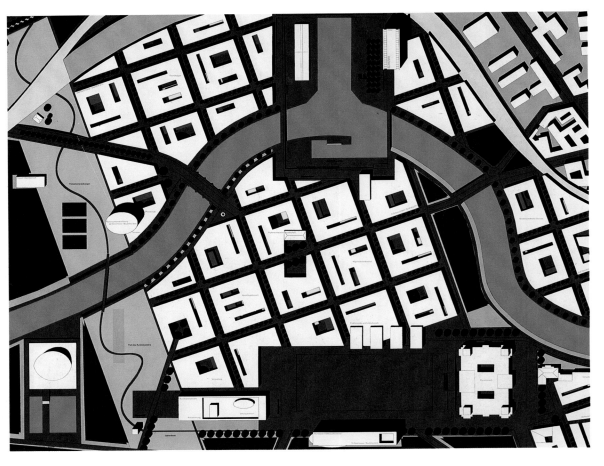

52

The authors propose covering the Spreebogen with a grid laid out along the line of Wilhelmstrasse. Their approach succeeds in integrating the areas inside and outside of the Spreebogen into a common urban context. This newly introduced grid amounts to a fundamental rejection of earlier axial concepts. The selected system offers great flexibility. Should it prove possible to give these new squares a convincing architectural form, they will pro-vide the constitutional entities of the Federal Government with a vivid representational image in the overall urban plan.

THE JURY

This plan reestablishes urban density and a mixture of building volume and open spaces in the Spreebogen. The formative historical elements such as the Humboldt Harbor and Platz der Republik are newly interpreted. The structure is oriented to the new urban open space in a way that is independent and self-assured without being historicizing. It connects Dorotheenstadt, Friedrich-Wilhelm-Stadt, Moabit, and the Tiergarten, and provides a smooth transition from the built structure to the green areas west of and along the Spree. The roomy, surfaced Platz der Republik is a platform for representation and manifestations, for political consensus and political dispute. The austerely proportioned park of the Federal Chancellor establishes links not only between Moabit and the Tiergarten – that is, to the government quarter and the green area along the Spree –, but also, on the political level, between the chancellor and the press. The Humboldt Harbor connects the two banks of the Spree, and the high density of its traffic arteries makes it the true arrival point of the government quarter. Its associated non-governmental uses and central posi-

kunftsseite des Regierungsviertels. Mit den angelagerten Fremdnutzungen und seiner zentralen Lage hat er einen starken öffentlichen Charakter und bildet das kommerzielle Zentrum dieses Viertels.

DIE ARCHITEKTEN

Das gewählte städtebauliche System erlaubt und erfordert vertikale wie horizontale Nutzungsmischung, so daß städtisches Leben tatsächlich entstehen kann. Die Blöcke haben etwa die Größe der Blöcke in der Friedrichstadt und sind damit deutlich kleiner als jene der Hobrechtschen Stadterweiterungen. Der Bautypus, der sich aus der Inanspruchnahme eines ganzen Blocks für eine einheitliche Nutzung ergibt, ist problematisch, wenn eine zu große Zahl der Baublöcke durch staatliche Nutzung in Anspruch genommen wird, wenn vertikale Nutzungsmischung nicht gelingt und wenn die Interpretation des Entwurfes nicht durch vielfältige Architektur erfolgt.

Aus dem gewählten System ergibt sich eine gute Zusammenbindung der verschiedenen Bereiche, ohne daß die Spree durch eine übergroße Zahl von Brücken überspannt werden müßte. Die Einbindung des Bundestags und des Bundeskanzleramts in städtische Strukturen ist interessant. Es ergeben sich vielfältige Wegebeziehungen.

Das Bundeskanzleramt ist richtig gelegen und durch seine Zuordnung sowohl zu dem zentralen Platz als auch zu der neuen Grünzone richtig angebunden. Der Bundesrat ist in dem scheibenförmigen, auch städtebaulich problematischen Baukörper nicht ausreichend signifikant untergebracht.

DAS PREISGERICHT

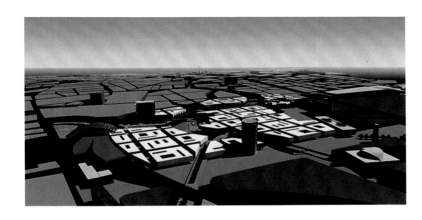

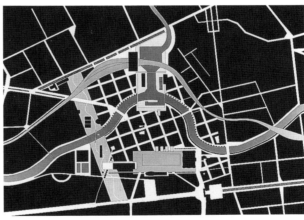

tion give it a strong public character and designate it as the commercial center of this area.

THE ARCHITECTS

The selected plan allows and requires both vertical and horizontal mixtures of uses in order to encourage the growth of urban life. The blocks have roughly the same size as those of Friedrichstadt and are thus considerably smaller than the blocks in Hobrecht's urban expansions. Designating an entire block for a uniform use becomes problematic if too many blocks are claimed for governmental functions, if vertical mixtures of use prove unsuccessful, and if the plan is not interpreted with versatile architecture.

The selected system successfully connects the various areas even while avoiding an excessive number of bridges across the Spree.

The proposed integration of the Bundestag and Federal Chancellery into urban structures is interesting and generates a variety of path relationships.

The Federal Chancellery is correctly situated and properly bound to the central square as well as to the new green zone. The high-rise block selected for the Federal Council suffers from the lack of a distinctive architectural profile and is also unsatisfying from the viewpoint of the overall urban plan.

THE JURY

Nick Gartenmann, Mark Werren, Andreas Jöhri, Bern **3**

Der Spreebogen soll Park bleiben und wieder Teil des Tiergartens werden. Die landschaftlichen Strukturen des Tiergartens werden weitergeführt: Großgrün in dichten und lockeren Gruppierungen mit Blickachsen, Zielpunkten, Eckpunkten; Alleen als Gliederungslinien, Bezugslinien und Verbindungslinien zwischen Freiraum und gebautem Raum.

Die Einrichtungen des Parlaments sollen sich nahe um das Reichstagsgebäude mit dem Plenarsaal als Mittelpunkt gruppieren. Berliner Stadtstrukturen, entwickelt aus dem bestehenden Geflecht im Osten, werden unter Überwindung der Mauergrenze in den Spreebogen vorgeschoben und nehmen, gemischt mit anderen städtischen Nutzungen, die Flächen des Bundestags auf. Zusammen mit den im Süden vorgeschlagenen städtebaulichen Ergänzungen, die die Bebauung am Potsdamer Platz einbinden, entsteht ein neuer Stadtrand, ausgerichtet auf die neue „Regierungsachse", Straße des 17. Juni / Unter den Linden. Der jetzt isolierte Reichstag wird in die neue Struktur eingebunden, behält aber durch seine Ausrichtung eine Sonderstellung. Er repräsentiert mit den im Park als Solitäre angeordneten Bauten für Bundeskanzler und Bundesrat die wichtigsten Bausteine der parlamentarischen Demokratie.

Dem Reichstag und den Parlaments-neubauten für Abgeordnete, Fraktionen und Ausschüsse wird eine großzügige Parlamentsvorzone vorgelagert, die nur für den öffentlichen Nahverkehr (Busse, Taxen) und als Vorfahrtsfläche in Anspruch genommen werden soll. Diese Fläche dient vor allem dem Fußgänger als Flaniermeile, sie ist Kontaktzone und Treffpunkt von Öffentlichkeit und Politik. Im Zentrum liegt das „Forum", Hauptzugang zu den Abgeordneten- und Fraktionsberei-

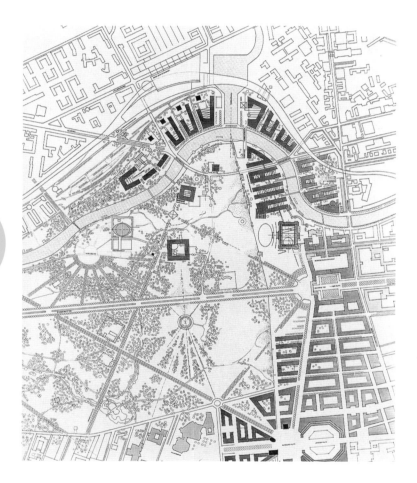

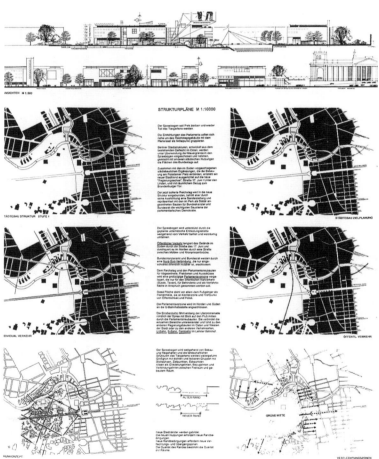

The Spreebogen should remain a park and become a part of the Tiergarten. Our plan continues the landscape structures of the Tiergarten: trees in groups of varying density with visual axes, focal points, and corners; boulevards as structural lines, reference lines, and connecting lines between open spaces and developed areas.

The parliamentary institutions should be grouped closely around the Reichstag, with the plenary hall as the center. Berlin urban structures, taken up from the existing fabric in the East, are extended into the Spreebogen across the line of the former wall and incorporated into the Bundestag areas in mixture with other urban usages. The proposed expansions in the south, designed to incorporate the development at Potsdamer Platz, are used to create a new city edge following the lines of the new "government axis", Strasse des 17. Juni/Unter den Lin-den. Integrating the Reichstag into the new structure eliminates its present state of isolation while retaining its special position. Along with the individual buildings in the park for the Federal Chancellor and the Federal Council, it represents the most important components of parliamentary democracy.

Placed in front of the Reichstag and the new parliamentary buildings for deputies, fractions, and committees is a zone accessible only by means of public transport (buses, taxis) or government vehicles. This area is opened up for use as a pedestrian boulevard, a zone of contact between politics and the public. The center is occupied by the "Forum", the main entrance to the facilities for deputies and fractions, with meeting place, lobby, and house for public events.

THE ARCHITECTS

chen, Treffpunkt, Lobby, Haus für öffentliche Veranstaltungen.

DIE ARCHITEKTEN

Die Verfasser definieren eine neue Baugrenze für Berlin, die sich bis hinunter zu den Ministergärten zieht und teilweise zu Lasten des Tiergartens geht. Es entsteht zwar dadurch auch ein neues Vorfeld zum Brandenburger Tor, doch erscheint eine Bebauung westlich der Ministergärten derzeit nicht möglich.

Die Verwaltungsgebäude nördlich des Reichstages folgen dieser Vorzone und halten sich an einen architektonischen Dialog mit dem nördlichen Spreeufer, das durch strahlenförmige Baukörper bestimmt wird. Die für die Bundesregierung und die Öffentlichkeit wichtigen Funktionen von Bundesrat, Bundeskanzler und Parlamentarischer Gesellschaft werden in die Parklandschaft eingebettet und teilweise unterirdisch erschlossen.

Sichtverbindungen und Alleeachsen verbinden diese Standorte mit dem außengelegenen Stadtraum. Zwar ist dadurch das Sicherheitsbedürfnis gewahrt und auch eine stufenweise Realisierbarkeit vorstellbar, doch wird die Grundidee, die wichtigen Funktionen der Demokratie als Solitäre in eine Parklandschaft zu stellen, sehr kontrovers beurteilt.

Das Konzept stellt sich in einer sympathischen Form von Offenheit, Akzeptanz und Bürgerfreundlichkeit vor. Leider ist die skizzierte Idee vor allem in der Mittelzone des Spreebogens in keiner Weise detailliert ausgeführt.

DAS PREISGERICHT

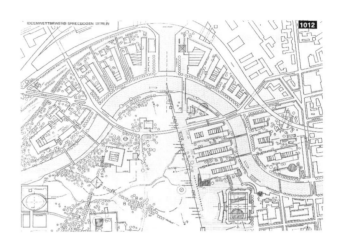

The authors define a new development boundary for Berlin which extends to the ministerial gardens, in some cases to the detriment of the Tiergarten. While this approach does open up the area in front of the Brandenburg Gate, development to the west of the ministerial gardens does not appear feasible at present. The administration buildings north of the Reichstag follow this preliminary zone and conduct an architectural dialogue with the north bank of the Spree, which is defined by radiating building volumes. The important government and public functions of the Federal Council, the Federal Chancellery, and the Parliamentary Society are built into the park landscape and in some cases provided with underground access.

Visual connections and the boulevard axes connect these sites with the urban area beyond. While the present plan meets security needs and makes step-by-step implementation of the project realistic, the basic idea of placing the important functions of democracy in a park landscape met with conflicting responses from the jurors. The concept offers a very sympathetic approach to openness, acceptance, and public compatibility. Unfortunately the presented idea suffers from a lack of detail, especially in the middle zone of the Spreebogen.

THE JURY

Klein & Breucha, Stuttgart **4**

Das Regierungsviertel ist ein Ensemble von Gebäuden, die raum- und platzbildend auf einem „Roten Teppich", dem neuen Platz der Deutschen Republik, angeordnet sind. Als „Roter Teppich", aus rotem Sandstein gebaut, ist er permanent „ausgerollt". Er heißt die Staatsgäste, die Parlamentarier, die Besucher sowie das Volk willkommen. Er ist das vereinigende Element zwischen Bundestag, Ausschüssen, Fraktionen und dem Volk.

Der neue Reichstag wird zu einem Gebäude mit zwei Gesichtern. Das Haus der Abgeordneten verleiht dem Platz die „andere" wichtige Fassade. Ihre Proportionen sowie die des ganzen Gebäudes sind denen des Reichstages entliehen. Die innere Organisation und die transparente Fassadengestaltung sind den Prinzipien moderner Architektur verpflichtet. Das Haus der Ausschüsse ist ein Hochhaus mit Büros, Sitzungsräu-

men und Archiven. Dieser Turm, der die weniger repräsentativen Funktionen aufnimmt, steht leicht zurückgesetzt auf dem „Roten Teppich". Durch seine Höhe dominiert er aber den Platz und wird zum weit erkennbaren Zeichen des Regierungsviertels.

DIE ARCHITEKTEN

Die Arbeit konzentriert alle Funktionen des Bundestages auf engem Raum nördlich und östlich des

Reichstagsgebäudes. Dadurch entsteht an dieser Stelle ein öffentlicher Platz, der sich auch mit den nördlichen und östlichen Quartieren der alten Stadt verbindet. In den Platz ist der Flußraum einbezogen, ohne daß die Spree trennend wirkt. Das wird durch die vielfältige Überbrückung des Flusses erreicht, die auch dazu beiträgt, daß die Größe des Platzes als weniger problematisch empfunden wird.
Als städtebaulich prinzipiell richtig

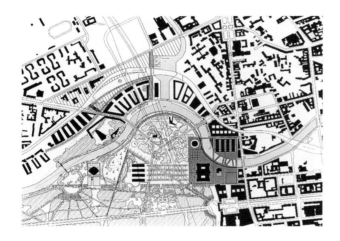

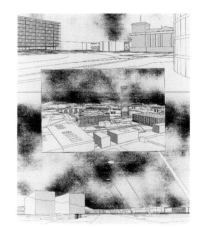

The government quarter consists of an ensemble of buildings on a "red carpet", the new central square of the German Republic. This "red carpet" of red sandstone is permanently "rolled out" in front of the Bundestag complex. It welcomes official guests, parliamentarians, visitors, and the public. It is the unifying element between Bundestag, committees, fractions, and the people. The new Reichstag is a building with two faces. The House of Deputies

provides the square with its "other" important facade. The proportions of this facade, as indeed those of the entire building, have been taken from the Reichstag. The internal organization and the transparent structure of the facade design are dedicated to the principles of modern architecture. The House of Committees is a highrise buildings with offices, conference rooms, and archives. This tower, designed to include the less

representative functions, is set at a slight remove from the "red carpet". Due to its height, however, it dominates the square, thus becoming the widely visible landmark of the government quarter. The Presidential Palace remains on the square as a "sculpture", as a witness of the past.

THE ARCHITECTS

The entry concentrates all functions of the Bundestag in a small space

north and east of the Reichstag. The result is a clearly defined space, a public square, which also establishes connections with the northern and eastern quarters of the old city. The river is integrated into the square without allowing the Spree to have a divisive effect. This is achieved by a variety of bridges across the river which also neutralize the potentially problematic size of the square.
The authors' decision to link the

erscheint die Verbindung des Platzes (durch eine Passage) mit dem Pariser Platz. Der „Turm der Ausschüsse"in der Nord-West-Ecke des „Roten Quadrats" scheint trotz seiner Höhe von 170 m als städtebaulicher Akzent richtig, stadträumlich sogar notwendig. Ob es funktional günstig ist, sämtliche Parlamentsausschüsse in einem Hochhaus dieses Ausmaßes unterzubringen, muß bezweifelt werden. Nicht unproblematisch ist die (vorgegebene) Position

des Reichstagspräsidentenpalais inmitten des Platzes. Die auf der Ebene unter dem Platz vorgesehenen Verbindungen zwischen den einzelnen Gebäuden erleichtern die Kommunikation im Parlamentsbereich und verbessern dadurch dessen Funktionalität.
Gegenüber dem in diesem Bundestagsbereich geglückt erscheinenden Teil des Entwurfs fallen die anderen Teile ab. Zwar steht die Positionierung des Bundesratsgebäu-

des gegenüber dem Reichstagsgebäude noch im Verhältnis, die Anordnung des Bundeskanzleramts auf dem nördlichen Spreeufer (verbunden mit dem Reichstagsgebäude lediglich über die durch eine Garten- und Parklandschaft führende Friedensallee zum Brandenburger Tor) muß dagegen als mißglückt bezeichnet werden.
Die Stärke des Entwurfs liegt im Bereich des nördlich und östlich des Reichstagsgebäudes entstehenden

„Roten Quadrats", eines urbanen Platzes. Die originellen Ideen hierzu verdienten weitere Entwicklung.

DAS PREISGERICHT

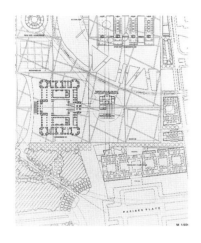

square with Pariser Platz (through a passage) shows a correct attention to urban planning principles. Despite its height of 170 m, the "Tower of Committees" in the northwest corner of the "Red Quadrant" seems correct, perhaps even necessary, in its role as a spatial accent. However, there are grounds for doubting whether it makes sense in functional terms to place all parliamentary committees in one high-rise building of this scale. The planned position-

ing of the Reichstag Presidential Palace in the center of the square does not seem unproblematic. The connections on the level under the square between the individual buildings facilitate communication in the parliamentary area and thus enhance its functionality.
When compared with the successful treatment of the Bundestag area, the other parts of this entry appear inferior. While the siting of the Federal Council building vis-à-vis the

Reichstag still appears reasonable, the placement of the Federal Chancellery on the northern bank of the Spree (connected with the Reichstag solely by a Peace Boulevard leading through a garden and park landscape to the Brandenburg Gate) is inadequate.
The strength of the entry lies in the area of the "Red Quadrant", an urban square to be created to the north and east of the Reichstag. The original ideas presented on this

score are worthy of further development.

THE JURY

**Philip Mellor-Ribet &
Konstanze Neuerburg, Paris** **5**

Mittelpunkt des Projektes ist ein offener Platz: die Rasenfläche „Pré de la Memoire" (Platz der Erinnerung). Durch sie wird eine wichtige Beziehung zur Geschichte dieses Standortes bewahrt und eine Durchquerung des Parks und des Parlamentsviertels bis zur Spree ermöglicht. Dieser offene Raum verlagert die Neubauten an den Rand des Terrains und strebt nach Verbindung der Fluchtlinien mit der Stadt. Zwei Pole bilden sich heraus: im Osten un-

ter Einbeziehung des Flusses das „Parlamentarische Forum", im Westen der Platz des Bundesrates und das Bundeskanzleramt.
Diese beiden urbanen Elemente werden durch zwei über bebaute Brücken verbundene Blöcke in einen Ost-West-Bezug gebracht.
DIE ARCHITEKTEN

„Pré de la memoire", ein großer Platz, dem Bundestag und Bunderat zugeordnet sind, ebenso der die

Spree überspringende Platz nordöstlich des Bundestages und der „Jardin de Parade" (Paradegarten) sind sorgfältig und klar definierte städtische Räume. Es entsteht ein anspruchsvoller Parlaments- und Regierungsbereich, in dem sich Bundestag und Bundesrat eindrucksvoll darstellen. Von besonderer Qualität ist die räumliche Fassung des nordöstlichen Spreebogens.
Dem Bundestag sind die Abgeordnetenbereiche auf der Ostseite eng

zugeordnet. Die begrüßenswerte offene Passage zwischen Pariser Platz und Spree muß durch Sperrung der Clara-Zetkin-Straße erkauft werden. Bundestagsverwaltung und andere Funktionen sind in zwei großzügigen, durch zwei Brükken verbundenen Blöcken untergebracht. Der engere Parlamentsbereich enthält keine anderen Nutzungen. Der Spreebogen ist jedoch durch eine lange, sehr klare Zeile mit Wohnungen und Geschäften

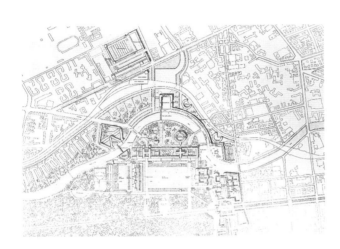

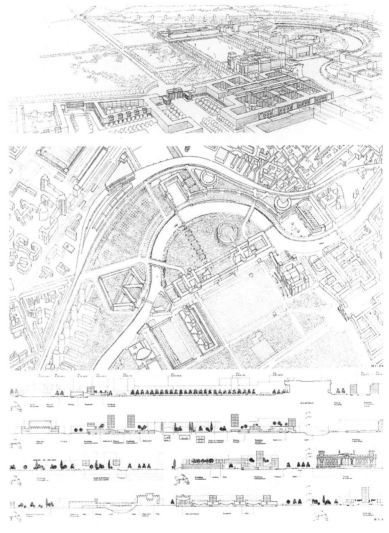

The main idea of the project is an open square: the grassy lawn of "Pré de la Memoire" (Memorial Square). This helps preserve an important connection to the history of the site and allows passage to the river through the park and the parliament district. This open space pushes the new buildings to the edge of the site and creates visual connections with the surrounding urban fabric. There are two poles emerging from this: in the east, the Parlia-

mentary Forum oriented to the river; in the west, the square for the Bundesrat and the Federal Chancellery. These two urban elements are brought into an east-west relation by two blocks which are connected to one another by covered bridges.
THE ARCHITECTS

The "Pré de la Mémoire", a large square between the Bundestag and Bundesrat, the square northeast of the Bundestag over the Spree, and

the Jardin de parade (processional garden) are carefully and clearly defined urban spaces. The result is an ambitious parliament and government district in which the Bundestag and Bundesrat feature prominently. The spatial development along the northeast Spreebogen is of a particularly high quality. The spaces for use of members of parliament are located close to the eastern side of the Bundestag. The welcome feature of a public passage between

the Spree and Pariser Platz is created in exchange for blocking off Clara-Zetkin-Straße. The Bundestag administration and other functions are accommodated in a pair of large blocks connected by two elevated bridges. The immediate parliament area is kept free of any other functions. However, the Spreebogen is lined with a long, well-defined row of apartments and shops. A special location at the base of an artificial canal was

begleitet. Für das Bundeskanzleramt ist eine besondere Lage am Ende eines künstlichen Kanals gesucht. Es gibt jedoch funktionale Probleme durch die Aufteilung in einen Teil südlich und einen anderen Teil nördlich der Spree.

Die Grunddisposition der Arbeit führt dazu, daß nördlich des Parlamentsviertels eine größere Grünfläche entsteht, die mit dem Tiergarten nicht unmittelbar verbunden ist. Daraus ergibt sich die Anlage eines weiteren Parks nördlich der Spree und südlich des Lehrter Bahnhofs. Aus gesamtstädtischer Sicht sollte jedoch dem neuen, sehr verkehrsreichen Bahnhof auch auf der Südseite eine dichtere urbane Nutzung zugeordnet sein.

Die Verkehrserschließung ist einfach und plausibel. Sie vermeidet Durchgangsverkehr. Alle Fuß- und Radwegverbindungen sind aufgenommen.

Die Arbeit zeichnet sich aus durch schöne und eindeutig begrenzte öffentliche Räume und durch die Sorgfalt, mit der städtebauliche Bezüge aufgenommen worden sind. Die Verfasser weisen nach, daß bei beiden Blöcken nördlich des großen Platzes, zwischen Bundestag und Bundesrat, Flexibilität möglich ist. Ein Bauen in Abschnitten ist mit Einschränkungen möglich. Es handelt sich um ein Projekt, in dem die wichtigen Bauten des Staates sehr repräsentativ angeordnet sind, ohne daß unvertretbare Monumentalität entstehen würde.

DAS PREISGERICHT

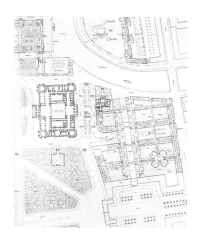

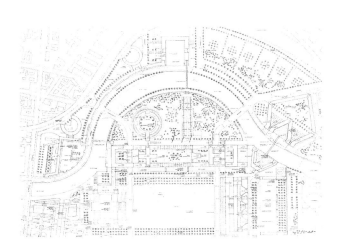

59

sought for the Federal Chancellery. However, some functional problems are caused by its division into two parts, one south and one north of the Spree.

The project is arranged in such a way that a large greenspace north of the parliament district is created which is not directly connected to the Tiergarten. This results in the design of a second park north of the Spree, south of the new Lehrter Bahnhof. In view of the whole urban context, however, the southern side of the new traffic-laden rail station should be developed with greater density.

The traffic strategy, which avoids through-traffic, is straightforward and convincing. All pedestrian and cycle paths are incorporated within it.

The project is distinguished by the great deal of care taken in the planning and execution of all its parts, by its beautiful and clearly defined public spaces, and by the care with which it incorporates the urban context. The designers have proven that flexibility is possible in the two blocks north of the large square between the Bundestag and the Bundesrat. Building in phases is possible, but only if carefully executed. This is a project in which the important state buildings are designed using symbolic means without becoming excessively monumental.

THE JURY

Mauro Galantino, Marco Zanibelli, Milan 6

Die gesamte Baumasse für das Parlament wird auf dem nordöstlichen Spreeufer angeordnet, so daß der Spreebogen als städtischer Park „im politischem Gebiet" für die Bevölkerung zur Verfügung steht. Gegenüber dem Reichstag wird der Bundesrat mit der großen Baumasse angeordnet. Der dazwischenliegende Platz der Republik wird, im Gegensatz zum Park, als Platz gestaltet. Der vorgelegte Entwurf ist unter vorstehenden Bedin-

gungen als Parlamentsviertel geeignet. Die gebauten Bereiche werden gut in die angrenzenden Stadtteile integriert, jedoch ist eine Nutzungsmischung nicht vorgesehen. Der bogenförmige Gebäudekomplex wird durch ein Shuttle-System erschlossen.

DAS PREISGERICHT

Der Bundestag zieht sich in Ergänzung des ehemaligen Reichstagsgebäudes am Ufer [und der Shuttle-

Verbindung] entlang und bildet sozusagen den „Rücken" des Parlamentsgebäudes.
Die Verknüpfung des Parlaments mit den Abgeordneten, Ausschüssen, Fraktionen und der Verwaltung wird als tragendes Element des Entwurfes angesehen.
Die konzipierte „Glasgalerie", die den ganzen Gebäudekomplex wie eine Hauptschlagader durchzieht, wird als Element der Verflechtung von verschiedenen Funktionen gese-

hen. Sie ist der Ort, an dem Begegnung, Kommunikation und Aktion stattfinden.
Alle Bauten haben eine dem Inhalt entsprechende Fassade, in Anlehnung an die umliegende Bebauung. Die Baukörper lösen sich zum Park hin mehr und mehr auf. Die Grünanlage wird am Spreebogen nicht unterbrochen, sondern in das gesamte Gebiet hineingeführt. Der Tiergarten als „grüne Lunge" Berlins wird somit weitergeführt und ermöglicht

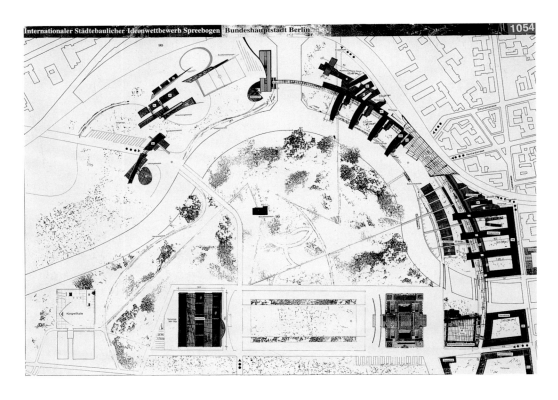

This entry places the entire building complex for the parliament on the northeastern bank of the Spree, making the Spreebogen available to the public as an urban park within "the political area". The Federal Council with its considerable volume is located across from the Reichstag. The intermediate Platz der Republik is presented as a square that contrasts with the park. The presented design is suitable as a government quarter under the stipulated conditions. The

built areas are effectively integrated into the bordering neighborhoods, but a mixture of functions is not anticipated. Access to the arc-shaped building complex is provided by a shuttle system.

THE JURY

The Bundestag extends along the bank of the river (and the shuttle line) as a supplement of the former Reichstag building and thus forms the "back" of the parliament build-

ing. The linkage of the parliament with the deputies, committees, fractions, and administration is the central element of the plan.
The planned "glass gallery," running through the entire building complex like a main artery, is used for the entwinement of different functions. It is the site of encounters, communication, and actions.
All buildings have facades which correspond to their content and which also refer to the surrounding

construction. The building volumes become looser as they near the park. The green areas do not stop at the Spreebogen, but continue into the entire area. This approach maintains the role of the Tiergarten as the "green lung" of Berlin and gives citizens access to the area without barriers or thresholds.

THE ARCHITECTS

The plan is distinguished by three clearly readable scales: the large

dem Bürger die Annäherung unter Vermeidung von Schranken und Schwellen.

DIE ARCHITEKTEN

Der Entwurf zeichnet sich durch drei ablesbare Maßstäbe aus: die Großform des Bogens (Rückgrat), das Ensemble Bundesrat und Bundestag und als dritte Ebene die feingliedrige Ausformung der Baukörper. Nicht so gut bewertet wird die nordwestliche Bebauung des Bundes-

kanzleramtes, das ausschließlich jenseits des Spreeufers liegt. Sie erscheint zu fragmentiert. Zudem sind die Nutzungen zwischen Lehrter Stadtbahnhof und Spreebogen unangemessen (Sportplätze).

Das gesamte Gebiet im Spreebogen ist als Fußgängerbereich vorgesehen. Bundespresseamt, Presseclub, Parlamentarische Gesellschaft sind in unmittelbarer Nähe des Reichstags gut plaziert.

Die Arbeit ist in Abschnitten reali-

sierbar, die Tunneltrasse ist vollständig von Bebauung freigehalten. Dieser Entwurf ist eine mögliche Antwort auf die Problemstellung des Wettbewerbs. Die Arbeit hat einen beachtlichen architektonisch-städtebaulichen Anspruch.

DAS PREISGERICHT

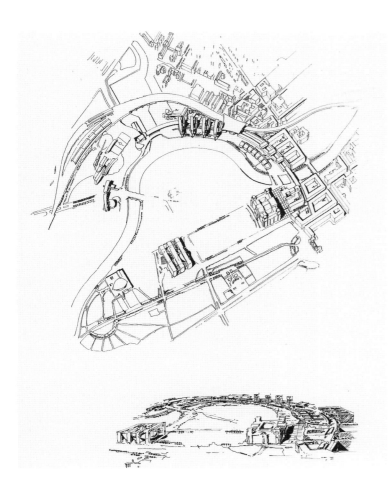

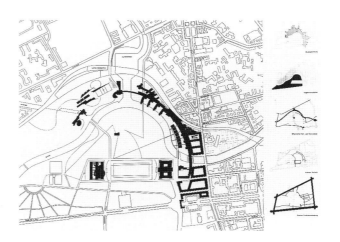

shape of the arc (backbone), the ensemble of Federal Council and Bundestag, and, as the third level, the finely modelled structure of the building volumes. Less successful is the northwest development of the Federal Chancellery, which is located entirely on the far side of the bank. This solution is too fragmentary. Moreover, the uses envisioned between Lehrter Station and Spreebogen (sports facilities) are inappropriate.

The entire area within the Spreebogen is designated as a pedestrian zone. The Federal Press Department, the Press Club, and the Parliamentary Society are well placed in direct proximity to the Reichstag.

The plan can be implemented in sections; the tunnel road is completely free of construction. This project offers a viable solution to the assignment posed by the competition and a persuasive planning concept.

THE JURY

Eller Maier Walter, Berlin **7**

An der Schnittstelle zwischen Ost und West verlängern wir zwei Raster: das des historischen Stadtzentrums, das parallel zu Unter den Linden und der Friedrichstraße verläuft, und jenes des früheren Botschaftsviertels; es wird in den Park hinein geführt und folgt genau jenem Modul, den schon Mies van der Rohe bei der Planung der Nationalgalerie beachtet hat. Die Raster überlagern sich als Ausdruck der demokratischen Einflußnahme der Bür-

ger des vereinigten Berlin, und sie kollidieren mit der bestehenden Repräsentation der Macht, verkörpert durch den Reichstag. Die drei Muster bilden einen Palimpsest, aus dem potentielle geometrische Muster für den neuen Bundestag entstehen. Die Eingriffe in den natürlichen Verlauf des Spreebogens sollen ein geometrisches Zentrum ergeben, wo die Natur zu einem Teil der städtischen Planung werden kann. Die Idee des Zentrums an diesem Ort

dient der Definition eines neuen Mittelpunktes für Deutschland und ist gleichzeitig ein romantisches Ideal. Der Entwurf erstrebt einen symbolischen Mittelpunkt in einer Zeit, in der Medien und Kommunikationstechnik die Möglichkeit eines Zentrums negieren und sich in Europa ein politisches System etabliert, das auf multiplen Zentren basiert. Die Suche nach einem symbolischen Zentrum in einer fragmentierten Welt erscheint als Paradoxon, aber

dennoch möchten wir mit unserem Konzept der Idee des sich herausbildenden Zentrums Berlin Ausdruck verleihen. Der Park verschmilzt mit dem Parlamentsviertel, das eine Räumlichkeit klar definiert, sich aber nicht auf eine einfache umgrenzte Anordnung beschränkt.

DIE ARCHITEKTEN

Die Baumassen sind im wesentlichen auf der Ostseite des Spreebogens konzentriert, die Mitte des Bereiches ist für mögliche spätere,

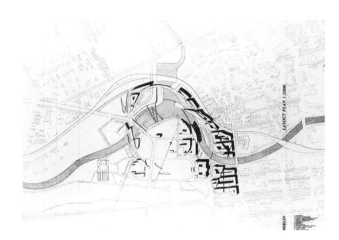

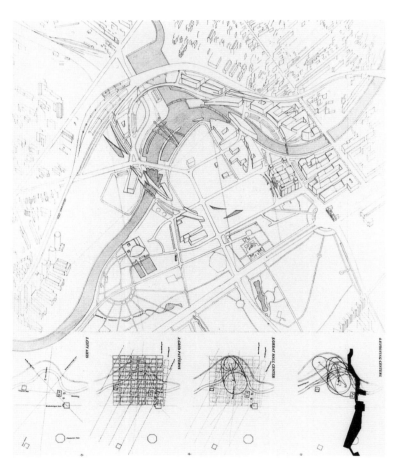

At the interface of what used to be East and West, we extend both grids, one coming from the city's historical center parallel with Unter den Linden and Friedrichstraße, while the prewar embassy location is extended through the park, following the exact module that was already explored by Mies van der Rohe for his National Gallery. The grids overlap as a declaration of the democratic influence of the residents of the reunited Berlin, and

collide with the existing representation of power embodied by the Reichstag. The three grids propose a palimpsest from which potential geometries of the new Bundestag emerge.
The modification of the natural path of the Spreebogen was intended to provide a geometric center where nature could become part of the city design. This notion of center, related to the specificity of the program, which tries to define a new center

for Germany, is also a typical romantic ideal of past centuries.
The program tries to define a symbolic center for Germany in a time when media and communication prohibit any possibility of center, when Europe is politically refiguring itself as a system operating with multiple centers. This symbolic search for centralization in a fragmented environment seems paradoxical, but a new concept of an evolving center should be expressed.

The park comes and melts into the parliament structure, which clearly defines a space but does not limit itself within an enclosure.

THE ARCHITECTS

The building volumes are concentrated mainly on the eastern side of the Spreebogen and the center of the district is left free for possible later development, as yet unnamed. This explains the minimal treatment in the design of these areas. By

noch nicht absehbare Entwicklungen freigehalten. Hieraus erklärt sich die geringe gestalterische Auseinandersetzung mit diesen Flächen. Durch ungewöhnliche und mit den Funktionen nur schwer in Einklang zu bringende Baukörper und mit einer Vielzahl von Brücken wird eine „Inszenierung" des Spreeraums vor allem nördlich des Bundestages erreicht. Das Flußbett der Spree wird verlegt. Der Anschluß an die Dorotheenstadt wird bei Erhaltung vorhandener Gebäude gesucht.

Bundestag und Bundesrat liegen sich gegenüber, ohne daß ein städtischer Raum zwischen den beiden Gebäuden entsteht. Das Bundeskanzleramt ist über die Spree hinweggespannt und in seiner baukörperlichen Ausprägung nicht überzeugend.

Drittnutzungen sind vor allem im äußeren Spreebogen und in der Nähe des neuen Lehrter Bahnhofs angeordnet. Die in der Arbeit vorgeschlagenen, durchaus interessanten städtebaulichen Räume werden sich nur dann umsetzen lassen, wenn das vorgetragene städtebauliche Konzept durch Architekturen interpretiert wird, die sich streng an das vorgegebene Konzept halten. Hierdurch ist die Arbeit bei allen Qualitäten so wenig flexibel und in ihren Grundaussagen so wenig robust, daß sie sich kaum als städtebauliches Grundgerüst für eine Entwicklung dieses wichtigen Bereiches eignet.

DAS PREISGERICHT

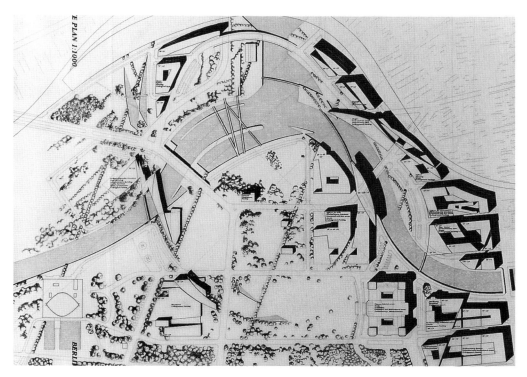

means of unusual, functionally problematic building massing together with a number of bridges, a new "stage set" is created along the Spree area north of the Bundestag. The path of the Spree river itself is altered. A connection to the district of Dorotheenstadt is attempted; the existing structures are preserved. The Bundestag and the Bundesrat buildings are located opposite one another, but no formal urban space between the two buildings is defined. The Federal Chancellery building is stretched across the Spree and its architectural expression is not convincing.

Tertiary functions are located mainly in the outer Spreebogen area, and in the vicinity of the new Lehrter Station. The proposed urban spaces are interesting, but they can only be successful if the urban design concept is interpreted with architecture which is strictly in keeping with the given scheme. Despite all its qualities, the project is minimally flexible and its basic principles are lacking in strength, to the degree that the scheme hardly appears suitable as an urban design framework for the development of this important site.

THE JURY

ARX – Nuno Miguel Mateus, Lisboã 8

Das Projekt definiert sich vornehmlich aus der gegebenen Situation der Begrenzung, der Kante. [Sie ist vorgegeben durch] den Fluß, die Lage des Standortes zwischen Tiergarten und dem städtischen Gefüge, die Erinnerung an die Mauer, diese Kante, die für immer im Gedächtnis von Berlin festgeschrieben bleibt.

Die hier entwickelte Architektursprache legt Wert auf lyrisches Verweben, auf das Verflechten langer, sanft geschwungener Gebäude, die durch ihre [ebenerdige] Durchlässigkeit zum Überschreiten ihrer Grenzen einladen.

DIE ARCHITEKTEN

Die Verfassungsorgane Bundestag, Kanzleramt und Bundesrat korrespondieren großräumig miteinander und werden optisch durch Hochhausbänder verbunden. Der naturbelassene Freiraum steht in bewußtem Kontrast.

Erhebliche Probleme liegen in der Aufenthaltsqualität der Büroräume, im städtebaulichen Maßstab und im städtebaulichen Detail. Im Bereich der Dorotheenblöcke überlagert der Hochhausbogen eine Blockbebauung und bringt auch hier gravierende Maßstabsbrüche mit sich. Südwestlich der Moltkestraße ist ein Hochhaus für das Kanzleramt dicht an die Spreeuferkante und teilweise ins Wasser gesetzt. Als weithin sichtbares Zeichen für den dritten Bebau-ungsschwerpunkt Bundesrat wird ein weiteres Hochhaus unmittelbar neben die Kongreßhalle gestellt und bildet mit dieser ein bauliches Ensemble. Es entsteht jedoch kein Raum zum Reichstagsgebäude.

Die kraftvoll vorgetragene Konzeption zeigt bei näherer Prüfung wesentliche unzumutbare Schwächen.

DAS PREISGERICHT

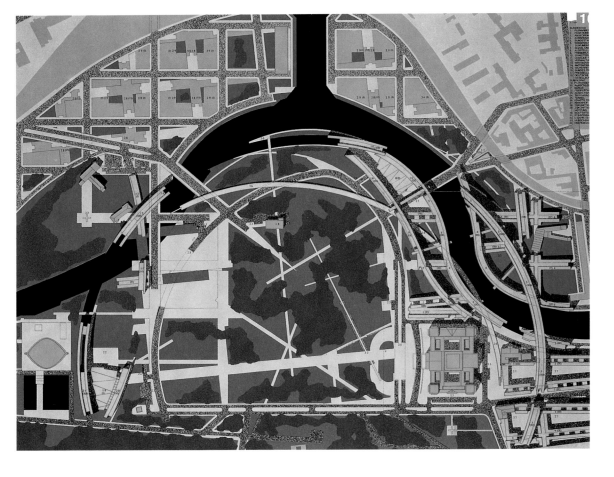

The project defines itself chiefly from the given situation of its borders, the edge. [They are predetermined by] the river, the location of the site between the Tiergarten and the urban fabric, the memory of the Wall, this edge, which remains etched forever in the memory of Berlin.

The architectural language developed here places emphasis on lyrical interweaving, the integration of long, softly arching buildings, whose porosity [at street level] invites the transgression of their boundaries.

THE ARCHITECTS

The constitutional organs of the Bundestag, Federal Chancellery and the Bundesrat relate to one another in the larger space and are visually linked by long, curving, highrise bands. The natural open space stands in deliberate contrast. Considerable problems arise from the environmental quality of the office spaces, the scale of urban form, and the details of urban design. In the vicinity of the Dorotheenstadt blocks, the taller curving band penetrates the perimeter block development and causes serious problems in scale. Southwest of the Moltkebrücke, a highrise building housing the Federal Chancellery is located close to the Spree bank, partly set into the water. As a further visible sign of a third line of development, an additional high rise for the Bundesrat is placed directly next to the Kongresshalle; together they create an architectural ensemble. Yet no space is oriented toward the Reichstag itself.

Upon closer inspection, this powerfully expressed concept reveals crucial and unacceptable weaknesses.

THE JURY

In seinen Grundzügen ist dieser Entwurf stärker von der Landschaftsarchitektur als von der üblichen städtebaulichen Praxis bestimmt. Die scheinbar zufällige Anordnung der baulichen Elemente gleicht, von oben gesehen, der von Holzstämmen, die einen Fluß hinabtreiben. Vom Boden aus gesehen bildet sie eine Landschaft von Gebäuden in fortgesetzter Bewegung und Verwandlung.

DER ARCHITEKT

Der Bereich des Spreebogens wird charakterisiert durch eine Schar von skulpturhaften, scheibenförmigen Baukörpern, die interessante räumliche Bezüge aufnehmen und den inneren Bereich des Spreebogens völlig überziehen. Im Bereich nordöstlich der Spree entsteht ein sehr großer und tiefer Baukörper, der die plastische Form der anderen Baukörper ergänzt.

Der Bereich für die Parlamentarier ist dem Reichstag richtig zugeordnet, jedoch ergeben sich aus den engen Gebäudestellungen unzumutbare Arbeitsbedingungen. Auch in den übrigen Bereichen muß befürchtet werden, daß die architektonische Interpretation zu nicht akzeptablen Verhältnissen im einzelnen führt. Für Bundesrat und Bundeskanzleramt sind nicht verständliche Gebäudeformen gewählt, die zwar an akzeptabler Stelle liegen, die jedoch nur aus der „Skulptur" des Gesamtentwurfs verständlich sind.

Der Spreeraum wird als eine sehr interessante Inszenierung vorgeschlagen, desgleichen der abgesenkte Bereich des U-Bahnausganges, der von sehr schmalen Scheiben überstellt wird.

DAS PREISGERICHT

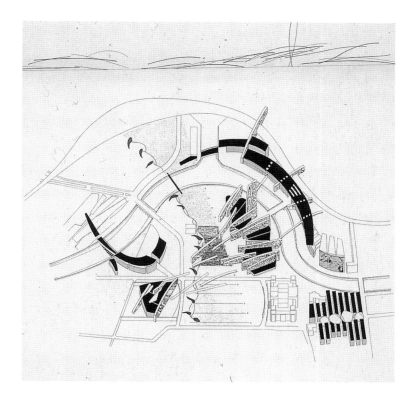

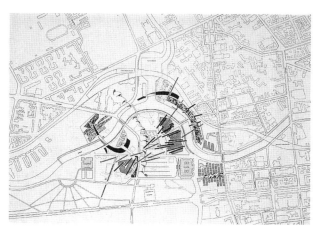

At its most fundamental level, this system is inspired more by landscape architecture than by standard town planning practice.

The appearance of disorder of the structural elements, when seen from above, resembles that of pieces of timber floating in a river.

Seen from ground-level, they define a landscape of structures in continuous movement and transformation.

THE ARCHITECT

The Spreebogen area is characterized by a swarm of sculptural, fragmented building volumes, which produce interesting spatial relationships and completely cover the inner area of the Spreebogen. A large and voluminous building which complements the plastic shape of the other structures rises in the area to the northeast of the Spree.

The area for the parliamentarians is correctly associated with the Reichstag, but the compact spacing of the buildings results in unacceptable working conditions. In the other areas it is also to be feared that the architectural interpretation of the overall spatial idea will lead to unacceptable conditions in individual situations. The building shapes chosen for Federal Council and Federal Chancellery are unintelligible; their placement is acceptable, but they are understandable only within the "sculpture" of the overall design. The

Spree area is dramatized to very interesting effect, and the same applies to the subterranean area of the subway exit, which is roofed over with very narrow tall structures.

THE JURY

Fabio di Carlo, Roma

Hauptziel des Entwurfs ist die Integration des Parlamentsviertels in das Gefüge der Stadt Berlin. Es entsteht kein gut funktionierendes „Raumschiff", sondern ein neuer Stadtteil, der die räumlichen Folgen der Teilung Berlins überwindet.

Der Entwurf ergänzt und vervollständigt die Stadtstruktur im Sinne einer Stadtreparatur.

DIE ARCHITEKTEN

Das neue Parlamentsviertel wird in diesem Entwurf an den beiden Ufern des nordöstlichen Spreebogens angesiedelt und bildet so eine strenge, schräg verlaufende Front zum Park. Eine zweite städtische Form bildet die Achse Reichstag, Bundesrat und Kongreßhalle, so daß ein dreieckiger Park entsteht. Die Qualität dieses Parkraumes wird jedoch durch die Nord-Süd-Straße stark beeinträchtigt. Diese beiden Architektursysteme stoßen

relativ unvermittelt aufeinander und erzeugen unschöne Restflächen.

Die Nutzungen für das Parlament sind gut plaziert, jedoch vermittelt die Typologie der Gebäude eher den Eindruck eines gemischten Wohngebietes als den eines Parlamentsviertels. Die Entwurfsidee des Verfassers – die Verklammerung von Parlamentsviertel und vorhandenen Stadtgefüge – kann nicht ohne weiteres erkannt werden.

DAS PREISGERICHT

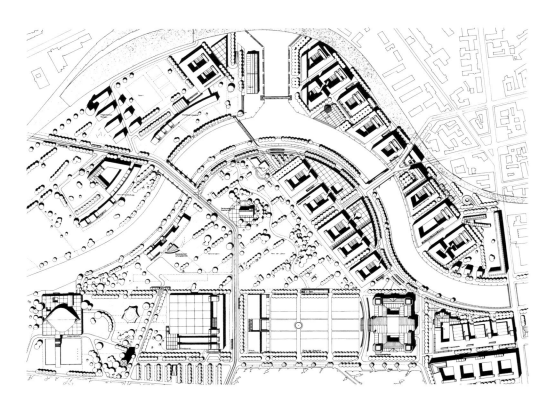

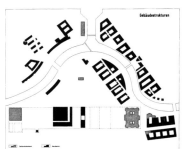

The main aim of the plan is the integration of the parliamentary quarter into the fabric of the city of Berlin. The goal is not a wellfunctioning "spaceship", but a new urban district designed to overcome the spatial consequences of the division of Berlin. The plan supplements and completes the urban structure in the sense of "urban repair".

THE ARCHITECTS

This plan arranges the new parliamentary quarter on both banks of the northeastern arc of the Spree to create a slanting frontage line facing the park. This line combines with the the axis of Reichstag, Federal Council, and Congress Hall to form a distinctive triangular park. However, the quality of this park space is seriously impaired by the north-south street. These two architectural systems collide, creating rather unattractive residual spaces.

The uses for the parliament are well situated, but the typology of the buildings evokes a mixed residential area more than a parliamentary quarter. The primary planning idea of the author – the fusion of parliamentary quarter and existing urban fabric – remains muddled.

THE JURY

Die Grundidee des Entwurfes ist die weitgehende Erhaltung des Freibereichs im Spreebogen als Erweiterung des Tiergartens und die enge Anlehnung der Neubauten an die bestehende Bebauung. Die Spree ist die lebendige Mitte des neuen Regierungsviertels. Alle wichtigen Einrichtungen haben einen Bezug zur urbanen Flußsituation und zu den großzügigen Freiräumen.

Südlich der Spree sind die Organe der Regierung angeordnet. Nördlich der Spree sind die gesamte unterstützende Verwaltung (Bundestagsverwaltung) sowie Fremdnutzungen untergebracht.

DIE ARCHITEKTEN

Die Zuordnung des Bundestagseingangs zu einem offenen Grünraum signalisiert sympathische Bescheidenheit. Auf Fremdnutzungen, die mit den Einrichtungen des Parlaments oder anderen Einrichtungen des Bundes kombinierbar wären, ist weitestgehend verzichtet. Die kammartige Anordnung der Abgeordnetengebäude entlang der Spree läßt eine besondere Signifikanz der baukörperlichen Gestaltung nicht erwarten.

Die Qualität des Entwurfs liegt in funktionalen Zuordnungen. Eine überzeugende Darstellung der obersten staatlichen Organe der Bundesrepublik ist jedoch nicht erreicht.

DAS PREISGERICHT

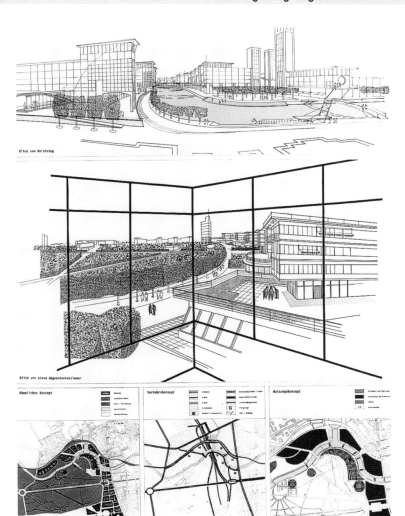

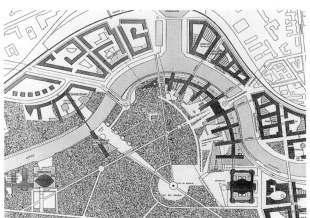

The basic idea of this project is to retain the open spaces in the Spreebogen as an extension of the Tiergarten while ensuring that the new buildings stand in close relationship to existing development. The Spree is the living center of the new government quarter. All important institutions refer to the urban river situation and to the expansive open spaces.

The governmental bodies are located to the south of the Spree (inner arc of the Spree). The institutions of the supporting administration (Bundestag administration) and nongovernmental uses are located to the north of the Spree.

THE ARCHITECTS

Placing the Bundestag entrance in a public green area is a gesture of appealing modesty. The authors have largely chosen to exclude nongovernmental uses which might have been compatible with the institutions of parliament or other federal institutions. The comb-shaped arrangement of the deputies' buildings along the Spree prevents them from attaining a distinct architectural profile.

The quality of the plan lies in its functional arrangements. A convincing representation of the highest government organs of the Federal Republic has, however, not been achieved.

THE JURY

Freie Planungsgruppe 7, Stuttgart

Marcel Ferrier, St. Gallen

Die Verknüpfung der Parlamentsbauten mit dem städtischen Flußraum an der Spree und der Übergang zum weiten Landschaftsraum des Tiergartens verlangen nach einer neuen räumlichen Verflechtung. Dabei sollen der Flußraum, der Stadtkörper wie auch die Vegetationsmasse des Tiergartens als gleichwertige Komponenten dieses Stadtteils in Erscheinung treten. Das Brandenburger Tor symbolisiert und markiert heute noch deutlich den Übergang von Stadt und Park. Dieser geschichtliche Ansatz ist das prägende Element des Entwurfes.

Zwei Bezugsachsen [über Kronprinzen- und Moltkebrücke] bestimmen die stadträumliche Ordnung des Spreebogens. Der neu angelegte Platz der Republik liegt als großmaßstäblicher Landschaftsraum in diesem Bezugsnetz, flankiert von den Kopfbauten der Parlamentarierbüros. Bundesrat und Bundeskanzleramt liegen wie die Kongreßhalle als punktuelle Einzelanlagen im Park.

DER ARCHITEKT

Die Funktionen des Bundestages werden auf den nordöstlichen Spreebogen konzentriert. Die Baumassen für die Parlamentsbauten zeigen eine allgemeine Verwaltungsstruktur und vermitteln damit nicht eine angemessene Selbstdarstellung des Parlaments.

Positiv ist zu vermerken, daß die Parlamentsbauten zentral am Reichstag angeordnet sind.

DAS PREISGERICHT

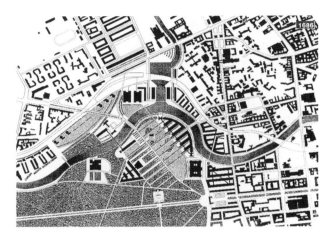

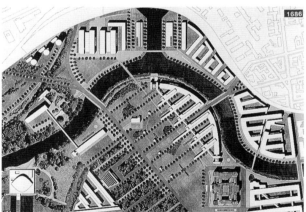

Linking the parliament buildings with the urban river space on the Spree, and the transition to the expansive open landscape of the Tiergarten requires a new spatial entwinement. The river space, the urban volumes, and the greenery of the Tiergarten should all have equal weight as components of this district. Today the Brandenburg Gate continues to mark the transition from city to park. This historical approach is the main element of the design.

Two reference axes [originating from the Kronprinzen and Moltke bridges] define the spatial structure of the Spreebogen. The newly configured Platz der Republik lies as a large-scale landscape space in this network of references, flanked by the main buildings of the parliamentary offices. The Federal Council and the Federal Chancellery, like the Congress Hall, provide individual accents within the park.

THE ARCHITECT

The functions of the Bundestag are concentrated on the northeastern Spreebogen. The built masses for the parliament buildings are relatively anonymous and thus do not serve as a suitable representation of the parliament.

A positive aspect of the plan is its central placement of the parliament buildings at the Reichstag.

THE JURY

68

Das vorliegende städtebauliche Konzept sieht vor, den Großteil des geforderten Raumprogrammes östlich des Reichstages, auf beiden Ufern der Spree, unterzubringen. Damit ist eine sinnvolle Verknüpfung sowohl zur Dorotheenstadt als auch zur Friedrich-Wilhelm-Stadt gegeben.

DAS PREISGERICHT

Eine lineare Struktur nimmt die Funktionen der Exekutive auf. Sie umschließt einen öffentlichen Raum, eine verglaste, mehrgeschossige Fußgängerzone, die städtische Nutzungen beinhaltet und das Machtzentrum durchdringt, „demokratisiert". Diese reicht bis zum Fahnenplatz, dem zentralen Symbol der Nation. Die lineare Anordnung verbindet den Ost- und Westteil der Stadt und bildet eine Brücke zwischen dem Volk und dem höchsten Vertreter der Exekutive, dem Bundeskanzler. **DER ARCHITEKT**

Das neue Stadtviertel zwischen Spree und Lehrter Bahnhof bringt in diesem Bereich eine wünschenswerte Verdichtung. Der Vorschlag, hier Wohnungen, Hotels und andere Funktionen unterzubringen, gewährleistet eine sinnvolle Anknüpfung des Lehrter Bahnhofes an das Regierungsviertel.

Insgesamt gesehen stellt das Projekt einen interessanten Ansatz für die Lösung der gestellten Aufgabe dar, wenngleich die Dimensionen

der einzelnen Baukörper nicht akzeptabel erscheinen. Der Verfasser wählt eine Konzeption, die sich nicht als Weiterführung einer Stadtstruktur versteht, in welche Regierungsfunktionen integriert sind; er will vielmehr einen Regierungsbezirk, der in seinem formalen Anspruch und seiner Symbolhaftigkeit den Staat repräsentiert.

DAS PREISGERICHT

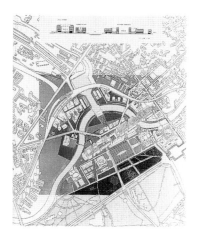

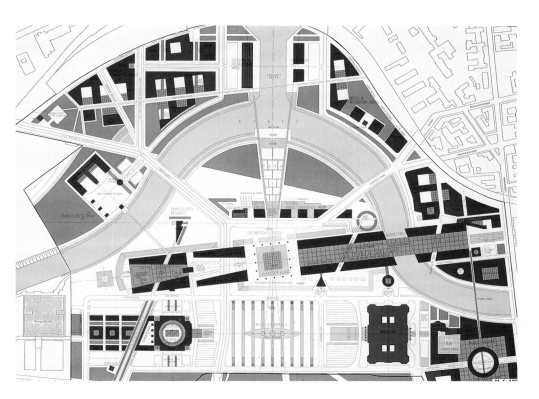

The urban design concept submitted here situates the majority of the building program required by the competition brief to the east of the Reichstag building, on both banks of the Spree. Through this a logical link to both Dorotheenstadt and Friedrich-Wilhelm-Stadt is created. **THE JURY**

The executive functions are positioned in a linear structure creating a public space, a glass-covered pedestrian street with urban functions, a public gallery which penetrates, or "democratizes", the power center and extends to the flag square, the ultimate symbol of the nation.

The linear structure ties together the eastern and western parts of the city, and symbolizes a bridge between the "man in the street" and the highest representative of executive branch, the Chancellor.

THE ARCHITECT

The new district between the Spree and the Lehrter Bahnhof brings a desirable level of density to this area. By incorporating apartments, hotels and office facilities here, the creation of a clear link between Lehrter Station and the government district is ensured.

Overall, the project takes an interesting approach to the solution of the given task, although the dimensions of the individual buildings appear somewhat overscaled. The au-

thor has chosen a design concept which is not intended as a continuation of the urban fabric which integrates governmental functions; instead he wishes to create a government district which represents the state by means of formal expression and symbolic content.

THE JURY

Zoltan Kiss, Malmö

Jürgen Frauenfeld, Bernd Mey, Frankfurt

Der Entwurf lebt von seiner Blockanordnung. Er geht auf die historische Raumstruktur zurück. Damit wird eine klare Aufteilung des Raumes erzielt. Die wünschenswerte Prägnanz der Einrichtungen gewinnt der Verfasser in dieser eher schematischen Bebauungsform allerdings nicht. Problematisch ist, daß der Platz der Republik noch vergrößert wird, indem er den Bundesrat an die Kongreßhalle drängt und sie für dessen Zwecke mit in Anspruch nimmt.

Der große Raum in der Mitte wird durch einen weiteren großen Platz im Norden ergänzt. Die Nutzbarkeit dieser großen Flächen wird bezweifelt; ebenso das Funktionieren von Restaurants und Galerien am dafür zu weiten nördlichen Platz.
Der Verfasser stellt sich durchaus erfolgreich der Aufgabe, das Ufer des Spreebogens einzubeziehen.
Die Verkehrsführung droht angestrebte bauliche und landschaftliche Zusammenhänge zu stören.

Der räumliche Gesamtzusammenhang des Entwurfsgebietes leidet darunter, daß kaum räumliche Spannungsverhältnisse zwischen den einzelnen Strukturelementen gelungen sind.

DAS PREISGERICHT

Angestrebt wird eine Akzentuierung der stadträumlichen Figur des Platzes der Republik im Schnittpunkt zweier Freiraumachsen. Die Grundzüge der historischen Stadt-

form werden beibehalten; das Bebauungsmuster ist einfach und besteht aus kleinteiligen Blockeinheiten und gliedernden Innenstraßen. Die Blockeinheiten basieren auf der Grundform von ca. 56 x 58 Meter großen fünfgeschossigen Atrium-Gebäuden. Dadurch ergibt sich die Möglichkeit einer blockweisen Funktionsmischung einzelner Bereiche des Bundestages anstelle von monofunktionalen Blöcken.

DIE ARCHITEKTEN

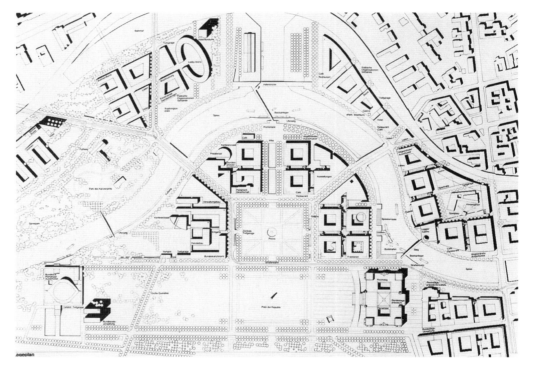

This entry is sustained by its block arrangement, which returns to the historic spatial structure. The result is a clear articulation of space. However, this rather schematic approach prevents the author from attaining the clear visual differentiation of the various institutions, even if the constitutional entities do remain identifiable within the structure. The proposed enlargement of Platz der Republik causes problems by pushing the Federal Council up against the

Congress Hall and ultimately linking the two unnecessarily. The large area in the center is complemented by another large square in the north. The usefulness of these large areas is doubtful; the same applies to the function of the restaurants and galleries on the northern square which is much too expansive for such purposes.
The author has fulfilled the task of integrating the riverbank in the Spreebogen area.

The proposed road structure threatens to disturb the desired architectural and landscaping objectives. The overall spatial context of the planned area suffers from the lack of effective interplay between the individual structural elements.

THE JURY

The spatial position of the Platz der Republik is accentuated by placing it at the intersection of two axes. The main features of the site's historical

urban layout are retained; the pattern of construction is simple and consists of small-scale city blocks of 56 x 58 meters and five stories, built around an atrium space. Thus the functions of the Bundestag can be split up by blocks rather than creating solid, monofunctional blocks. The streets in between the blocks serve to structure the district.

THE ARCHITECTS

Das Areal zwischen dem Platz der Republik und der Spree ist überwiegend den Bauten des Deutschen Bundestages vorbehalten. Sie sind strahlenförmig angeordnet und werden durch eine großzügige galerieartige Foyerzone mit Terrassen, Gärten, Balkonen, Kommunikationsbereichen und Aussichtsmöglichkeiten entlang des Spreebogens zusammengefaßt.

Im Zentrum der Spreebogenbebauung steht das Bürgerforum mit seinen Versammlungssälen, Bibliotheken und dem Bürgerservice.

DIE ARCHITEKTEN

Die historisch tradierten Straßenräume und Plätze werden zwar aufgegriffen, jedoch durch eigenständige Elemente neu formuliert. Der Wasserraum der Spree wird als Raum der Stadt begriffen, der sowohl für Besucher als auch für Bewohner attraktiv ist und zu Offenheit und zur Unverwechselbarkeit des Gebietes beiträgt. Gelungen ist der Übergang vom Reichstag nach Osten. Im südlichen Teil des Projektgebietes, dem Inneren Spreebogen, ist der urbane Anspruch erfüllt, die Baumassen sind ausgewogen.

Das Wechselspiel des Blickes auf die Stadt und die interne Erschließung ist intelligent, wie auch die Vorstellung eines neuen Stadtraumes für Berlin.

Die Spreebucht ist kein überzeugendes Element für den Entwurf (aus wasserbaulichen wie auch aus sicherheitstechnischen Gründen). Die vielen kleinen Wasserflächen sind fragwürdig.

DAS PREISGERICHT

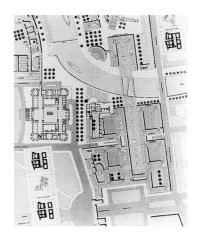

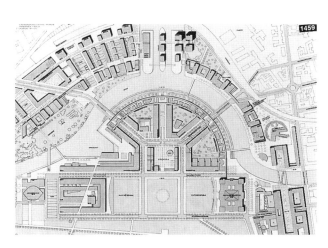

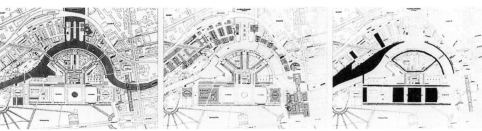

The area between the Platz der Republik and the Spree is reserved mainly for the buildings of the German Parliament. They are radially organized and grouped together with a generous, gallery-like lobby area, with terraces, gardens, balconies, communication areas, and viewing points along the Spreebogen. A citizens' forum with various services is located in the center of the Spreebogen development.

THE ARCHITECTS

The historically-etched streets and squares are indeed taken up by the scheme, yet they are redesigned with independent elements. The Spree riverscape is conceived as a monumental urban space, attractive to visitors as well as residents, which contributes to the district's accessibility and uniqueness. The transition from the Reichstag toward the east is successfully achieved.

In the southern part of the project site, the inner Spreebogen, the demand for an urban character is fulfilled and the building masses are balanced. The interplay between the view to the city and the internal development is intelligent, as is the conception of a new urban space for Berlin.

The project's new Spree river harbor is not a very convincing element of the design (for nautical as well as security reasons). The numerous smaller water spaces created are also questionable.

THE JURY

Ernst Hoffmann, F. Janz, Wien

Oertel + Partner, Karlsruhe

Die Stadtvorstellung, die dem Entwurfskonzept zugrunde liegt, ist geprägt von der Suche nach einer stadträumlichen Form, die die Gegebenheit des Ortes, seine Geschichte, seine Topographie und seine Morphologie erkennt, freilegt und in einen neuen Kontext einbindet. Es geht um die Integration von traditioneller und moderner Stadt.

DIE ARCHITEKTEN

Zwischen dem historischen Berlin und dem Stadtteil Moabit wird das neue Parlamentsviertel als geschlossenes, kompaktes Stadtquartier eingefügt. Die vorhandenen Hauptstraßen von Moabit und Berlin-Mitte werden aufgenommen und durch das Quartier hindurchgeführt. Die großen Gebäude der Verfassungsorgane (Bundestag, Bundesrat, Bundeskanzleramt) liegen sichtbar und hervorgehoben am Rand des Tiergartens. Große öffentliche Räume

bieten diesen Häusern ein Umfeld für unterschiedliche Nutzungen ebenso wie für angemessene Repräsentation. Über ein dicht bebautes Quartier nördlich der Spree wird die Verbindung zur angrenzenden Stadt hergestellt. Diese Ordnung und Organisation macht eine Form städtischer Mischnutzung möglich, die insgesamt zu einem lebendigen Parlaments- und Regierungsviertel beitragen kann. Die Übergänge zum Tiergarten sind

anspruchsvoll gelöst, da die vorgeschlagenen Alleen, Plätze, Räume, aber auch Positionen einzelner Häuser des Quartiers in Beziehung zum Wegesystem des Tiergartens gesetzt werden.

DAS PREISGERICHT

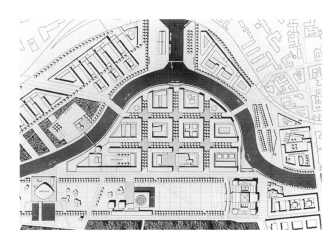

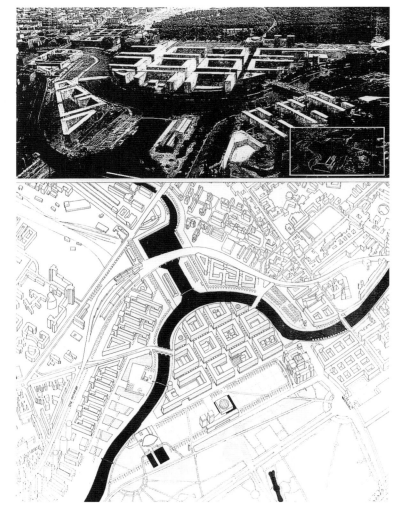

The idea of the city that lies at the basis of the planning concept is marked by the search for an urban form that rediscovers the specific characteristics of the site, its history, its topography, and its morphology, and places them in a new context. This plan aims at the integration of the traditional and the modern cities.

THE ARCHITECTS

A new parliamentary district is placed between historical Berlin and the city district of Moabit as an enclosed and compact urban quarter. The existing main streets from Moabit and Berlin-Mitte are taken up and continued through the quarter. The large buildings of the constitutional entities (Bundestag, Federal Council, Federal Chancellery) are clearly visible and properly accentuated at the edge of the Tiergarten. Large public spaces offer these

buildings an environment for different uses as well as for appropriate representation. A densely developed area north of the Spree establishes a connection to the adjacent city. This structure and organization enables a mixture of urban uses which can contribute to a lively parliamentary and government quarter. The transitions to the Tiergarten are effectively handled, since the proposed boulevards, squares, spaces, and also the positions of individual

buildings of the quarter are placed in relationship to the path system of the Tiergarten.

THE JURY

Das städtebauliche Konzept zeichnet sich durch eine klare räumliche Gliederung aus. Die Innenfläche des Spreebogens wird in relativ kleinteiliger neutraler Blockstruktur allgemeinen städtischen Nutzungen vorbehalten. Dieser Bereich wird durch einen Verbindungskanal vom südlich angrenzenden Platz der Republik abgetrennt.

DAS PREISGERICHT

Den Stadtgrundriß des Spreebogens bilden keine Blöcke im tradierten Sinn, sondern eher große Häuser. Neben Einrichtungen der Bundestagsverwaltung sind hier Läden, Cafés, Gaststätten, Büros und Dienstleistungen untergebracht. Die oberen Geschosse sollen Wohnungen enthalten. Der Spreebogenkanal als städtischer Wasserlauf mit bebauter Kante steht in bewußtem Gegensatz zu den naturnahen Flußufern des Spreebogens. Der Kanal

übernimmt die Funktion des Schiffsanlegers.

DIE ARCHITEKTEN

Der hervorzuhebende Teil ist der als „Schiene" zwischen dem Reichstag und der Kongreßhalle aufzufassende Bereich für die Verfassungsorgane des Bundes. Zwischen den Gebäuden des Bundestages und des Bundeskanzleramtes sind jeweils Freiräume angeordnet, die sich zum Tiergarten hin öffnen.

Die für den Bundestag notwendigen Büroflächen befinden sich auf der Nord-Ost-Seite der Spree, der Stadt zugeordnet, aber auch im Bereich zwischen Pariser Platz und der Friedrich-Ebert-Straße. Die Konzentration von Büroflächen in einem vierteiligen Turmgebäude erscheint in dieser ansonsten kleinteiligen und maßstäblichen Struktur in Bezug auf das Arbeitsklima problematisch .

DAS PREISGERICHT

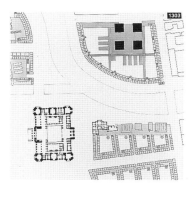

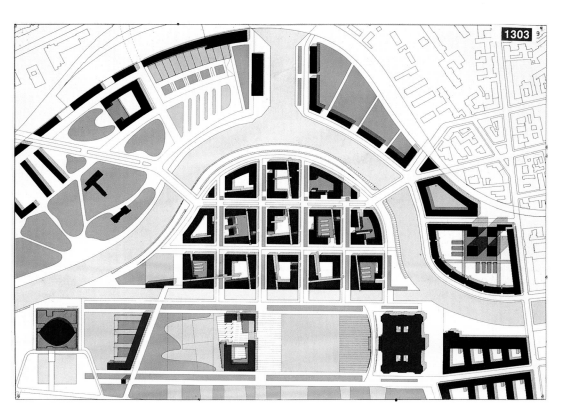

The planning concept is distinguished by its clear spatial organization. The inner area of the Spreebogen is reserved for general urban uses in a neutral block structure on a relatively small scale. A canal separates this area from Platz der Republik which borders it in the south.

THE JURY

The urban ground plan of the Spreebogen is defined by large buildings rather than by blocks in the tradi-

tional sense. In addition to various branches of the Bundestag administration, this area contains stores, cafes, restaurants, offices, and services. The upper stories are set aside for apartments.
The Spreebogen canal, with construction along both its sides, stands in conscious contrast to the natural river banks of the Spreebogen. The canal assumes the function of the wharf.

THE ARCHITECTS

The most striking aspect of this entry is the clearly defined functional strip for the constitutional entities of the federal government that extends between the Reichstag and the Congress Hall. Located between the buildings of the Bundestag and the Federal Chancellery are several open spaces facing the Tiergarten. The office spaces required by the Bundestag are integrated into the city on the northeastern side of the Spree, but also in the area between

Pariser Platz and Friedrich-Ebert-Strasse. The proposed concentration of office areas in a four-section tower could have a negative effect on work atmosphere and is difficult to reconcile with this otherwise modestly scaled plan.

THE JURY

Mario Maedebach, Werner Redeleit, Berlin

Hartmut Eckhardt + Petra Hahn, Darmstadt

Aus dem Flächenmodul des Reichstages leitet sich ein Gebäudetypus ab, der mit seiner Fläche (87 x 129 m) einem kleinen Berliner Block entspricht. Maßstab und Traufhöhe sollten sich an der strukturellen Matrix Berlins orientieren. Aus diesem Grund, sowie aufgrund der Behandlung des Reichstages/Bundestages als „Primus inter pares", schlagen wir eine straßenseitige Traufhöhe von 22 m vor.

DIE ARCHITEKTEN

Als städtebauliches Ordnungsprinzip wird innerhalb des Spreebogens eine homogene Blockstruktur angeboten.
Die Nordseite der Spree wird mit Wohnungen und anderen städtischen Nutzungen bebaut. Innerhalb des Spreebogens soll eine Monostruktur für die Nutzungen des Bundestags entstehen.
In dieser Blockstruktur werden auch die Baukörper für den Bundesrat, für den Bundeskanzler sowie für die Bundespressekonferenz geplant.
Die Unterbringung des Bundesrats zwischen Reichstag und dem für die Ausschüsse vorgesehenen Gebäude überzeugt nicht. Bezüge zu spezifischen Eigenarten des Ortes sind kaum erkennbar. Positiv zu erwähnen ist die Freihaltung des Spreeufers im östlichen Bereich.
Der in der Blockstruktur verbleibende offene Raum vor dem Reichstag ist zu gering bemessen. Die beiden Blöcke zwischen der Spree und dem Pariser Platz sind in Höhe und Fläche gut proportioniert.

DAS PREISGERICHT

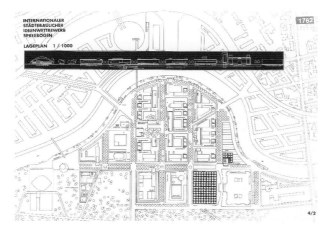

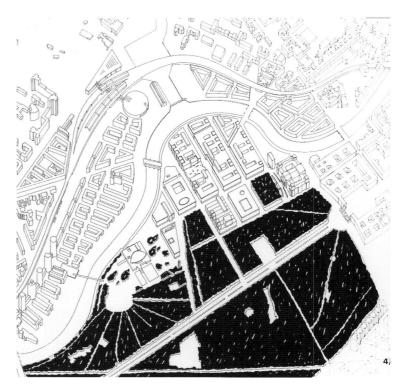

The spatial module of the Reichstag suggests a building type which corresponds in size (87 x 129 m) to a small Berlin block.
Scale and eaves height should be oriented to the structural matrix of Berlin. For this reason, as well as due to the treatment of the Reichstag/Bundestag as "first among equals", we propose a streetside eaves height of 22 m.

THE ARCHITECTS

This plan presents a homogeneous block structure within the arc of the Spree as the central structural principle.
The north side of the Spree is built up with housing and other urban uses. A monostructure for Bundestag-related uses is planned within the Spreebogen. This block structure also contains the building volumes for the Federal Council, the Federal Chancellor, and the Federal Press Conference.

The placement of the Federal Council between the Reichstag and the buildings provided for the committees is not convincing. There is scarcely any visible relationship to the specific features of the site. A positive aspect is the openness of the Spree bank in the eastern section of the area.
The block structure leaves an open space in front of the Reichstag which is far too small. The two blocks between the Spree and Pariser Platz are wellproportioned in height and area.

THE JURY

Durch die Ausweitung der Spree und des Humboldthafens soll das Wasser als besonders attraktives Element dem Parlamentsviertel seinen Charakter als hervorgehobener Ort verleihen.

DIE ARCHITEKTEN

Diese Arbeit ist ein origineller Beitrag zum Thema. Die Grundidee, für die städtebauliche Lösung den Innenraum der Spree zu fluten und den Bundestag auf eine Insel zu verweisen, ist jedoch als Beitrag zur Integration des Parlaments in die Stadt nicht tragfähig. Die klare Gliederung der Gesamtstruktur führt zu einer Trennung des überwiegenden Anteils der Flächen für den Deutschen Bundestag vom Reichstag als Solitär.

Zwischen der bestehenden Kongreßhalle, die für den Bundesrat genutzt werden soll, und dem Reichstag ist eine durchgehende Fläche vorgesehen. Diagonal über die Insel – vom Reichstag ausgehend – und über die Moltkebrücke führt ein langgestreckter Weg als Zugang zum Bundeskanzleramt. Das Bundeskanzleramt liegt mit seinem umgebenden Garten unmittelbar vor dem Lehrter Bahnhof im Widerspruch zu dessen Funktion als Hauptverkehrsknoten. Die räumliche Gliederung der Baustruktur auf der als Arbeitsparlament bezeichneten Insel bemüht sich um Maßstäblichkeit und räumliche Qualität.

Die schrittweise Realisierbarkeit dieses Konzeptes dürfte gerade im Hinblick auf die unterirdischen Verkehrstunnel problematisch sein.

DAS PREISGERICHT

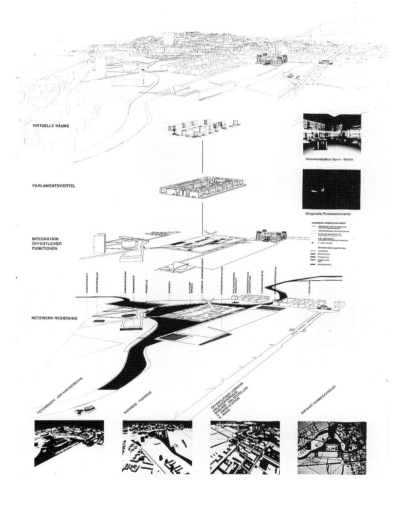

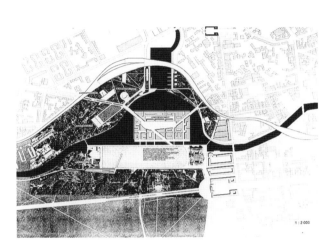

The expansion of the Spree and the Humboldthafen is intended to stress water as an attractive element that underlines the special character of the parliamentary quarter.

THE ARCHITECTS

This is a highly original response to the problem. The basic idea of flooding the inner space of the Spree and placing the Bundestag on an island is not feasible, however, as an approach to integrating the parliament into the city. The clear articulation of the overall structure ultimately separates most of the areas designated for the German Bundestag from the solitary element of the Reichstag.

An uninterrupted surface extends between the existing Congress Hall, which is to be used by the Federal Council, and the Reichstag. Starting from the Reichstag, a long path runs diagonally across the island and Moltke Bridge to the Federal Chancellery. The Federal Chancellery with its surrounding garden lies directly across from Lehrter Station, in contrast to the station's function as a main traffic node. The spatial organization of the buildings on the island, which is designated as a working parliament, aims at reasonable scale and spatial quality.

The underground traffic tunnels in particular prevent easy step-to-step implementation of the project.

THE JURY

Edouard Bannwart & Iris Hannewald, Berlin

Das Gebiet des Spreebogens lag stets an der Nahtstelle zwischen bebauter Stadt und dem offenen Gelände. Die Entscheidung für die Ansiedlung des Regierungssitzes dort warf erneut die Frage der Interpretation auf: städtisches Gewebe oder Park? Unser Vorschlag integriert das Gebiet in den Park. Die geräumig untergebrachten Regierungsfunktionen liegen vor allem im Bogen selbst. Sie sind in einem Element mit zwei vollkommen unter-

schiedlichen Seiten zusammengefaßt: einer halbkreisförmigen „Exedra", die sich zur Parkseite hin als grüner Hang präsentiert und zum Fluß hin den Anblick eines geschlossenen Blockrandes von moderater Höhe bietet. Als Zeichen des Respekts vor dem Reichstag sollte die Exedra leicht gen Westen gedreht sein.

DIE ARCHITEKTEN

Die gewählte bastionenartige Gebäudeform für den Bundestag mit großem, der Spree folgendem Bogen nutzt die vorhandene landschaftliche Situation. Die Chance, die das Bauen am Wasser bietet, wird leider nur für einen Teil der Räume genutzt. Die gewählte Ausformung der baulichen Grundrißform führt zu einer Vielzahl von unterirdischen Räumen und Wegen. Dies ist keine angemessene Lösung für das Parlament.

Bundesrat, Kanzleramt und Bundestag sind in ihrer gesamten Stellung gut situiert. Die bauliche Ausformung des Kanzleramtes als einziges Hochhaus in dem Gesamtgebiet, an der Kreuzung der Alleen, ist überzogen.

DAS PREISGERICHT

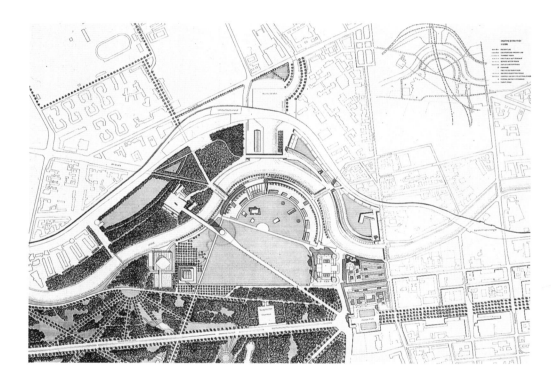

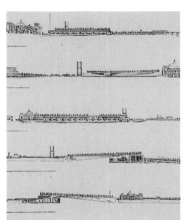

The Spreebogen area was for a long time on the edge between the built city and the open space. The decision of using it as the seat of the Federal Government once again brings up the question of interpreting it as builtup city fabric or as park. We propose to integrate it to the park. The Federal Government functions will be spaciously located in this area mostly in the river's bend; they will be combined in a twofaced element: an "exedra" which pre-

sents itself as a green slope towards the park, and as a building edge of moderate height towards the river. This exedra ought to be slightly rotated towards the West, in respect of the Reichstag.

THE ARCHITECTS

The fortresslike form chosen here for the Bundestag, with a large arc following the course of the Spree, takes advantage of the existing landscape. Unfortunately, the op-

portunity offered by construction on the water is used only for part of the space. The ground plan results in a number of underground spaces and paths. This is not an appropriate solution for the parliament.
The Federal Council, the Chancellery, and the Bundestag are generally well-situated. The choice of the Chancellery as the only highrise building, at the cross-section of the boulevards, is excessive.

THE JURY

Das Wettbewerbsgebiet kann auf zwei Wegen gedeutet und beantwortet werden; entweder gehört es zum Tiergarten oder zur Stadt. Im zweiten Fall können die neuen Gebäude die Grenzen der historischen Stadt verstärken.

Wir haben bewußt danach gestrebt, einen deutlichen Abschluß des geometrischen Stadtmusters zu erreichen. Damit können wir den fließenden, offenen, ökologisch wirksamen Tiergarten, der für Berlin so notwendig ist, deutlich kontrastieren. Die grüne Lunge Tiergarten wird daher bis in den Spreebogen mit einem einzigen großen grasbewachsenen Tal vergrößert.

DER ARCHITEKT

Die Verfasser wollen die räumliche und symbolische Bedeutung des Bereichs – durch Kontrast – zwischen kompakt bebauten und offenen Flächen hervorheben. Die offene Fläche kann multifunktionell genutzt werden und soll so in ihrer Offenheit Demokratie symbolisieren. Bundestag, Bundesrat und Bundeskanzleramt bilden zusammen mit dem Reichstag einen Raum und eine funktionelle Einheit. Die kompakten Bauten schaffen in Verbindung mit dem Spreeraum einen spannungsvollen Dialog zwischen neuer und alter Architektur. Zwischen dem Reichstag und dem Bundestag wird eine Passage mit zusätzlichen Funktionen vorgeschlagen, dies kann eine zusätzliche Attraktivität für die Nutzer und die zahlreichen Besucher darstellen.

Das intellektuelle und kreative Potential des Entwurfs läßt die deutlichen maßstäblichen, räumlichen und funktionalen Schwächen im Prinzip korrigierbar erscheinen und nimmt dem Entwurf nichts von seiner Stärke und seiner Originalität.

DAS PREISGERICHT

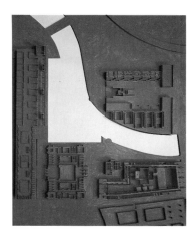

The competition site can be interpreted and answered in two different ways; either it belongs to the Tiergarten or to the city.

In the second case, the new buildings may reinforce the boundaries of the historic city.

We have consciously attempted to achieve a clear terminus of the geometric city pattern. This creates a clear contrast to the flowing, open, ecologically effective Tiergarten, which is so necessary for Berlin.

The green lungs of the Tiergarten are thus expanded into the Spreebogen with a single large grassy valley.

THE ARCHITECT

The authors want to delineate the spatial and symbolic meaning of the area by means of contrast between densely built areas and open spaces. The open spaces can be used for a variety of functions, and their openness is meant to symbolize democracy. The compact buildings, together with the Spree space, create an exciting dialogue between the new and old architecture.

A passage with supporting functions is proposed between the Reichstag and the Bundestag. This could become an additional attraction for the users and for numerous visitors. The intellectual and creative potential of the design suggests that its significant weaknesses in scale, space and function can be essentially corrected; they do not detract from the strength and originality of the design.

THE JURY

**Jan Henriksson,
Stockholm**

Editorische Notiz

Im folgenden werden alle zum Wettbewerb Spreebogen eingereichten Arbeiten dargestellt und anhand ihrer Modelle 17 unterschiedlichen Kategorien zugeordnet. Es wird damit versucht, die Fülle der Arbeiten nach typologischen Kriterien zu strukturieren, um sie lesbar zu machen und eine erste Auswertung des Wettbewerbes vorzunehmen. Die Kategorisierung wird als Hilfsinstrument eingesetzt, um Themenkreise, Arbeitsschwerpunkte bzw. Gemeinsamkeiten zu systematisieren und zu benennen. Diese Vorgehensweise ist nicht in allem unproblematisch, da sie abgrenzt, ausgrenzt. Sie kann nicht jedem Einzelfall gerecht werden, sondern hat das Ganze im Blick. Sie soll Kriterien und Merkmale herausarbeiten und Übersichtlichkeit in der Darstellung schaffen.

Nicht alle Entwürfe lassen sich nach eindeutigen Kriterien ordnen oder verkörpern lupenrein eine einzige städtebauliche Typologie. Mitunter stehen innerhalb einer Arbeit mehrere Ansätze nebeneinander oder überlagern sich. Ein konsequent auf Blockrastern aufgebautes Projekt kann ebenso prägnant die Nord-Süd-Achse, die Einbeziehung von Wasserflächen oder den Ost-West-Brückenschlag thematisieren. Damit gehören eine Reihe von Arbeiten genaugenommen mehreren Kategorien an, wurden aber dennoch nur einer, soweit möglich der deutlicher ablesbaren Kategorie zugeordnet. Andere Projekte überlagern im Ansatz ein sehr großes Spektrum von Planungsansätzen und Typologien ohne schwerpunktmäßige Vertiefung, oder sie sind ein auf sich selbst bezogenes Gesamtkunstwerk. Solche Arbeiten wurden dem Kapitel „Sonderlösungen und Mischformen" zugeordnet.

Ein Kurztext und einige ausgewählte Beispiele führen jeweils in die einzelnen Ordnungskategorien ein. Die Kommentare der Architekten zu ihren Arbeiten wurden den jeweiligen Erläuterungsberichten entnommen, die Beurteilungen des Preisgerichts zu den Preisen und Ankäufen entstammen der Anlage zum Protokoll der Preisgerichtssitzung. Im Sinne der Aussagekraft wurden besonders charakteristische oder kontroverse und, für die Beispiele in den 17 folgenden Kapiteln, auf den jeweils dominierenden Zug des Entwurfs bezogene Textpassagen ausgewählt. Im Sinne der Verständlichkeit wurden dazwischen liegende Passagen oder auch Satzteile weggelassen. Im Sinne der Lesbarkeit geschah dies stillschweigend, ohne Anführungs- und Auslassungszeichen, jedoch stets in dem Bemühen, dem einzelnen Text gerecht zu werden.

Editorial note

The following is a presentation of all proposals submitted for the Spreebogen Competition, with assignment of each submission represented by its model to one of 17 various categories. This presentation represents the attempt to structure the great number and variety of proposals according to typological criteria, in order to render them more easily legible and to enable initial evaluation of the competition proceeding. This categorization may be employed as a tool to help systematize and designate the various interrelated topics, points of emphasis, and common features encountered among the submissions. This procedure is not, on the whole, an unproblematic one, owing to the fact that it involves a process of marking off and ruling out. Since it treats the body of submissions as a whole, it cannot do justice in each individual case. Its purpose is to extract and elucidate criteria and salient characteristics, and to establish clarity and logical organization in the presentation.

Not all submissions can be classified according to definitive criteria, nor do all of them unambiguously embody one single urban design type. In certain cases, a single submission encompasses several parallel or superimposed approaches. One single submission consistently organized on the basis of block grids, for example, may thematically render in equally succinct form any one, or several, of the following: the north-south axis, the incorporation of bodies of water, or a link bridging east and west. As a result, a number of submissions should, strictly speaking, most properly be assigned to several different categories: in all cases, however, assignment was made to only one – to that category which, insofar apparent, is most clearly legible in the work. Certain other submissions superimpose an extremely large spectrum of planning approaches and types, without focussing in depth on any one point – or, individual submissions may also represent selfcontained, self-sufficing Gesamtkunstwerke. Such submissions were assigned to the section entitled "Special Solutions and hybrids."

Each of the individual classification categories is introduced by a brief text and a number of selected examples. The commentary provided by the architects for their submissions was taken from the respective explanatory reports, and the decisions of the jury regarding prizes and honorable mentions is quoted from the annex to the official jury deliberations and findings. For purposes of eloquence, selection was made of those text passages which may have been particularly characteristic or controversial – as well as of those excerpts which refer to the dominant characteristic of the submissions listed in the 17 following category sections. For purposes of clarity, passages and parts of sentences have been omitted between certain quoted sections. To facilitate ease in reading, these deletions have been made without quotation marks, ellipsis dots (...), or any other form of notification – but in all cases with the intent of doing full justice to the individual texts.

Die Arbeiten in typologischer Ordnung
The Entries in Typological Order

Baublöcke,
Blockstrukturen

Das Verständnis des Parlamentsviertels als verdichteter, aus traditionellen städtebaulichen Elementen – Straße, Platz, Garten, Block – gefügter Teil der Stadt, führte bei vielen Projekten zum Rückgriff auf Block – oder Rasterstrukturen. Teilweise wurde gleichzeitig der Grundriß des Alsenviertels rekonstruiert. In anderen Fällen füllen Blockraster den Halbkreis des Spreebogens auf und orientieren ihre Orthogonalität an der Ausrichtung von Reichstag

und Platz der Republik. In einigen Beispielen bilden Blockstrukturen auch auf sich selbst bezogene, vom Umfeld gelöste städtebauliche Eigenheiten. Fast immer wird die Blockstruktur der Dorotheenstadt bis zur historischen Stadtkante hinter dem Reichstag weitergeführt. Das Reichstagsgebäude wird Verbindungsglied zwischen Dorotheenstadt und Parlamentsviertel.

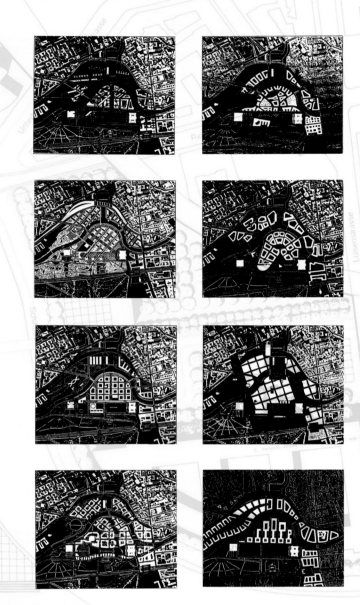

Concepts of the parliament district as a compressed component of the city composed of traditional urban architectural elements – street, square, garden, and block – prompted many architects to resort to block or grid structures. At the same time, some of them proposed the reconstruction, to a certain extent, of the Alsen District. In other cases, block grids fill the semicircle of the Spreebogen and orient their orthogonality along directions established by the Reichstag and the Platz der Republik. In certain examples, block structures additionally establish urban design features which are self-referential and segregated from their surroundings. In almost all projects, the block structure of Dorotheenstadt is extended to the historical bordering urban edge behind the Reichstag – which thereby becomes a linking element between Dorotheenstadt and the parliament district.

Blocks and Block Structures

Der Spreebogen wird gefaßt wie der Schwung des Canale Grande an der Rialtobrücke in Venedig, aber auf Berliner Art. Es wird eine Kulisse angeboten, die bezaubern soll. Sie wird an den Rand einer weitläufigen Wasserfläche, in direktem Dialog mit Kanzleramt, Bundesrat und Abgeordnetengebäude, gesetzt. Dieses neue Herz Berlins ist wandel- und anpassungsfähig. Die blockartige Stadtstruktur erlaubt jede Art von Korrektur, ohne daß der Gesamteindruck darunter leidet oder das Stadtbild gefährdet wäre.

Voraussetzung ist, daß die Regierungsmitglieder bereit sind, in einer Stadt zu arbeiten, die Straßen, Plätze und eine Vielfalt von Funktionen anbietet. Damit sich städtisches Leben entwickeln kann, benötigt man, über das geforderte Funktionsangebot hinaus, Läden, Dienstleistungseinrichtungen und Handwerk. Der Hauptbahnhof wird am Wendepunkt des Flußmäanders angesiedelt. Aus der Bahnhofshalle heraustretend, überblickt man die ganze „Regierungsinsel".

Die Architektur der einzelnen Bauten sollte, einer demokratisch pluralistischen Idee verpflichtet, von möglichst vielen Architekten realisiert werden.

DIE ARCHITEKTEN

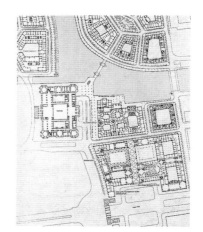

The Spreebogen is framed in a similar fashion as the curve of the Grand Canal at the Rialto bridge in Venice, but done in Berlin style. A stage set is proposed to an enchanting effect. It enters in direct dialogue with the Chancellery, Bundesrat and members' offices, at the edge of a large expanse of water.

This new heart of Berlin has the ability to change and to fit in. The block-like city pattern can permit any sort of correcting alteration without damaging the overall impression or endangering the cityscape.

The precondition of this project is that the government members are prepared to work in a city which has streets, squares, and a variety of functions to offer. In order for an urban lifestyle to develop, it is necessary to go beyond the required scope of functions and offer shops, service facilities, and arts and crafts. The main train station will be placed at the point of transition of the winding path of the river. Stepping out of the station hall, one can survey the whole of the "government island".

The architecture of individual buildings, bound to a democratic, pluralistic ideal, should be carried out by as many different architects as possible.

THE ARCHITECTS

Der Entwurf soll dem Spreebogen die Identität und Ausstrahlung eines die Identität und Ausstrahlung eines Ortes geben, der eine Synthese aus der traditionellen europäischen Stadt und der modernen technisch orientierten Stadt bildet.

Ausgehend von der Achse des Reichstags und von der Moltke-brücke werden Sichtkorridore entwickelt. Sie sind die Grundlage des Blockrasters, das sich bis in das Gebiet nördlich der Spree ausdehnt.

Die Achse Reichstag – Bundesrat markiert dabei den Übergang vom formalen Raster im Norden zu den frei gestalteten Ausläufern des Tiergartens im Süden.

Der Entwurf ordnet die Freiräume und Sichtachsen in einer Hierarchie. Deutlich unterschiedene Landschaftskonzepte kennzeichnen diese Räume.

Der frühere Platz der Republik wird in einen weniger formalen linearen Park umgewandelt und dem Raster

folgend gegliedert.

Die Blockstrukturen werden im Entwurf folgendermaßen definiert: Besondere Einzelbauten für den Reichstag, den Bundesrat und das Bundeskanzleramt; die Blöcke enthalten die Parlamentsfunktionen, welche das Raster festlegen; Eingangstürme am Südrand definieren die Grenzen des linearen Parks und des Tiergarten; Geschäftsblöcke und Wohntürme nördlich des Spreebogens setzen die Rasterordnung

fort und definieren den Uferraum. Das Rastersystem gibt Parzellen für die einzelnen Gebäude mit durchgehenden Maximalhöhen, Baulinien und Straßenwänden vor. Die Blockstruktur erlaubt eine freie Entwicklung der Fassaden, so daß Vielfalt und visuelle Faszination gewährleistet sein sollen, ohne die Einheitlichkeit der Blöcke zu zerstören.

DIE ARCHITEKTEN

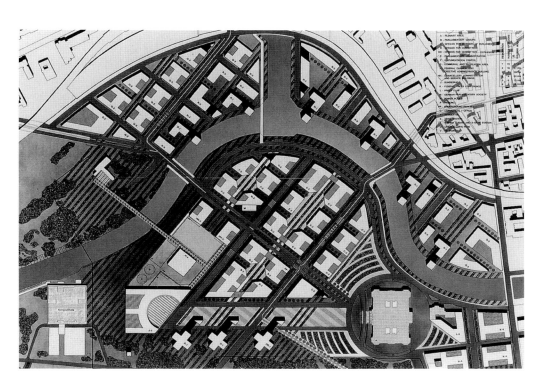

The urban plan for Spreebogen provides an identity and sense of place, representing a synthesis of the traditional European city and the modern technical city. View corridors developed from the Reichstag-Axis and the Moltke-Brücke are the basis for the blocktype urban grid, which in turn extends to the areas north of the Spree. The axis Reichstag-Bundesrat acts as the transition from the formal urban grid to the north to the free edge of the Tiergarten to the south.

The plan establishes a hierarchy of open spaces and view corridors. Distinctly different landscape concepts distinguish and identify these spaces. The former Platz der Republik is transformed into a less formal linear park structured by the urban grid.

The plan defines the major block structures: special buildings for the Reichstag, Bundesrat and Federal Chancellery; block-type buildings housing parliamentary functions,

which define the urban grid; gate towers at the southern edge which define the linear park and the Tiergarten; commercial blocks and residential towers north of Spreebogen which continue the order of the grid and define the river edge.

The grid system creates parcels for individual buildings or houses with consistent height limits, building lines and street walls. The massing blocks allow for freedom of façade development which in turn will cre-

ate variety and visual interest without detriment to the unity of the blocks.

THE ARCHITECTS

83

Baublöcke, Blockstrukturen

Holt Damant Associates,
Melbourne, Victoria

Gert Wingårdh, Göteborg

Bernd Albers, Berlin

Stintzing Arkitekter, Stockholm

Saša Randić, Rijeka

Magnus Månsson, Olov Schultz,
Per Olov Werner, Göteborg

Rollenhagen + Grossmann, München

Hamilton & Li Affiliated Architects,
Toronto

Thomas Möhlendick, Rainer Ottinger,
Berlin

Origo Arkitekter, Stockholm

Wolfgang Döring, Düsseldorf

Giovanni Albera, Nicola Monti, Milano

Dietmar Kuntzsch, Daniel Frankenstein,
Hannelore Kossel, Berlin

Martin Schönfeldt, Philipp Jamme,
Berlin

Bernd Grüttner, Soest

Gianpiero Melchiori, St. Gallen

Jean-Claude Meersseman,
Christian Tolosa, Paris

Nguyen Trong Thiet, Bernburg

Mandel Sprachman, Toronto

Harald Meißner,
Nicola Fortmann-Drühe, Witten

Blocks and
Block Structures

Fritz Weber, Wien

Ulf Huettner, Hannoversch Münden

The Ash Consulting Group, Didcot Oxon

Udo Knopp, Brey

Sebastian E. Kapretz, Berlin

**Bernard Paurd, Dimitri Chpakowski,
Paris**

Marc-Andreas Kocher, Zürich

**Arthur Golding and Associates,
Los Angeles, CA**

Bijan Youssefzadeh, Grand Prairie, TX

**Pierre Paul Marie Blandin,
Aix-en-Provence**

Reinhold A. Mahler, Barbara Macaulay,
Boston, MA

**Blocks and
Block Structures**

Zeilen, Riegel, Sticks

Eine Reihe von Projekten bauen sich primär an repetitiven Zeilenstrukturen oder einzelnen, langgestreckten Riegeln auf. Die Zeile wird als Begrenzung, als Leitlinie eingesetzt, die als wichtig erachtete Sicht- und Wegebeziehungen oder Stadträume markiert. Sie gibt Bewegungs- und Kommunikationslinien vor. Zeilen-Cluster dienen als „Filter" zwischen dem Grünraum des Tiergartens und der dichten Bebauung der Stadt.

Bepflanzungen ziehen sich zwischen die Zeilen. Es wird eine Offenheit geschaffen, die trotz mitunter hoher Bebauungsdichte die unmittelbare Verbindung zwischen Tiergarten und Spreeufer aufrecht erhält. In einigen Fällen folgen Zeilen als Radialen dem Verlauf des Flusses und markieren mit ihren Zeilenköpfen eine „offene" Uferkante.

A number of projects are built up primarily along repetitive row-type structures or solitary, long bar-shaped buildings. Rows are used as borders, as lines of orientation that demarcate important visual or (pedestrian) traffic connections or urban spaces. They define the lines of movement and communication. Clusters of rows act as "filters" between the green spaces of the Tiergarten and the densely built-up urban fabric.

Vegetation stretches out between the rows. Thus an openness is created that maintains the immediate link between Tiergarten and the bank of the Spree, despite the sometimes highly densified development. In some cases these rows radially trace the course of the river and denote with their ends an "open" edge for it.

Bars, Rows, Sticks

Das war Berlin: eine geschlossene Stadt, aber offener als alle anderen Städte. Wenn das Potential von Berlin darin liegt, daß die Definition seiner Rolle völlig offen ist, so muß das zukünftige Regierungsviertel im Spreebogen darin seine Entsprechung finden: ein Archipel der Offenheit, eine Architektur der Begegnung, in der Gespräche, Meinungsaustausch, politischer Disput, Toleranz und ernsthafte Arbeit ihre Räume finden.

Fächerförmig blättern sich im südlichen Teil des Spreebogens, ausgehend vom zukünftigen Bundestag, die eng mit ihm verbundenen Gebäude der Regierung auf. Das Ende des Fächers wird vom Bundeskanzleramt besetzt. Ihm gegenüber steht der Bundesrat, der, aus der Ost-West-Achse gerückt, die ideelle Verbindung zum Plenum aufnimmt. Die Kongreßhalle wird, über den in einen Grünzug übergehenden Platz der Republik, in die zukünftige Trias von Bundestag, Bundesrat und Kanzleramt zwanglos einbezogen.
DIE ARCHITEKTEN

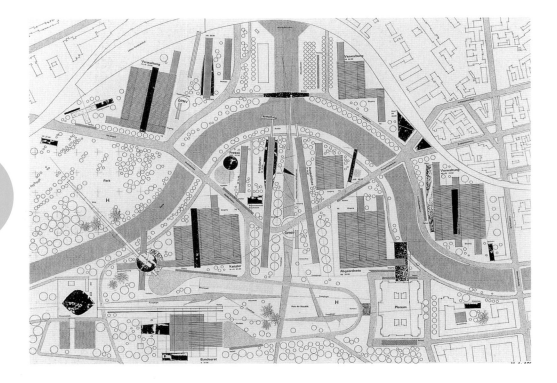

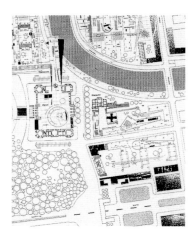

Berlin: once a closed city, but still more open than all other cities. If the potential of Berlin consists in the fully open definition of its role, then the future government quarter in the Spreebogen must find expression within it: an archipelago of openness, an architecture of encounter, in which discourses, exchange of opinions, political dispute, tolerance, and serious work can take place. In the southern part of the Spreebogen, beginning at the site of the future Bundestag, the government buildings closely related to it spread out in a fan. At the end of the fan is the Federal Chancellery. Across from it is the Bundesrat, which steps slightly out of the east-west axis and assumes an ideal connection to the plenum. Across the Platz der Republik, the Kongresshalle is informally incorporated into the future triad of the Bundestag, Bundesrat, and Chancellery.
THE ARCHITECTS

Das Grundprinzip ist eine Aufteilung des Gebietes in fünf lineare Zonen. Die erste Zone („Plaza") ist der Platz der Republik mit Reichstagsgebäude und Kongreßhalle. Die zweite Zone ist die der Regierungsgebäude, die übergreifend von einem durch den Spreebogen beschriebenen großen Kreis vereint werden. Die dritte Zone, der „Strip", ist ein Stück der vorhandenen Stadt, das sich in diesen Bereich hinein erstreckt und wie die Stadt multifunktionalen Charakter hat. Die vierte Zone mit der Enklave des Bundeskanzleramts ist parkähnlich, die fünfte, als Erweiterung Moabits, ein Wohngebiet. Die Prinzipien von Transparenz und Kommunikation spielen eine wichtige Rolle; viele der Gebäude sind buchstäblich transparent. Die Plaza kann nicht den umbauten, raumartigen Charakter eines traditionellen städtischen Platzes haben. Statt dessen ist sie ein linearer Raum, von zwei Seiten eingeschlossen, aber an beiden Enden gibt sie den Blick frei. Auf der nördlichen Seite vermittelt das monumentale Dach, das alle neuen und alten Gebäude verbindet, die Wirkung von räumlicher Geschlossenheit, ist in Wirklichkeit jedoch transparent. Die Büros des Bundestags sind in netzartig verwobenen, aufgeständerten, schlanken und 18 m breiten Querriegeln untergebracht. Sechs Türme von 40 m Höhe sind die einzigen vertikalen Elemente der Komposition und fügen die verschiedenen Teilbereiche des Gebietes zusammen.

DIE ARCHITEKTEN

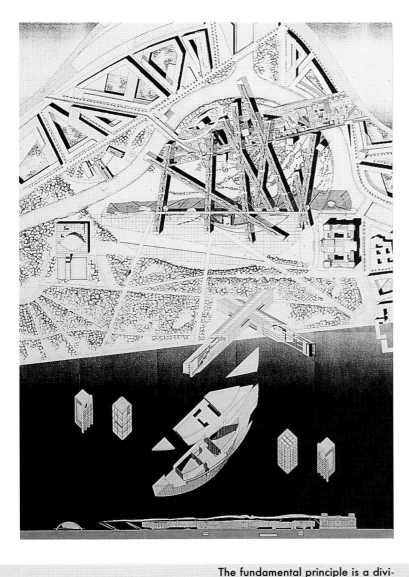

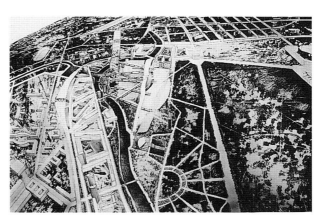

The fundamental principle is a division of the site into five linear zones. The first zone is that of the Platz der Republik ("plaza") with the Reichstag and the Kongresshalle. The second zone is that of the government building, which are superimposed on a great circle suggested by the shape of the Spreebogen. The third zone is that of the Strip. It is a piece of the existing city extended into the site and is – like the city – multifunctional. The fourth zone with the enclave of the Chancellery is parklike. The fifth zone, an extension of the Moabit neighborhood, has residential function. The concepts of transparency and communication play an important role in the project; many of the buildings are literally transparent. The plaza cannot be of the enclosed, roomlike character of a traditional urban square. It is instead a linear space, enclosed on two sides but open to long vistas at the ends. On the north side, the monumental roof linking together all the buildings, old and new, implies spatial closure, but is in fact transparent. The offices for the Bundestag are in a network of slim, elevated, 18 m wide bars. Six towers of 40 m heights are the sole vertical elements of the composition; they stitch the various parts of the site together.

THE ARCHITECTS

**Thomas Rosenkilde & Rob Dubois,
Sant Just Desvern, Barcelona**

**Ebbo Müller-Rehm, Horst Hielscher,
Berlin**

Hardy Baier, Düsseldorf

Hermann & Valentiny, Remerschen

**Eckert, Negwer, Sommer, Suselbeek,
Berlin**

92

Meinhard von Gerkan, Hamburg

Kenneth L. Warriner, jr., Troy, NY

Margarita Costa Trost, Barcelona

Erik M. Hemingway, San Francisco, CA

**Frei & Ehrensperger, Lukas Schwarz,
Zürich**

C. Nicholls, D. Blott, London

**Bruce Graham, Andrew Berman,
Westport, CT**

COOP Himmelblau, Wien

**Christoph Gysin, Marco Schmid,
Carola Krischer, Francis Rossé, Basel**

Vincenzo Maurizio Presenti, Catania

Weber + Hofer AG, Zürich

**Aurelio Cortesi, Laura Andreini,
Marco Casamonti, Giovanni Polazzi,
Fabrizio Rossi Prodi, Firenze**

A. Scheiwiller & M. Oppliger, Basel

Yadegar Asisi, Berlin

Peter Myers, Newtown, NSW

**B. Vaudeville, M. David, D. Morgan,
E. Verstrepen, Paris**

**Bars, Rows,
Sticks**

Andrew Alberts, Rainulf Elmat,
Jörg Liebmann, Berlin

Robert Wimmer, Salzburg

Franco Bernardini, Roma

Geert Buelens, Veerle Vanderlinden,
Paris

Zvi Hecker, Berlin

Jérôme Duclos, Paris

Christoph Mayrhofer, Wien

Gustavo Berenblum, Claudia Busch,
Key Biscayne, FL

Carlo Ferraro, Mesagne

Bertrand Bonnier, Paris

**Pierre-Michel Quaile, Stephane Bosc,
Nîmes**

**Annie Vrychea, Solon Xenopoulos,
Takis Frangoulis,
Eleni + Maria Hadjinicolaou,
Petros Synadinos, Athen**

**Theodor Seifert, Stefan Dobrowolski,
Darmstadt**

John Anthony O'Reilly, New York, NY

Jean Dimitrijevic, Paris

Peter Schweger & Partner, Hamburg

Paolo Merlini, Padua

**Rocholl, Schaedel & von Wehrden,
Neu-Isenburg**

Klein & Muller, Luxembourg

**Bars, Rows,
Sticks**

Kreisfiguren

Die Geometrie des Spreebogens läßt sich in ihrer Essenz auf eine Kreisform zurückführen. Der spielerische Umgang mit der Geometrie des Kreisbogens, mit konzentrisch oder radial angeordneten Bebauungsformen oder Parkgestaltungen, mitunter auch die Verlagerung der dem Spreebogen entlehnten Kreisform, stehen im Mittelpunkt dieser Arbeiten. Die Kreisform ist auf eine präzise geometrische Mitte bezogen. Bereits die Straßen des ehemaligen Alsenviertels (Moltke-, Alsen-, Roonstraße) fluchteten von den Spreeufern aus auf den Alsenplatz als Mittelpunkt der Spreebogengeometrie und werden zum Teil wieder aufgegriffen. Die Kreisform wird in einigen Projekten als Urform und Sinnbild von Versammlung und Kollektivität verstanden.

96

Kongreßhalle

The geometry of the Spreebogen is essentially circular. Playful handling of the geometry of this arc plays a central role in these projects – with concentrically or radially configured development forms, or park designs, and also occasionally with displacement of the circular form derived from the Spreebogen. The circular form is referenced to a precise geometric center. The no longer existent streets of the former Alsen District – Moltke, Alsen, and Roon Streets – already ran in spoke fashion from the Spree banks toward Alsen Square as focus of Spreebogen geometry, and have been partially revived in these submissions. A number of architects have interpreted the circular form here as archetype and symbol of assembly and collectivity.

Circular Figures

Der Kreis einer kleinen Menschengruppe als Urform und Forum der Demokratie einerseits und der Spreebogen als Makroform der Stadtstruktur andererseits stehen für die Grundidee des Planungsvorschlags.

Zentrale Themen der Architektur sind die Kreisbogenstruktur und die in Terrassen gegliederten Baukörper, deren Funktion es ist, dem Stadtbild seine Wirkung zu erhalten und ein unbürokratisches Erscheinungsbild zu gewährleisten. Die „fünfte" Fassade der Terrassengebäude – die Dachterrassen – sind als begrünte Dächer für eine aktive Nutzung vorgesehen. Der Abgeordnetenbereich schafft durch seine Form den neuen zentralen Stadtraum. Dadurch wird dieser neue Raum in seiner städtebaulichen Hierarchie betont. Dimension und Charakter des Platzes der Republik als repräsentativer Vorplatz am Reichstagsgebäude bleiben erhalten.

Das Spreeufer ist parkartig gestaltet (öffentliche Gebäude im Park) und behält diesen grünen Charakter bis hin zum Humboldthafen. Von hier aus wandelt sich das Erscheinungsbild des Spreeufers, indem der Flußraum eine urbanere Abgrenzung durch die kompakte Uferbebauung erhält.

DER ARCHITEKT

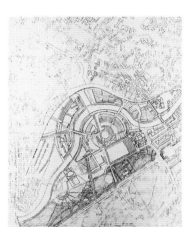

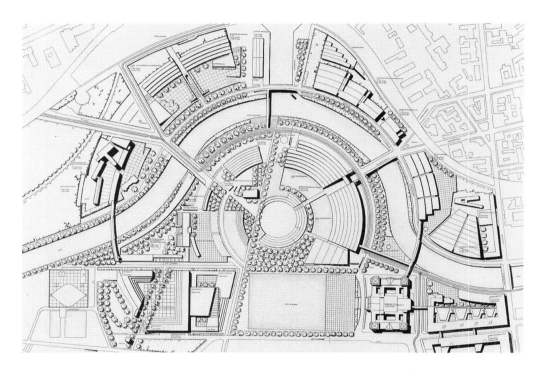

The fundamental concept of the design proposal is based on the notion of a circle of a small group of people as the original form and forum of democracy, and on the role of the Spreebogen as the macroform of the urban structure.

The central architectural motifs are represented by the circular structure and the terraced volumes, whose role is to help the cityscape retain its impact and to avoid a bureaucratic look. The „fifth" façade of the terraced buildings – the roof terraces – is envisaged as roof gardens to be actively used. Through its form, the area for the members of parliament creates a new central urban space. This new space in turn is emphasized in its urban hierarchy. The dimension and character of the Platz der Republik as a symbolic public forecourt at the Reichstag building are maintained.

The bank of the Spree river has a parklike character (public buildings in the park) and retains this green character up to the Humboldthafen (harbor). From here on the appearance of the riverbank changes; it takes on a harder urban edge in the form of dense building development along the banks.

THE ARCHITECT

Ein leerer Raum. Der Mittelpunkt der Bundesrepublik Deutschland soll nicht von Gebäuden umrissen werden, sondern er soll als ein Stück Land von Bäumen umschrieben sein, in mehreren Reihen um den grasbewachsenen Boden gepflanzt. Eine große Geste, erzielt mit einfachen Mitteln. Der Ring aus Bäumen steht frei, die Bauten weichen einem würdigen Stück Erde.

Diese prägende Geste verbindet den Spreebogen mit dem baumbestandenen Tiergarten. Das Thema der Berührung mit dem städtischen Gewebe wird nur östlich des Reichstags und jenseits der Spree angesprochen.

Das Kreissegment mit den Büros für Parlament und Kanzleramt soll sich allen durch diese Landschaftsgestaltung auferlegten Beschränkungen unterwerfen.

Auf dem östlichen Ufer der Spree werden Muster und Maßstab der alten Stadt aufgenommen, jedoch von sehr hohen Bürotürmen durchbrochen.

Der Bundesrat soll in bessere Balance zum Ganzen treten und wird nördlich des Bundestags angesiedelt. Das neue Gebäude hat eine Südfassade zur Spree, und der Fluß erweitert sich hier zu einem Becken, das wiederum die Verbindung zur Nordfassade des Reichstags herstellt.

Westlich der Spree, zwischen Humboldthafen und Moltkebrücke, ist der gesamte Bereich zwischen Fluß und S-Bahn-Gelände für Sportstätten reserviert.

DIE ARCHITEKTEN

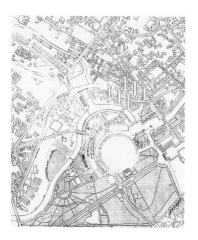

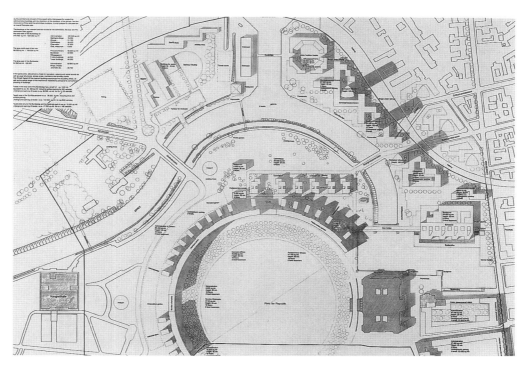

An empty space. The hub of the Federal Republic should not be delineated by buildings, but should be defined as a piece of land within a circle of trees planted in several rings around a grass field. A grand statement achieved by modest means. The ring of trees stands unencumbered, the buildings defer to a venerable piece of land.

This prime gesture unites the Spreebogen with the woodlands of the Tiergarten. The issue of borderlines with the surrounding urban fabric comes up only east of the Reichstag and across the Spree.

The circular element with the offices for parliamentary and chancellery administration shall conform to all restrictions imposed by this landscaping.

On the eastern bank of the Spree, the revived pattern and scale of the old town is interspersed with very high office towers.

For the Bundesrat, a more subtle balance is intended by bringing it to a site north of the Bundestag. The façade of the new building is oriented to the south, towards the river, which forms a basin relating to the north elevation of the Reichstag building. In the western section, between Humboldthafen and Moltkebrücke, the entire area between the river and the elevated railway is designated for sports.

THE ARCHITECTS

Sørensen, Abildgaard, Johansen, Sørensen, København

Die Antwort auf die Aufgabenstellung ist die Auseinandersetzung mit der Darstellung der Regierungsform „Demokratie" in ihren Bauten, Freiräumen und Sichtbeziehungen. Erschwert wird diese Antwort durch die erforderliche Mitnutzung des historischen, kaiserlichen Reichstagsgebäudes. Die Monumentalität des Reichstagsgebäudes mit seiner Masse, plastischen Ausformung und seinem achssymmetrischen Zwang wird gebrochen.

Die Gesamtstruktur des „Parlamentsviertels" basiert auf den städtebaulich bestimmenden Richtungen von Unter den Linden/Straße des 17. Juni, Wilhelmstraße und Ebertstraße. Der zentrale Freiraum wird als „Campus" und, in Erweiterung des Tiergartens, als öffentlicher „Park der Republik" mit Rasen, Bäumen und Wasserflächen ausgeformt. Die Neubauten umgreifen den Campus, bleiben aber durchlässig zur Spree.

Ergänzungsbauten für Parlament und Regierung – Botschaften, Gesandtschaften, Konsulate u.a.m. - erstrecken sich als Arrondierung und Stadtrandverdichtung entlang des Tiergartens im Süden und Osten. Am nördlichen Spreeufer entsteht eine Stadtkante mit regierungsnahen Wohn- und Einkaufsflächen.
DIE ARCHITEKTEN

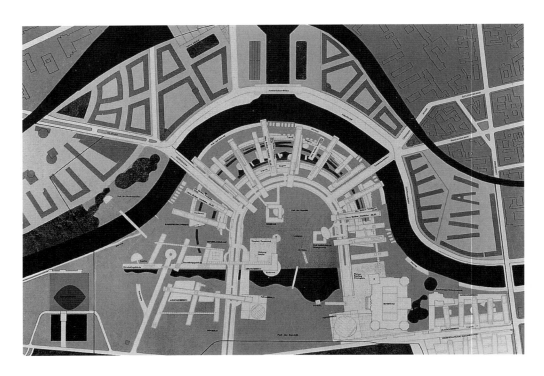

The answer to the task presented here arises from considering the proper expression of a democratic form of government – in built form, open spaces and visual relationships. This answer is made complex by the requirement to use the historic, imperial Reichstag building. The monumentality of the Reichstag building, with its mass, sculptural outer form, and power of axial symmetry is broken.

The formal pattern of the „Parliament district" is based on the contextually determining directions of Unter den Linden/Strasse des 17, Juni, Wilhelmstrasse, and Ebertstrasse. The central open space is formed as a „campus" and extends the Tiergarten as a public „Park der Republik" with grass, trees and water areas. The new buildings surround the campus, but remain accessible up to the Spree.

Support buildings for the parliament and government – embassies, missions, consulates, etc. – round off the area and extend as a dense urban edge along the Tiergarten in the south and east. On the northern riverbank an urban edge with government residential and shopping areas is built up.
THE ARCHITECTS

Der Weg vom Lehrter Bahnhof hin zu den Parlamentsbauten und dem Reichstag ist als visuell bewegendes Erlebnis angelegt, mit axialen Bezügen, großartigen Blicken, dynamischen Bauten und weiten umschlossenen Räumen, die alle ihre Rolle darin spielen.

Die kreisrunde Hängebrücke führt zwischen den geneigten Glaswänden des Atriums der Bundespressekonferenz und eines ähnlichen Gebäudes für die anderen Medien hin-

durch. Auch bestehen Blickverbindungen zwischen der runden Brücke und den Parlamentsgebäuden. Die wichtigste Wegeführung für Fußgänger leitet über einen Ring über einen künstlich angelegten See in eine Abfolge von Räumen über, die schließlich in den Platz der Republik münden.

Aus der anderen Richtung galt es den Tiergarten in den Platz der Republik hineinzuziehen und neue Blickachsen im traditionellen Sinn

herzustellen. Zu diesem Zweck wird das Bundeskanzleramt auf der Achse plaziert, die zentral durch den Platz der Republik und zum Brandenburger Tor verläuft. Weitere derartige Achsen werden geschaffen, indem Straßen zum Zentrum des Platzes hingelenkt werden, wobei das Sowjetische Ehrenmal nicht beeinträchtigt, sondern im Gegenteil stärker herausgestellt wird. Auch die Große Querallee wird in den Platz hineingebogen, Blicke bis

zur Bismarckstraße hin tun sich auf. Kleinere Achsen werden nicht zentral, sondern tangential geführt, sie gehen an den Parlamentsbauten vorbei und lenken den Blick auf die fernen Ufer der Spree.

DIE ARCHITEKTEN

The passage of people from Lehrter Bahnhof through to the parliament buildings and the Reichstag has been conceived as a visual moving experience with axial relationships, grand vistas, dynamic buildings, large enclosed spaces, all playing a part.

The circular suspension bridge leads one between the sloping glazed atrium walls of the Federal Press Conference building and a similar building for other media.

Views from the circular bridge can also be gained of the parliament buildings. The main pedestrian route will be over an artificial lake ring into the succession of spaces which becomes eventually the Platz der Republik.

From the other direction the Tiergarten was to be bent into the Platz der Republik and new vistas were opened up in a traditional way. This is achieved by the Federal Chancellery being placed on the direct axis

through the centre of the Platz der Republik to the centre of the Brandenburger Tor. Similar axes are formed with roads being bent into the centre of the square, not affecting but enhancing the Russian war memorial. The Große Querallee has been bent into the centre of the Platz, thus opening further vistas through to Bismarckstraße. Other minor axes come not through the center, but tangential, passing through the parliament buildings

with views of the Spree banks in the distance.

THE ARCHITECTS

Robin Clayton Partnership, Liverpool

Kreisfiguren

Patrick Verbauwen, Marseille

Luc Doumenc, Montpellier

Ted Mahl, San Francisco, CA

Bo Larsson, Vlade Naumovski, Lund

ass architects, Genève

Emanuela Parma, Maurizio Carones,
Giovanni Rebolini, Milano

Giovanni Cardinali, Alfio Barabani,
Alessandro Gabrielli, Bruno Guerri,
Perugia

Jensen + Jørgensen + Wohlfeldt,
Frederiksberg

Ron. D. Szypura, St. Gallen

PLAREL, Lausanne

Trix + Robert Haussmann, Zürich

Erich Schneider-Wessling, Köln

Pfeiffer, Ellermann & Partner, Berlin,
Lüdinghausen

Ezzeddine Chemli, Strasbourg

Eckhard Liebricht, Berlin

Peter Busmann, Godfrid Haberer,
Alfred Bohl, Köln

Bernhard Kuhn, Wiesloch

Raimund Beil, Siegfried Held, München

Thomas Klopsch, Louis Muller, William
Murphy, New York, NY

Saudi Designers, Riad

Circular Figures

Kreisfiguren

Bruno Viganó, Milano

Reinhard Fritsch, Oldenburg

Gilbert-Pierre Pignot, Paris

Ottokar Indrak, Hans Peter Kops, Wien

Antonio Petrilli, Como

Horst Beier, Braunschweig

Angerer der Ältere, Bitburg

Roger A. Pavan, Thornhill, Ontario

Radosveta Doytcheva, Iiliana Doycheva,
Randy Shear, Donald Hackl,
Loebl Schlossmann, Chicago, IL

Michael Heinrich, Venice, CA

d-Compass, Dublin

Pierre-André Louis, Lyon

Antonino Fontana, Rasto Kirn, Wien

Mühlemann & Partner, Grenchen

Ekkehart R. J. Schwarz, New York, NY

Elías Mas Serra, Bilbao

Jacek Buszkiewicz, Eryk Sieinski, Poznań

Tchudomir Pavlov, Svetla Davidkova, Mitio Videlov, Sofia

Manfredi Nicoletti, Roma

Eberhard H. Zeidler, Toronto

Circular Figures

Kreisfiguren

Atelier WWZ, Berlin, Stuttgart, Zürich

Fred Simon, Neckargemünd/ Heidelberg

Mullins Associates, Durban

Takashi Kato, Kawasaki, Kanagawa

Greg Bucilla, Bruce Cashin, Irvine, CA

Börkur Bergmann, Montreal

Jorge Manuel Brunetto, Roma

Diego Toluzzo, Santa Maria Hoè, Como

Tadashi Matsumoto, Yamashinaku, Kyoto

Thomas Volkart, Zürich

Alfonso Mayer, Franca Bertok,
Carlo Prior, Davide Vianello,
Marco Meneguzzo, Mogliano Veneto

Ingo Schmitt, Kaiserslautern

Maarten Willems, 's-Hertogenbosch

Roman Barna, Irakli Eristavi,
Boris Hrbáň, Lubomir Ondrejka,
Spisska u. Ves

Lorenzo Zamperetti, Bolzano

Yukihiko So, Tokyo

Gunars Milics, Lion's Head, Ontario

Giulio Fano, Bari

Joseph di Pasquale,
Armando Scaramuzzi, Milano

Ivan Simovic, London

Circular Figures

Andrzej Lorenc, Jaworzno

Jun Xia, Denver, CO

Pietro Derossi, Torino

**Jacek Cybis, Stefan Westrych,
Stefan Wrona, Warszawa**

Ulrich Findeisen, Köln

Heikki Saarela & Topi Tuominen, Helsinki

Navarro, Jäger, Moiba, Otto, Darmstadt

**B. Nicol Bensley, Carolyn A. Young,
Basking Ridge, NJ**

Minoru Takeyama, Tokyo

Achille Michelizzi, Firenze

**Lily del C. Berrios, Walter Miller,
Atlanta, GA**

**Ivan Nikiforov, Rossitza Nikiforova,
Ivan Tatarov, Krum Damjanov, Sofia**

Robert Crouzet, Montpellier

**Mirosłav Jednacz, Marek Malanowski,
Warszawa**

Lidia Milenkova, Sofia

Cai He-Nian, Beijing

Circular Figures

Die symbolische und repräsentative Bedeutung des künftigen Parlaments- und Regierungsviertels wurde bei diesen Projekten in städtebauliche Zeichen umgesetzt. In der Regel handelt es sich um ein oder mehrere Regierungshochhäuser, die den Spreebogen und die Stadt weithin sichtbar dominieren. Als Konsequenz der baulichen Konzentration der geforderten Nutzungen wurden, insbesondere bei gleichzeitig dichter Blockbebauung

östlich des Reichstages, große Flächen des Wettbewerbsgebietes von Bebauung freigehalten. Sie wurden in Erweiterung des Tiergartens als Parkflächen gestaltet.
Zu der Kategorie der Zeichen gehört auch eine Reihe symbolischer und ironischer Projekte.

Kongreßhalle

In these projects, the symbolic and representative significance of the future legislative and executive district was realized through distinctive urban features. As a rule, these involve one or more government high-rise buildings which dominate the Spreebogen bend in the river and the rest of the city.

As a consequence of the great concentration of construction required by the future users – specially together with the dense block development east of the Reichstag – large areas of the competition area were sequestered from the development process. They have been designed as park areas, as extensions of the Tiergarten.

The category of distinctive urban features also includes a number of symbolic and ironic submissions.

Landmarks, Signs

Der Entwurf verwandelt das Wettbewerbsgebiet zum größten Teil in eine Erweiterung des Tiergartens. Das neue Parlamentsgebäude greift als Solitär nicht störend in die Parklandschaft ein. Die „Große Wiese", ein demokratischer, politischer und informeller Versammlungsort, bildet den zentralen Platz des Spreebogens; sie bildet einen Zusammenhang mit dem Platz der Republik und dem Platz vor dem Kanzleramt. Ihre Abmessungen stehen im Bezug zu dem neuen Parlamentsgebäude, für das sie als Vorplatz fungiert. Die Bebauung im übrigen Wettbewerbsgebiet orientiert sich in Maßstab und Straßenführung am historischen Berlin. Der ehemalige Grenzbereich soll als Erinnerungspark erhalten werden. Es ist uns besonders wichtig, daß sich das neue Parlamentsgebäude mit einer neuen Bedeutung, frei vom Erbe der Vergangenheit, zum Ausdruck bringt; seine Botschaft sollte eindeutig sein. Bei unserem Entwurf ist das gesamte Bauprogramm zusammen mit dem Bundesrat in einem einzigen Gebäude untergebracht. Das neue Parlamentsgebäude bezieht sich in seiner Gestalt auf die deutsche Fahne, aber auch auf die Scheibe des UN-Gebäudes. Seine Größe – 180 Meter hoch und 360 Meter breit – wirkt abstrakt. Die Fenster, die fast die Höhe eines Stockwerks haben, sind mit dem Text der Verfassung bedruckt. Am Tage bestimmt das Bild der Fahne den Eindruck; nachts ist der schwarz-auf-weiße Text gut zu lesen.

DIE ARCHITEKTEN

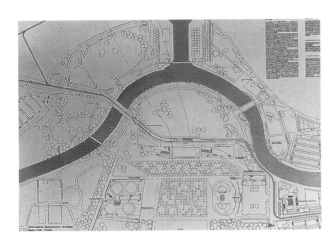

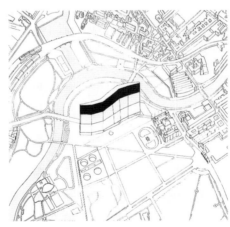

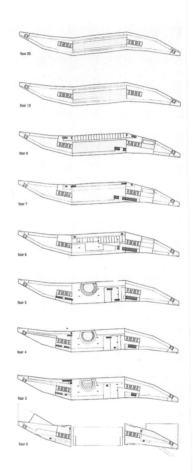

The competition site is at large transformed to an extension of the historical Tiergarten. The new parliament building is partially detached from the ground; as a single structure it does therefore not intrude in the park-landscape. The Grosse Wiese, a democratic, political and informal popular meetingplace, forms the central space of the Spreebogen area; it relates to Platz der Republik and the square in front of the Kanzleramt. Its scale corresponds to the new parliament building for which it constitutes the frontal square. The remaining areas of the site are developed in the scale and streetpattern of the historical Berlin. The border zone can be kept as a memorial park. It is of utmost importance to us that the new parliament building is manifested as a unity with a new meaning, free from the historical heritage. Its message should be unambiguous. In our proposal the entire building program together with the Bundesrat is accommodated in a single building. The new parliament building takes its shape from the German flag but also from the slab of the UN building. Its size is abstractly large – 180 m high and 360 m wide. The almost storey-high windows are printed with the constitution. During the day the flag is more prominent; at nighttime the black-on-white text of the constitution dominates the impression.

THE ARCHITECTS

Der Entwurf für das neue Regierungsviertel muß ein starkes visuelles Symbol für die Zukunft des vereinigten Deutschlands sein. Unser Vorschlag ist der einer dualen Form, stark, aber nicht brutal, mit einem einsehbaren Inneren. Wir wollen ein flexibles System schaffen, das Wachstum und Entwicklung zuläßt. Wir möchten eine Architektur schaffen, die sowohl mit der lokalen Kultur wie auch mit der zeitgenössischen, globalen Technologie in Ver-

bindung steht. Ein neuer Kanal, der die Spree mit dem großen quadratischen Becken verbindet, durchquert den Bogen. Die meisten Bundestagsfunktionen sind in dem Hauptgebäude in zentraler Lage untergebracht. Dieser Turm erhebt sich aus dem Wasserbecken und ist vertikal geteilt; die Nordseite enthält Büros, die Südseite ist ein verglaster leerer Raum. Drei Garten-Plattformen mit Bäumen, Gras, Cafés und Platz zur Entspannung schneiden in verschie-

denen Winkeln quer durch das Gebäude. Die Fassade ist zum Teil mit Flüssigkristall-Videowänden verkleidet.

DER ARCHITEKT

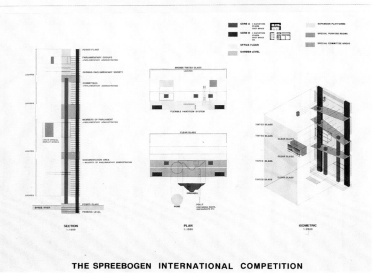

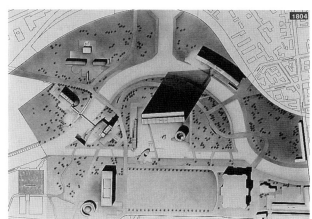

THE SPREEBOGEN INTERNATIONAL COMPETITION

The design of this new government district must provide a strong visual symbol for the future of a unified Germany. We propose a dual form: strong, without being brutal, and with an interior that is open to view. Our intention is to allow for growth and evolution, to create a flexible system. We believe it is our responsibility to create an architecture that responds to both the local culture and to contemporary global technology. A new canal has been con-

structed across the site, linking the curve of the Spree to a large square body of water. The majority of the Bundestag functions are located in one main building central to the site. This tower rises out of a pool of water and is divided in half longitudinally, the northern side being office space, and the southern side a glazed void space. Three garden platforms with trees, grass, cafés and space to relax slice across the building at different angles. The fa-

çade is partially faced with liquid crystal video display screens.

THE ARCHITECT

Shin Takamatsu, Kyoto

Solitäre, Zeichen

H. Mjelva, Ski

Jean-Jacques Ory, Paris

Graeme Mann & Patricia Capua-ann,
Lausanne

Efim Faerman, Sami Tito, Ami Arie,
Ramat Gan

Alfredo Albertani, S. Doná di Piave,
Venezia

Jean-Luc Isner, Bruno Mortagne,
José Piquer, Paris

Foreign Offices Architects, Rotterdam

Carlo Moretti, Cassano Magnago

Beat Zehnder, Gebenstorf

M. Plattner, M. Trüssel, Basel

Philippe Joye, Genève

**Mario Bisson, Enrico Piazza,
Patricia Valla, Milano**

**Jiran Bouril Kohout Máslo Netík
Studeny, Praha**

**Antoine Herrenschmidt, Roland Hoenner,
Eric Lafougere, Eric Libes, Strasbourg**

**Gianugo Polesello,
Giuseppina Marcialis, Claudia Battaino,
Armando dal Fabbro, Massimo Iori,
Francesco Polesello,
Giovanni B. Polesello, Udine**

**André Stern, Fernand Boukobza,
Marseille**

**Sinikka Kouvo, Erkki Partanen,
Kay Bierganns, Helsinki**

A. El-Rimaly, Cairo

Francisco Bielsa, Caracas

Paul Chemetov & Borja Huidobro, Paris

**Landmarks,
Signs**

Valerie Le Bec, Nantes

Miroslaw Kuczynski, Gdańsk

Tapani A. Talo, White Plains, NY

Lorenzo Pagnamenta & Anna Torriani, New York, NY

Dirk + Lutz Becherer, Tilman Probst, München

H. Cometti, P. Feddersen, D. Geissbühler, R. Klostermann, Luzern

Rudolf Rollwagen, Heidulf Gerngross, Wien

Pietro Cefaly, Latina

Takvor Hopyan, Scarborough, Ontario

Raymond Mathis, Berkeley, CA

Ngo Huynh-Cong, Paris

GB. Fabbri, Paolo Piva, Venezia

Waldemar Piasecki, Montreal

Brian T. O'Brien, Eunan P. Mc Loughlin,
Gráinne Hassett, Darragh O'Brien,
Dublin

Michael Ratner, Haifa

Jean-Lou Rivier, Corseaux

Laurent Gaudu, Christian Thiffault,
Toulouse

Paolo Zermani, Bianca Maria Bergonzi,
Teresa de Montis, Parma

Gisela Forster, Berg

Jerome Morley Larson, Red Bank, NJ

Landmarks,
Signs

Die Anlage des Alsenviertels orientierte sich in ihrer Spiegelsymmetrie am Verlauf der ehemaligen Siegesallee als Symmetrieachse. Noch heute ist diese Achse in der Geometrie der Wasserläufe deutlich ablesbar und wurde in zahlreichen Projekten thematisiert. Der unbefangene Umgang mit der Nord-Süd-Achse galt vielen Architekten jedoch auch durch ihren imperialen Ursprung und die Planungen des Nationalsozialismus als belastet.

Die Auseinandersetzung mit dem Thema der Nord-Süd-Achse führte daher entweder – wie in den hier gezeigten Beispielen – zur Wiedereinführung als Wege- oder Sichtbezug, der durch flankierende Baukörper betont sein kann, oder zu einem ausdrücklichen Bruch. Eine erneute Durchführung des Straßenzuges bis an die Straße des 17. Juni wird durch das Sowjetische Ehrenmal verhindert.

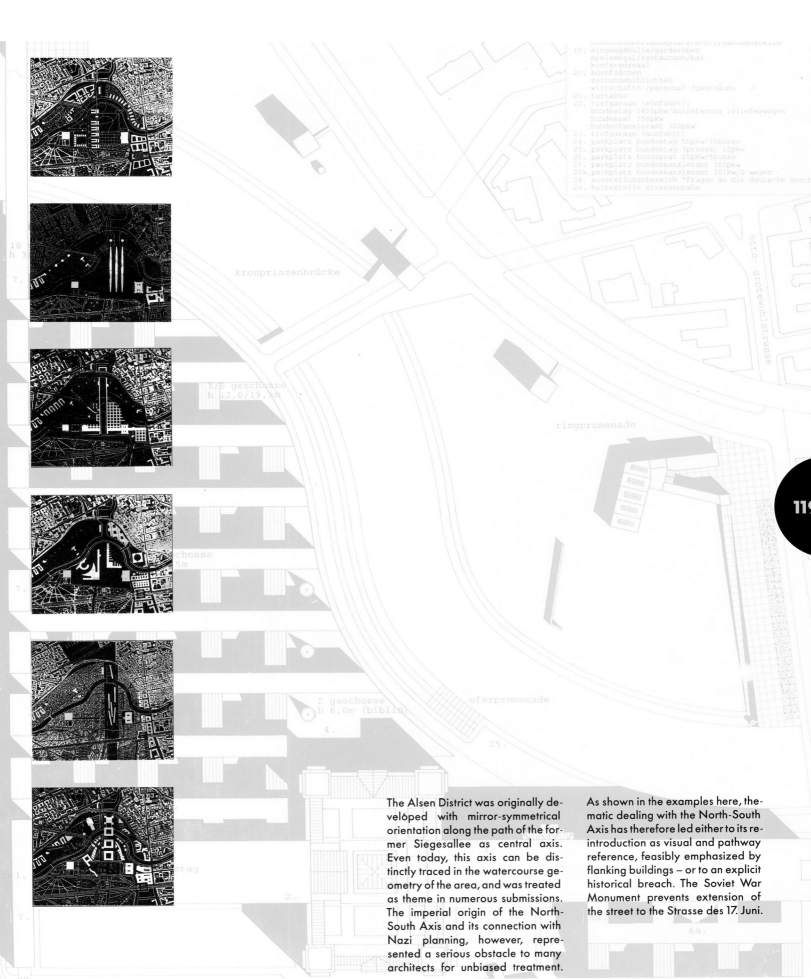

The Alsen District was originally developed with mirror-symmetrical orientation along the path of the former Siegesallee as central axis. Even today, this axis can be distinctly traced in the watercourse geometry of the area, and was treated as theme in numerous submissions. The imperial origin of the North-South Axis and its connection with Nazi planning, however, represented a serious obstacle to many architects for unbiased treatment.

As shown in the examples here, thematic dealing with the North-South Axis has therefore led either to its reintroduction as visual and pathway reference, feasibly emphasized by flanking buildings – or to an explicit historical breach. The Soviet War Monument prevents extension of the street to the Strasse des 17. Juni.

North-South-Axes

Ein Ort urbaner Ökologie; das Wasser, Quelle des Lebens, durchscheinend und stumm, fügt den Ort zusammen. Sechs Gebäude aus sechs verschiedenen Materialien artikulieren sich als Artefakte. Sechs städtische Stücke, die wie Objekte wahrgenommen werden: Megalithe aus dem grünen Marmor der Alpen, aus Stahl mit Silberblech, aus Kristallglas, aus Holz aus dem Schwarzwald, aus weißem Carrara-Marmor, aus sandgestrahltem Glas. Jeder

Megalith mißt 196 x 16 Meter und ist 70 Meter hoch, jeder hat einen besonderen Ausdruck und eine besondere Funktion. Das Pressehaus liegt in respektvollem Abstand am nördlichen Ende des Bassins, der Bundestag liegt in den Gebäuden aus grünem Marmor, Stahl, Holz und Kristallglas gegenüber dem Reichstag, das Bundeskanzleramt aus Carrara-Marmor befindet sich gegenüber dem Kanzlergarten.
DER ARCHITEKT

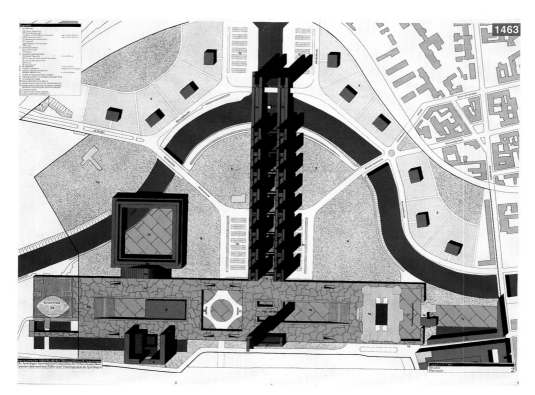

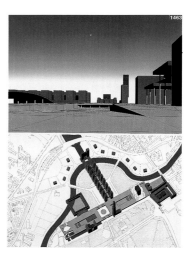

A place of urban ecology: water, transparent and silent, the source of life, reunifies the site. Six buildings, each of a different material, are expressed as artefacts. Six urban pieces to be perceived as objects: megaliths made of the green marble of the Alps, of silver plated steel, of crystal glass, of wood from the Black Forest, of white Carrara marble, of sand blasted glass. Each megalith measures 196 x 16 meters and is 70 meters high, each has a

particular expression and a particular function. The press building (Federal Press Conference and Press Club) is located at a respectful distance at the northern end of the basin, the Bundestag is housed in the buildings of green marble, steel, wood and crystall glass across the Reichstag, and the Federal Chancellery faces the Chancellor's garden.
THE ARCHITECT

Das Projekt sieht die nahezu völlige Autonomie dieses Stadtteils vor, um so der besonderen Funktion und Bedeutung des Ortes gerecht zu werden. Eine „Wiederherstellung" vergangener Gleichgewichte (welche Vergangenheit der Stadt sollte man wohl wählen?) kann kaum legitimiert werden. Aus diesem Grund schreckt unser Entwurf auch nicht vor monumentalen Themen zurück, um der Bedeutung des Unterfangens Gerechtigkeit widerfahren zu lassen. Der Entwurf wird von zwei Hauptachsen bestimmt, die von Norden nach Süden und von Osten nach Westen verlaufen. Die äußeren Punkte der Ost-West-Achse sind das Reichstagsgebäude im Osten und die Kongreßhalle im Westen. Unser Vorschlag für den Bundestag besteht aus einer in zwei Hauptbereiche aufgeteilten Anordnung von offenen Flächen und Gebäuden, deren erster, in dem der monumentale Charakter vorherrscht, den Reichstag und den Fraktionsbereich beinhaltet. Der zweite, der für die täglichen Aktivitäten des Bundestags gedacht ist, besteht aus dem Gebäude, das zur Spree hin reicht und die Alsenstraße wieder einbringt. Gegenüber dem Bundesrat liegt das Kanzleramt, dessen Gebäudestruktur horizontal und hofartig ist. Zwei der vier Seiten liegen über der Spree.

DIE ARCHITEKTEN

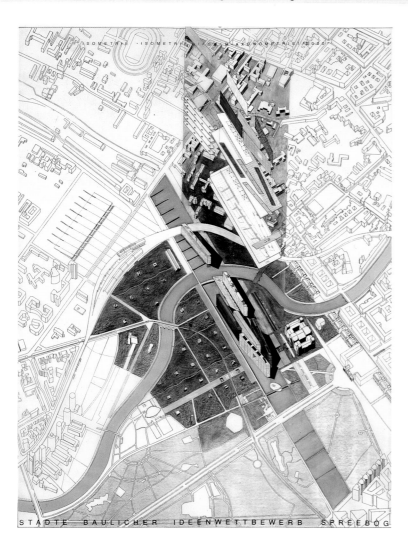

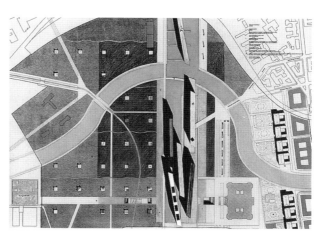

This project proposes the almost complete self-sufficiency of this part of the city, acknowledging the special function and meaning of the place. A "restitution" of past equilibriums could hardly be legitimate (which of the city's various pasts would one choose?). Therefore, our project does not shy away from gestures of monumentality in order to do justice to the significance of the undertaking. The plan is developed along two main axes, east-west and north-south. The east-west axis is defined by the Reichstag building and the Convention Hall. Our proposal for the Bundestag consists of a succession of open spaces and buildings divided into two main areas. The first, where the monumental character dominates, includes the Reichstag and the area for parliamentary groups. The second, dedicated to the Bundestag's daily activities, is composed of the building that extends towards the Spree, thus recreating the former Alsenstrasse. Opposite the Bundesrat, the horizontally oriented Federal Chancellery takes up the courtyard typology; two of its four sides pass over the Spree.

THE ARCHITECTS

Ipostudio Architetti Associati, Firenze

Matthias Ocker, Hamburg

**Philippe Paul Schmit,
Thomas Kirkpatrick, Bruxelles**

Andrea Pallavicini, Milano

**Jean-Philippe Bridot, Bernard Lamy,
Christian Kazian, Bois-Colombes**

Lars Wesén, Ettore Nobis, Lund

**Rudolf Kretschmer, Zdenek Machanec,
Veronika Cikanova, Wien**

**Dominique Degeilh, Daniéle Maatouk,
Jean-Jacques Treuttel,
Jean-Claude Garcias, Jerôme Treuttel,
Paris**

Stéphane Plisson, Paris

**Uwe Drost & Associates, Doris Kim Sung,
Hyattsville, MD**

Dieter Walter Illi, Zürich

Giovanni Leo Salvotti, Trento

Bertrand F. Chevalley, Viganello

**Jonas Anuškevičius, Algirdas Norkunas,
Vilnius**

**Yannis Liapis, Antonis Vezyroglou,
Zografou, Athen**

Krzysztof Muszyński, Łódź

Guilio Dubbini, Padova

123

Lohan Associates, Chicago, IL

Frenkel Eliezer, Tel Aviv

Stanislaw Denko, Knoxville, TN

Roman Kucharczyk, Toronto

**North-south-
axes**

**Marina + Eduardo Borrelli,
Aldo Maria di Chio, Napoli**

**Kleffel Köhnholdt Gundermann,
Hamburg**

Douglas E. Aldridge, Dallas, TX

Franco Lesana, Conegliano

**Steven K. Peterson, Barbara Littenberg,
New York, NY**

G. P. Webber, Sydney

**Bijan Ganjei,
Mahasty Akhavan-Adshead,
Bournemouth, Dorset**

Eduardo Hoyos-Saavedra, Exeter

Zbigniew Rastiewanowski, Zakopane

Martin Kiekenap, Vlotho

Charles Groll, Frankfurt/Main

Carmine Abate, Bassano del Grappa

Gilles Debs, Véronique Phan, Paris

**Sabine Miller, Denis Garniere,
Jean-Luc Laurent, Neu-Ulm, Paris**

Erela & I. M. Goodovitch, Tel Aviv

Giulio Marini, Giacomo Polin, Milano

Nikolaus Hühnerschulte, Münster

Schwarz & Meyer Architekten, Zürich

Hiroyuki Kurata, Tokyo

**North-south-
axes**

Die historische Nahtstelle zwischen Berlin Ost und Berlin West wurde hier zum Anlaß genommen, die Bebauung des Spreebogens als symbolischen Brückenschlag zwischen den ehemaligen Teilstädten zu interpretieren.

Bei vielen Projekten wurde die Bebauung als lineares, die Nordseite des Platzes der Republik begrenzendes Ost-West-Band ausgebildet, das über die Spree hinweg in die Friedrich-Wilhelm-Stadt und mit-

unter zusätzlich nach Westen auf das Moabiter Ufer greift.

Eine Variante stellt die Verklammerung der Friedrich-Wilhelm- oder Dorotheenstadt mit dem inneren Spreebogen im unmittelbaren Umfeld des Reichstages dar. Dabei liegen die Funktionsbereiche von Parlament und Regierung autonom als Plattform oder orthogonaler Großblock nahe am Plenargebäude und sind mit der Stadt und ihrer Nutzungsmischung verzahnt.

This historical interface between East and West Berlin has been exploited here as occasion for interpreting development of the Spreebogen as a symbolic link between the halves of the formerly divided city. Often, development has been conceived as a linear east-west strip bordering the north side of the Platz der Republik, extending over the Spree into Friedrich-Wilhelm-Stadt, and stretching further toward the west onto Moabiter Ufer.

One variation of this concept represents junction of Friedrich-Wilhelm-Stadt and/or Dorotheenstadt with the inner Spreebogen in the immediate vicinity of the Reichstag. In this case, the functional areas of parliament and executive are independently situated as platform or orthogonal megablock near the future parliament building, and are meshed with the city and its conglomeration of uses.

East-West-Bridges

Der Spreebogen ist Schnittstelle der historischen Stadt Berlin mit dem Tiergarten. Räumlich verzahnt mit Wasser, Grün und Stadtstruktur, wird die Regierung integriertes Element des alltäglichen großstädtischen Lebens. Die Abgeordnetenhäuser sind weithin sichtbares Zeichen. Der Platz der Republik erhält eine neue räumliche Begrenzung nach Norden.

Der Entwurf bildet eine lineare städtebauliche Struktur als Verbindungselement zwischen Ost und West. Nach Westen lockert sich die Bebauung auf. Das Bundeskanzleramt gliedert sich in den am Forum gelegenen Verwaltungsbau und das Leitungsgebäude mit einem eigenen Platz für Staatsempfänge. Ein Steg schafft die Verbindung zum westlichen Spreeufer, dem Park des Kanzlers und seiner Villa.

Vom Moabiter Werder her nach Norden entwickelt sich eine Wohnbebauung, die in einem großen Büro- und Geschäftshaus am Washington-Platz endet. Der nahe gelegene Bahnhofsplatz wird wichtiger Knotenpunkt von Fernverkehr und dem öffentlichen Personennahverkehr. Nordöstlich wird die Stadt bis an die Spree ergänzt. Die beiden Blöcke östlich des Reichstagsgebäudes erhalten städtische Mischnutzung.

DER ARCHITEKT

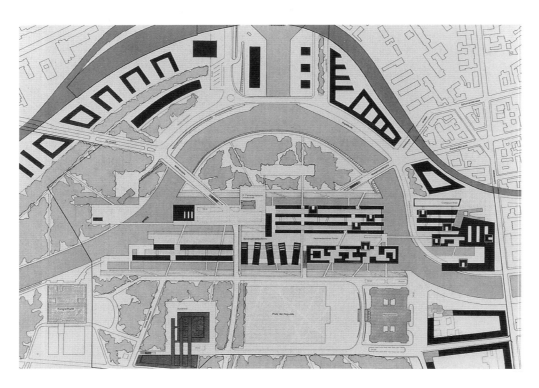

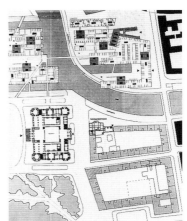

The Spreebogen is the point of intersection of the historic city of Berlin and the Tiergarten. Spatially delineated by water, greenery and urban fabric, the government will become an integrated element of everyday big-city life. The buildings for the Members of Parliament are clearly visible signs. A new spatial border to the north is given to the Platz der Republik. The design creates a linear urban structure as a connector between the east and west. To the west the development becomes less dense. The Federal Chancellery is divided into the administrative building facing the forum and the executive building with its own square for state receptions. A footbridge creates a connection to the western bank of the Spree, the chancellor's park and villa. From Moabiter Werder on to the north extends a residential area which terminates in a large office and commercial building at Washington Platz. The square for the train station nearby becomes an important node for long-distance travel and local public transportation. In the northeast the city fabric is extended to the Spree. The two blocks east of the Reichstag building take on an urban mixed-use.

THE ARCHITECT

Das Parlamentsviertel soll eine symbolische Brücke bilden, die sowohl räumlich als auch strukturell die beiden so lange getrennten Stadthälften vereint.

Alle Nutzungen und Aktivitäten sind innerhalb eines einzigen Ensembles zusammengefaßt, das die Form eines Quadrates annimmt. Das Quadrat ist in einer komplexen, aber klar gegliederten Anordnung von Plätzen, Parks und Höfen zwischen den Gebäuden angefüllt. Die Funktionen des Bundestages sind auf mehrere Gebäude verteilt, die um den Reichstag angesiedelt und von einem brückenförmigen Bau zusammengefaßt werden. Er enthält die Büros der Abgeordneten, die auf diese Weise guten Zugang zu allen Bereichen des Bundestages haben.

Das Stadtquartier nördlich der Spree mit Hotels, Gewerbe und Wohnen für die Abgeordneten wird von dem hier gelegenen Lehrter Bahnhof geprägt. Es ist eine dynamische Architektur, neben das ruhige und zurückgenommene Parlamentsviertel gesetzt. Dieses Gebiet soll sich untrennbar mit der umgebenden Stadt verbinden.

DIE ARCHITEKTEN

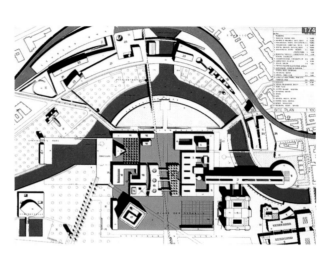

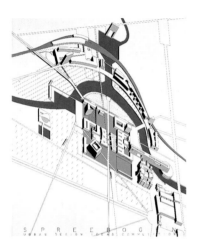

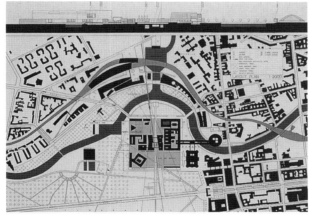

The Parliament district should be a symbolic bridge, uniting the two parts of the city spatially and structurally that were divided for over forty years.

All activities are organized within one architectural figure in square shape. This square is characterized by a complex but clear system of squares, gardens and courtyards amidst the buildings. The different functions of the Bundestag are spread over various buildings organized around the Reichstag. They are bound together by a beam-like construction housing the offices of the Members of Parliament, thus providing them with good access to all areas of parliamentary activities. The area north of the Spree – with hotels, commercial usage and housing for the parlamentarians – is determined by the proximity of the Lehrter Bahnhof. Its architecture is dynamic – in juxtaposition with the calm and restrained parliamentary district. The area should form an inseparable part of the surrounding city.

THE ARCHITECTS

Hanno Kreis & Andres Siim, Tallinn

Daniel Karpinski, Willowdale, Ontario

Zdravko Roussev, Sofia

Markku Erholtz, Olli Pekka Jokela,
Esa Piironen, Helsinki

Rafael Mira, Valencia

130

Zygmund Knyszewski, Perpignan

Raymond Theler, Brig-Glis

Murata Ikuo, Tokyo

Georges Pencreac'h, Paris

Anna Grichting, Ariane Poussiere,
Genève

Georg Schönfeld, Wien

**Alejandro Gabriel Crudo, Stafan Menzi,
Ashish Hazra, Sandra Vivanco,
Rafael Real de Asua, Maria Cacho,
Berkeley, CA**

Andreas Fellerer, Jiri Vendl, Wien

**Jamileh Manoochehri,
Akbar M. Arjenan, Richmond, Surrey**

**Mario Madayag, Todd Pilgreen
(Guido Porto), Los Angeles, CA**

Schmidt-Schicketanz & Partner, München

**Arnold + Bunk Architekten,
Bad Homburg**

Milan Babic, London

Regino Borobio Navarro, Zaragoza

Stefano Piccioli, Rimini

**Alexis Ligougne, Jan B. Zwiejski,
André Potvin, Québec**

**East-west-
bridges**

Gino Fasan, Sacile

Carl Heinz Bihlmeier, Wien

Zoo Station Architecture, New York, NY

Michel Pranal, Royat

Linden Sherwood Architects, London

Stringer, Berntsen + Woolcott, Dartford, Kent

Massimo Fagioli, Carlo Concetti, Paola Del Gallo Di Roccagiovine, Simona Facchini, Aldo Lazzeri, Roma

Mazo Dmitry, Tel Aviv

St. Margett, D. Scanlon, K. Heron, D. Drage, Hornchurch, Essex

Jan Karczewski & Antoine Bernier, Paris

Derek Tregellas & Robert Dowling, Putney, London

C.B. Colapietro, Aldo Olivo, Antonio P. Mascia, Roma

Evans Heintges Architects, New York, NY

Alexander Naidenov, Sofia

Lenka Cederbaum, Gali Lichterov, Igor Lichterov, Grigori Katz, Haifa

Hans Peter Petri, Berlin

133

Pierre Belli-Riz, Grenoble

Katsuhiro Kobayashi, Tokyo

Roland Gross, Zürich

Sourya Titus, Montrouge

East-west-bridges

Diagonale

Der Spreebogen als Übergangsbereich zwischen dem dicht bebauten Stadtkörper im Osten und Nordosten und dem offenen Landschaftsraum des Tiergartens im Südwesten wurde in einer Reihe von Projekten mit einer Konzentration der Bebauung in dem östlichen Wettbewerbsgebiet beantwortet. Die Trasse des Tiergartentunnels wird von Bebauung freigehalten. Alle Funktionsbereiche von Parlament und Regierung ordnen sich unmittelbar um den künftigen Plenarbereich im Reichstagsgebäude.

Die direkte Verbindung zwischen Lehrter Bahnhof und Reichstag bzw. Brandenburger Tor / Unter den Linden bietet sich als diagonal durch den Inneren Spreebogen verlaufende Sicht- und Wegeachse an. In vielen Projekten entstand eine parallel zur Diagonalen verlaufende neue Stadtkante, die den bis an die westlichen Spreeufer erweiterten Grünraum auffängt.

134

SPREE

Kongreßhalle

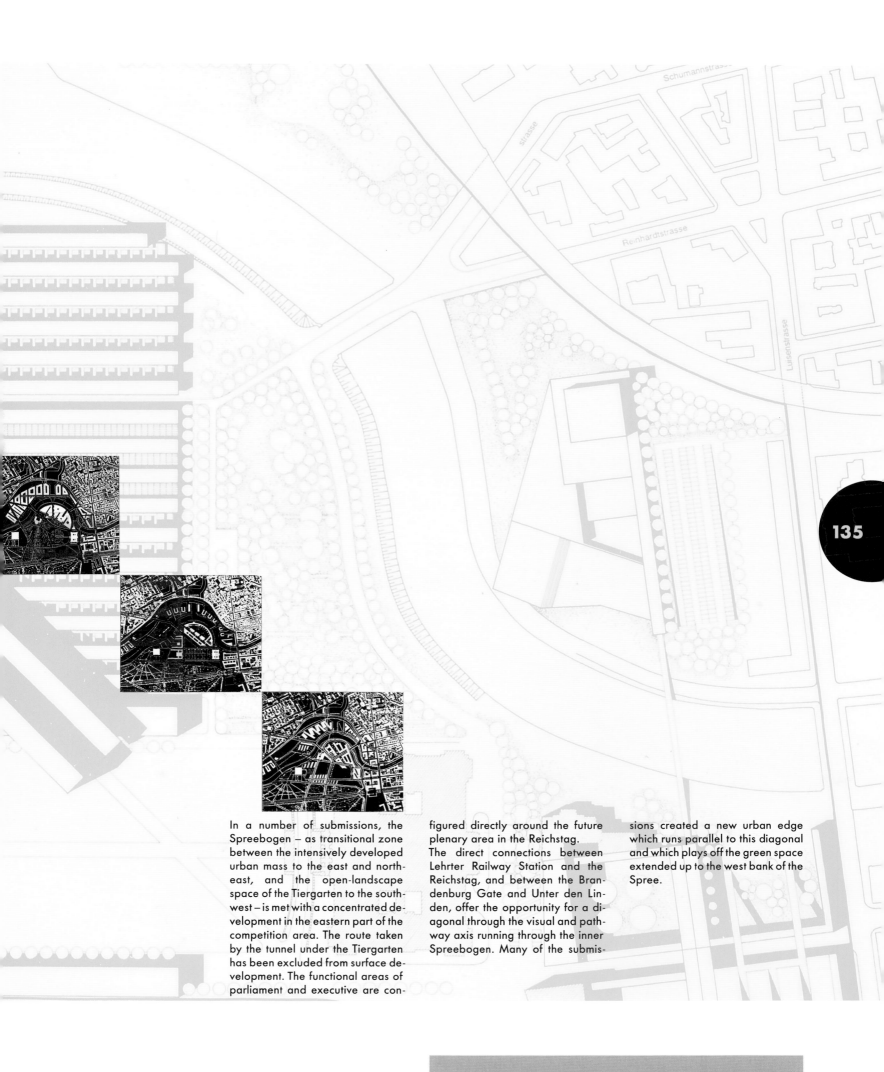

In a number of submissions, the Spreebogen – as transitional zone between the intensively developed urban mass to the east and northeast, and the open-landscape space of the Tiergarten to the southwest – is met with a concentrated development in the eastern part of the competition area. The route taken by the tunnel under the Tiergarten has been excluded from surface development. The functional areas of parliament and executive are con-

figured directly around the future plenary area in the Reichstag.
The direct connections between Lehrter Railway Station and the Reichstag, and between the Brandenburg Gate and Unter den Linden, offer the opportunity for a diagonal through the visual and pathway axis running through the inner Spreebogen. Many of the submis-

sions created a new urban edge which runs parallel to this diagonal and which plays off the green space extended up to the west bank of the Spree.

Diagonals

Die geforderten Gebäudevolumen wurden strukturiert und formulieren in ihrer Anordnung einen innerräumlichen Keil, den neuen Platz der Republik. Die Achse des Keils trifft auf die Achse der Straße des 17. Juni, genau auf den Vorplatz des Brandenburger Tores und den Eingang zum Pariser Platz. Diese beiden signifikanten axialen und visuellen Strahlen verschmelzen im Brennpunkt des öffentlichen Geschehens.

Der Sitz des Bundestages fungiert somit als Dreh- und Angelpunkt, der alle wichtigen Teile der Stadt verbindet, nicht nur als zentraler Sitz des Parlamentes, sondern auch als zentral integrierendes Gebäude innerhalb des städtischen Gefüges.

Visuelle Erlebnisräume sind zahlreich und vielfältig. Die typische Berliner Blockstruktur wurde beibehalten, die Traufhöhe bleibt innerhalb der berlintypischen 20 bis 22 m-Grenze.

Die Bundestagsallee in der Achse des Reichstages verbindet verschiedenartige Gebäude und offene Plätze, sie integriert auch die Kongreßhalle in das Regierungsviertel. Nördlich der Spree werden Aktivitäten vorgeschlagen, die Rücksicht auf die Konzentration des öffentlichen Verkehrs am Lehrter Bahnhof nehmen.

DER ARCHITEKT

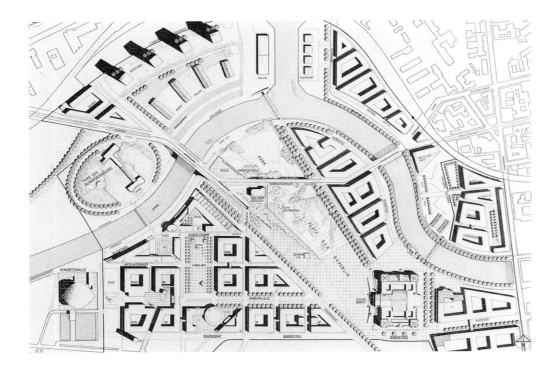

The required building masses were structured; their organization forms an internal wedge shape which becomes the new Platz der Republik. The axis of the wedge-like space crosses the axis of the Strasse des 17. Juni exactly at the forecourt of the Brandenburg Gate and the entrance to Pariser Platz. These two significant axial and visual rays merge together at this focus of public events. The seat of the Bundestag acts thus as a pivotal turning point connecting all the important parts of the city, not only as the central seat of the parliament, but also as the centrally integrating building within the urban fabric.

The visual spaces that can be experienced are numerous and varied. The typical Berlin block pattern was retained, and the typical height stays within the local of 20-22 m.

The Bundestag boulevard in the axis of the Reichstag connects various buildings and public squares, and also integrates the Kongresshalle within the government quarter.

The activities suggested for the area north of the Spree take the concentration of public transport at Lehrter Bahnhof into consideration.

THE ARCHITECT

Die Diagonale ist das dominierende Gestaltungselement des Entwurfs. Sie bricht die Symmetrie und errichtet eine klare Struktur mit offenen Bezügen. Ein gläsernes Foyer verbindet den Pariser Platz mit dem neuen Zentralbahnhof. Eine allen Menschen zugängliche Galerie bildet das Rückgrat der Regierungsgebäude. Der Tiergarten durchzieht das Regierungsviertel; die Grenze zwischen Parklandschaft und Gebäudekomplex ist jedoch klar gezogen. Dennoch zieht das lange Glashaus des Bundestags die Vegetation in den Komplex hinein und verbindet die verschiedenen Innenhöfe mit dem offenen Park. Die Strenge der Struktur ist ein Gerüst, in dem die verschiedenen Anforderungen der Einzelgebäude formuliert werden. Das neue Viertel verbindet Monumentalität mit Leichtigkeit. Der Reichstag bleibt das höchste Gebäude des Regierungsviertels.

DIE ARCHITEKTEN

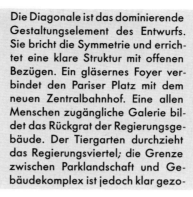

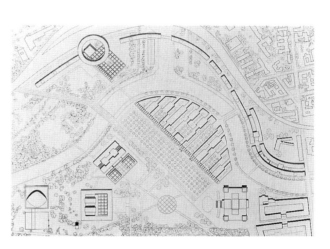

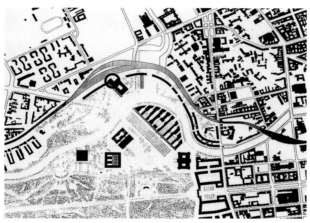

The diagonal is the dominant figure of the project. It breaks the symmetry and creates a clear layout with open spatial links. A glazed foyer forms the connection between Pariser Platz and the new central rail station. A gallery that is open to the public serves as the spine of the government buildings. The Tiergarten interlaces the government quarter; yet the borderline between park landscape and building volumes is clearly delineated. But the long glazed building of the Bundestag draws the vegetation into the volume and connects the building's courtyards with the park. The relatively strict layout serves as a frame in which the varied demands of the individual buildings can be articulated. The new quarter is bright with clarity and transparency; it joins monumentality with lightness. The Reichstag remains the quarter's highest building.

THE ARCHITECTS

Timo Penttilä, Alfred Berger, Werner Krismer, Wien

Diagonale

**Chan Krieger & Associates,
Cambridge, MA**

Le Groupe H, Meyrin

Patrizia Belli, Dante Bersani, Bologna

Paul Niepoort, St. Germain-en-Laye

Joupine Sina, Saint Cloud

Vincenzo Bonelli, Domodossola

Kory + Karácsony, Zürich

P. J. G. Kurstjens, Utrecht

**Juhani Katainen, Olavi Koponen,
Helsinki**

**Loïc Josse, Patricia Martineau,
Peter Allenbach, Paris**

Harald Deilmann, Düsseldorf

**Johannes Mronz, Hanspeter Kottmair,
Köln**

Kister, Scheithauer & Partner, Köln

**Studio Zeybekoglu, Rice University,
Houston, TX**

Tzadik Eliakim, Tel Aviv

**Sonia Calzoni, Francesco Florulli,
Sarah Felton, Andrea Nulli, Luca Ranza,
Milano**

**Flavia Emilia Ferrone, Danila De Luca,
Andrea Gnecco, Angelo Maria Mari,
Roma**

**Thomas Nugent & Amos Sivan Bires,
London**

Eric Torcq, Louis Trabut, Paris

Alexander Charles Gorlin, New York, NY

Diagonals

Diagonale

Trio Associati, Genova

**Sebastiano Brandolini, Carlo Chambry,
Carlo Teoldi, Alessandro Traldi,
Antonio Zanuso, Milano**

Gerhard Keller, Süßen

Guido Boni, Milano

Andrzej Jastrzebski, Bruxelles

**Gianni Albamonte, Federica Barbucci,
Elisabetta Cinti, Grosseto**

Elisabeth B. Farkashazy, Düsseldorf

Bruno Herbert, Nogent Sur Marne

Didier Jousset, Fleury Les Aubrais

Dean Smith, London

Eric de Guillebon, Saint-Cyprien

Dimitar Nikiforov, Sofia

Rolf Westerheide, Aachen

Nikken Sekkei Ltd., Tokyo

**Yuri Zemtsov, Mikhail Kondiain,
Mikhail Baranovsky, Evgeny Barvitsky,
Sankt Petersburg**

Pica Ciamarra Associati, Napoli

**Hendrik Welp & Uwe Welp,
Braunschweig**

Marco Polisano, London

Laboratorio Caravaggio, Milano

Giuseppe Farinello, Mede, Pavia

Diagonals

Platz der Republik: Die Spange

Diese Kategorie sammelt Projekte, deren charakteristisches Merkmal die Konzentration auf den Raum zwischen Reichstagsgebäude und dem in der Auslobung geforderten neuen Gebäude für den Bundesrat vis-à-vis ist. Der Platz der Republik wird entweder in seiner ganzen Tiefe und Breite flächig überbaut oder mit einer Platzrandbebauung geschlossen und in einen hofartigen öffentlichen Raum transformiert. Der Innere Spreebogen bleibt Grünfläche. Einige Teilnehmer verknüpfen die Ost-West-Spange mit einer Nord-Süd-Spange östlich des Reichstages, um Dorotheen- und Friedrich-Wilhelm-Stadt miteinander zu verbinden.

Bei einer großen Zahl von Projekten mit insgesamt geringer Bebauungsdichte ergibt sich eine lineare Anordnung der Baukörper als nur lose Kette von Kongreßhalle, Bundesrat, Reichstag und den Blöcken der Clara-Zetkin-Straße.

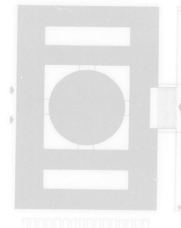

This category encompasses projects whose characteristic feature is concentration on the space between the Reichstag and the opposite new Bundesrat building stipulated in the competition brief. The Platz der Republik is either covered by low-rise construction over its entire width and depth, or is closed off around its edges by buildings and transformed into a courtlike public space. The inner Spreebogen remains a green area. A number of competition participants have linked the east-west brace with a north-south brace east of the Reichstag, in joining Dorotheenstadt and Friedrich-Wilhelm-Stadt. In numerous submissions with less overall development density, the result has been a linear configuration of buildings as merely a slack chain consisting of Kongresshalle, Bundesrat, Reichstag, and the blocks on Clara Zetkin Street.

Platz der Republik as a Brace

Stefan Saner, Christoph Berger, Zürich

Das Projekt greift städtebauliche Bezüge auf, vermeidet aber Übergriffe der Regierungsfunktion auf umliegende Lebensstrukturen. In diesem Sinne steht das Regierungsgebäude als Komplex für sich an zentraler Stelle und beschränkt sich auf eine einheitlich kompakte Form.

Die Gewaltentrennung, als Axiom für die Demokratie, wird in die formale Anordnung übertragen. Die einzelnen Funktionsbereiche des Regierungsgebäudes (Fraktionen, Ausschüsse, Abgeordnete, Wissenschaftliche Dokumentation und Verwaltungseinheiten) ordnen sich als rhythmisierte Kette von Relais an. An den Enden befinden sich jene Orte, wo die Kommunikationsprozesse in parlamentarischen Debatten, Gesetzen etc. materialisieren. Es entsteht ein visualisiertes Netz von Beziehungen und Übertragungen in einem Feld von Politik.

Die Historie und Aktualität der Ost-West-Bindung trägt das Regierungsgebäude in einer topografischen Achsenorientierung weiter. Das Thema der Dichte und Leere wird auch als ein An-/Denken in Plätzen der Erinnerung formuliert: Ein Verhalten, ein Verweilen in den Bildern von Begebenheiten und in den Begriffen von Bildern von Begebenheiten.

DIE ARCHITEKTEN

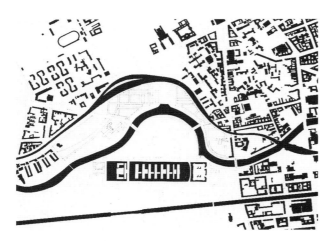

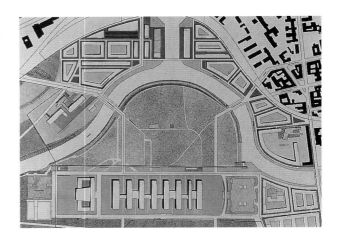

The project relates to the urban setting, but avoids allowing government functions take over the patterns of life nearby. The government building thus stands as an independent complex in a central location and is confined to a unified, compact form. The democratic axiom of the separation of powers is carried over in the formal organization. The individual functional areas of the government buildings (party groups, committees, members, research areas, and administrative units) are ordered in a rhythmic sequence of relay stations. At their ends are those places where communication processes happen and materialize into parliamentary debates, laws, etc. A visual network of relationships and transmissions in a political field emerges.

The history and the current relevance of the east-west link are carried on by the government building in its topographical axial orientation. The theme of density and void is also formulated as a meditation in memorial squares: a tarrying, a lingering in the images of events and in the terms of images of events.

THE ARCHITECTS

Die Bedeutung der Spree für das Stadtgefüge wird als Orientierungs- und Identifikationsband deutlich herausgehoben und stellt zusammen mit der vielfältigen primären Verbindungsstruktur am Nordufer ein klares stadtbildprägendes und stadträumliches Element dar. Gestaltung und Nutzung der Ufer sind intensiv und attraktiv. Im Bereich des Parlamentsviertels findet der reizvolle Übergang von den innerstädtisch bebauten Uferbereichen zu einem weiten öffentlichen Landschaftsraum statt.

Durch intensive Bebauung des Nordufers bleibt der Spreebogen als Teil des Tiergartens die grüne Lunge Berlins und öffentlicher Raum. Das nördliche Spreeufer beherbergt die verschiedenen Verwaltungen.

Die Alsengärten im Zentrum sind Kommunikations-, Erholungs- und Besinnungsraum und werden prägnant durch Reichstag, Bundesrat und die neuen Parlamentsbauten gerahmt. Ihre dreiteilige Anlage ist auf dem Grundriß des ehemaligen Alsenviertels aufgebaut und zeigt die Geschichte anhand der Gestaltungsmittel der Gartenarchitektur.

DIE ARCHITEKTIN

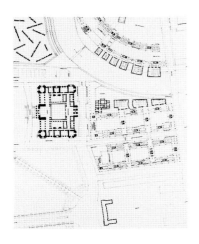

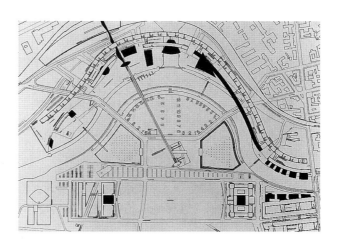

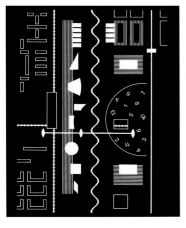

The meaning of the Spree to the urban fabric is clearly highlighted as an axis of orientation and identification; it constitutes a strong, determining element for the urban form and urban space together with the complex primary connective structure on the northern bank. The river banks are attractive and invite intensive use. A charming transition from the inner city areas along the riverbank to a public landscape takes place within the district.

Through intensive development of the northern riverbank, the Spreebogen remains a part of the Tiergarten's green lungs of Berlin and public spaces.

The northern Spree bank is the home of different administrations. The Alsen gardens in the center are spaces for communication(media), recreation, and contemplation, and are clearly framed by the Reichstag, Bundesrat and the new parliament buildings. Their three-part layout is built up on the old plan of the former Alsen district and displays history using the means of garden design.

THE ARCHITECT

Regula Bonomo, Zürich

Luigi Tonetti, Gianluca Marcarini, Cormano

Fabrice Millet, Paris

Niggli + Zbinden Architekten, St. Gallen

Sergio Canton, Berlin

Studio Passarelli, Roma

Giovanna Ravetta, Piergiorgio Santoro, Stefano Tagliati, Marco Canciani, Roma

Emanuele Fiano, Stefano Guidarini, Pierluigi Salvadeo, Milano

Renzo Agosto, Udine

Michel Perisse, Louis Moutard, Paris

Kai Wartiainen, Helsinki

Arnold + Vrendli Amsler, Winterthur

Paolo Bonatti, Siegfried Delueg,
Nicoletta Francato, Bozen

William Alsop, London

Antonio Maestre Alcacer, San Sebastián

Rudy Hunziker, Tesserete

Gregory A. Altshuler, Erhard Schütz,
W. Peabody, MA

Tomasz Glowacki, Paris

Sir Norman Foster & Partners, London

Oswald Zoeggeler, Bozen

Alfonso Talia, M. Post, T. Marino,
Peschici, Berlin

Platz der Republik, as a Brace

Akira Koyama, Chuo, Kobe

Elio Ostinelli, Fabio Muttoni, Chiasso

**Stefano Mavilio, Giuseppe Todisco,
Roma**

Doru I. Vasile, Thornhill, Ontario

148

**Paola Cavallini, Stefano Della Santa,
Giovanni Saccani, Paolo Simonetti,
Parma**

**Aleksander + Maria Markiewicz,
West Bloomfield, MI**

Georges H. Hung, C. Kwang Kim, Paris

Carlos José Vilela Lúcio Pereira, Lisboa

Barbeyer & Dupuis, Chambery

PRODID-SRL, Timisoara

Gilles Cuille, Paris

W. Meeuwis, 's-Hertogenbosch

Russell Bruce & Associates,
Newport Pagnell, Buckinghamshire

E. Söder + W. Söder, B. Damagner,
Frankfurt/Main

Carlos F. Casuscelli, Muncie, IN

Jahng Wann Kahng, Los Angeles, CA

Mario Cucinella, Paris

Manteola, Sánchez Gómez,
Santos Solsona, Buenos Aires

Niels Torp & Narud-Stokke-Wiig, Oslo

Grzegorz Sadowski, Poznań

**Platz der Republik,
as a Brace**

Sarl Avant Travaux, Paris

Renzo Toffolutti, Alessandra De Toni,
Roncade

Vittorio Corinaldi, Arnoldo Grostein,
Tel Aviv

Veikko Mäkipaja, Helsinki

Giulio Rossetti, Roma

Jun Watanabe, Austin, TX

Heinz Werner, Wien

Evelina Bette, Mauro Trani, Trieste

Kaio Ariizumi, Tokyo

Marián Pokrivčák, Bratislava

Bruno Falvo, Milano

**Platz der Republik,
as a Brace**

Der Platz der Republik wird in seiner Bedeutung als historischer Ort und als geografischer, funktionaler und repräsentativer Mittelpunkt des künftigen Parlamentsviertels unterstrichen. Mit den angrenzenden Gebäuden von Bundestag – im ehemaligen Reichstagsgebäude – und Bundesrat – in der Ausschreibung gefordert als eigenständiger Baukörper vis-à-vis – kehrt er zu seiner historischen Bedeutung als öffentliches und politisches Forum zurück. Die

bis zum Zweiten Weltkrieg vorhandene große Weite der offen ineinander übergehenden Platzfolge von Alsenplatz und Königsplatz mit ihren problematischen Proportionsbezügen zwischen Stadtraum und angrenzenden Baukörpern wird bei fast allen hier gezeigten Projekten durch eine geschlossene Platzrandbebauung meist im Norden, mitunter zusätzlich durch eine Reduzierung auch der Platztiefe des Platzes der Republik beantwortet.

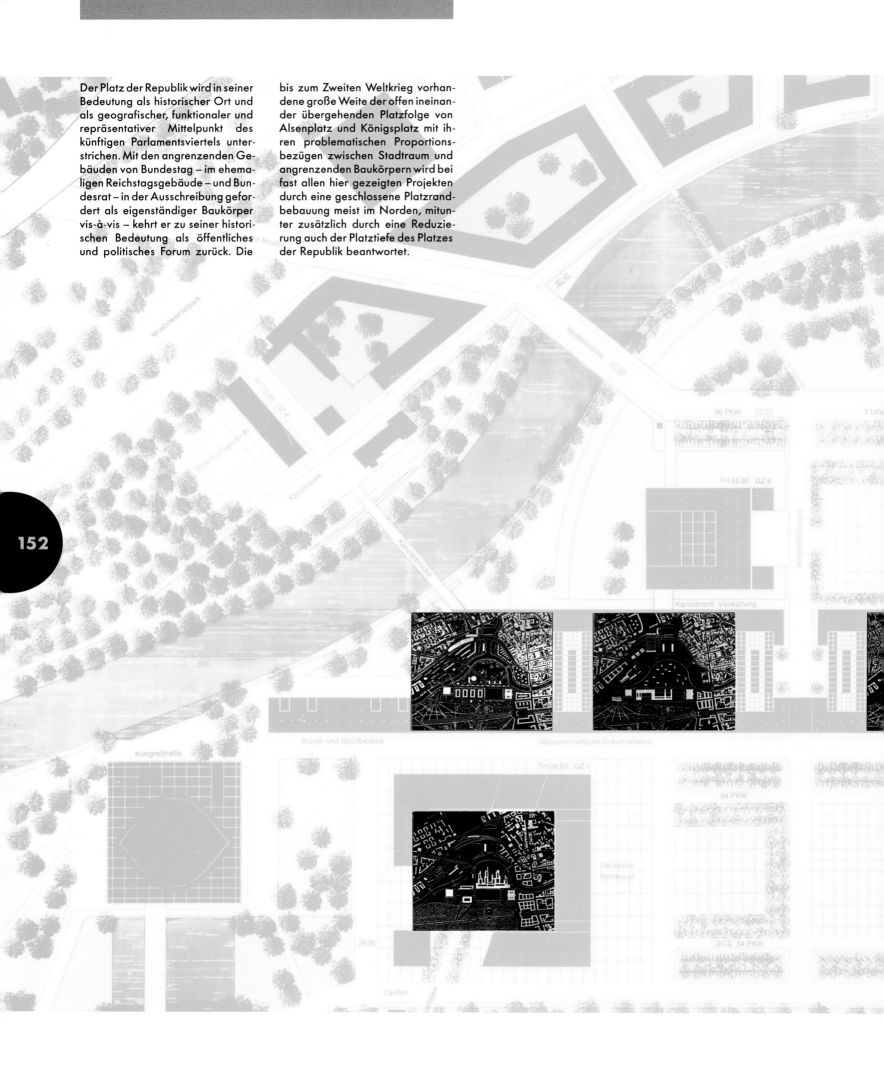

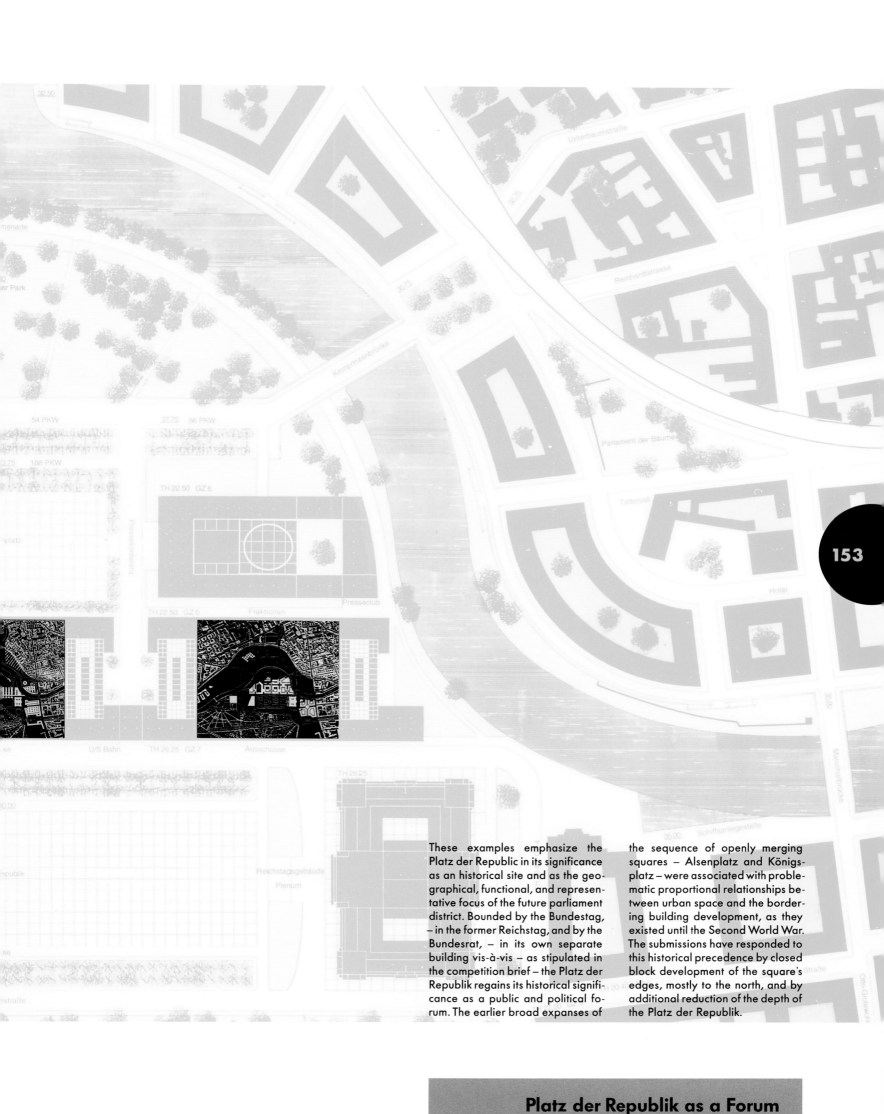

These examples emphasize the Platz der Republic in its significance as an historical site and as the geographical, functional, and representative focus of the future parliament district. Bounded by the Bundestag, – in the former Reichstag, and by the Bundesrat, – in its own separate building vis-à-vis – as stipulated in the competition brief – the Platz der Republik regains its historical significance as a public and political forum. The earlier broad expanses of the sequence of openly merging squares – Alsenplatz and Königsplatz – were associated with problematic proportional relationships between urban space and the bordering building development, as they existed until the Second World War. The submissions have responded to this historical precedence by closed block development of the square's edges, mostly to the north, and by additional reduction of the depth of the Platz der Republik.

Platz der Republik as a Forum

Irena Latek, Montreal

Der Entwurf fügt das Regierungsviertel in den Tiergarten ein. Die Anlage einer weiten Umgrenzung aus Baumreihen um den Platz der Republik erinnert an eine Lichtung am Rande des urbanen Waldes, ein Platz für spontane Zusammenkünfte, den man durch das Geflecht der Pfade durch den Tiergarten entdeckt. Innerhalb dieser Umgrenzung aus Bäumen bildet der Platz der Republik – eine öffentliche Grünfläche, die von Gebäuden um-

geben ist – den zentralen Repräsentationsort der Bundesregierung. Mehr als eine der Regierungseinrichtungen ist dieser öffentliche Raum selbst ein Monument.
Der Spreebogen behält den ambivalenten Status eines Ortes des Übergangs vom Garten zur Stadt: von Ost nach West machen die Gebäude allmählich den Bäumen und grünen Wänden Platz. Der Entwurf bringt die Schlüsselfunktionen der Regierung in den Stadtblöcken am

westlichen Rand der Dorotheenstadt und nördlich der Spree unter; einige öffentliche, nicht der Regierung zugehörige Funktionen liegen hingegen im Spreebogen – das städtische Quartier bildet also den symbolischen Rahmen für die Regierungsarbeit. Der Platz der Republik ist ein Ort, der zugleich formale und alltägliche Nutzung gestattet.

DIE ARCHITEKTIN

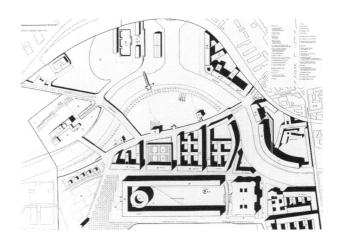

The project inserts the government quarter within the Tiergarten. The construction of a wide perimeter of trees around Platz der Republik suggests a clearing on the edge of the urban forest, a place for spontaneous gatherings that one discovers by a filter of lanes leading through the park. Within this perimeter, Platz der Republik forms the major place of representation for the Federal government: a public green surrounded by buildings. More so than

any single institution, this public place is a monument in itself.
The Spreebogen retains an ambiguous status of a place still in transformation, from garden to urban quarter: from east to west, buildings gradually make way for trees and garden walls. The project locates key government programs in the urban blocks on the western edge of Dorotheenstadt and north of the Spree and several non-governmental public programs within the

Spreebogen; thus the urban quarter provides the symbolic framework for the government program. Platz der Republik is a place at once formal and everyday in its uses.

THE ARCHITECT

154

Die Gestalt des Projekts wurde entwickelt aus dem Konflikt zwischen zwei Organisations- und Orientierungssystemen. Das erste bezieht sich auf die „Dauerhaftigkeit": der existierenden Gebäude, der Geländemorphologie und der vorherrschenden Orientierung des Reichstags. Das zweite System „der Moderne" entsteht durch Bundestag, Kanzleramt und Bundesrat im Flußbogen; sie orientieren sich an der Straße Unter den Linden.

Die Bebauung des Spreebogens folgt einem orthogonalen System: ein klingenartiges Gebäude, das Bundeskanzleramt, begrenzt einen erhöhten Platz und schneidet rechtwinklig die Achse Unter den Linden – Straße des 17. Juni.
Eine parallel zu dieser Achse verlaufende doppelte Galerie (Büros der Ausschüsse) bildet das Rückgrat für eine Kammbebauung zum Flußbogen hin (Büros der MdB sowie Presseamt) und für Blockformen, welche

den Platz der Republik rahmen (Fraktionen).
Innerhalb des Parks am Spreeufer befinden sich drei weitere Kernbereiche, welche die Galerie westlich und östlich weiterführen und im Norden zum Humboldt-Hafen hin ergänzen.
Der erhöhte Platz besteht aus einem eingeschossigen Podium, das die Gebäude vor dem Platz der Republik miteinander verbindet. Er erhält seine Form aus dem Untergeschoß

des Reichstags und der Kongreßhalle und ist im Südosten durch einen Turm markiert.
DER ARCHITEKT

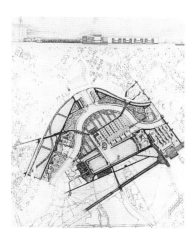

The project takes its form from the conflict between two systems of organization and orientation. The first system "of permanence" is constituted by the preexisting buildings, the morphology of the area and the dominating orientation of the Reichstag. The second system – "the modern" – is constituted by the Bundestag, the Chancellery and the Bundesrat, which occupy the arc of the river. They are oriented in relation to "Unter den Linden".

The arc of the river comprises a coherent orthogonal system. A bladelike building with the Federal Chancellery is orthogonal to the axis of "Unter den Linden" – "Straße des 17. Juni", and borders a raised square. A gallery parallel to "Unter den Linden" constitutes the backbone of a comb-like form structure towards the river (Offices for MPs and Documentation center) and of the blocks facing the Platz der Republik (Parliamentary groups).

In the park at the bank of the Spree, three groups of buildings act as western and eastern extensions of gallery and supplement it towards the north, near Humboldt harbor. The raised square is a one story podium connecting the various buildings facing the Platz der Republik. It takes its form from the basement of the Reichstag and the Congresshall, and is marked at its south-east extremity by a tower.
THE ARCHITECT

A. Canepone, U. Cao, M. del Vecchio, G. Doti, G. Marrucci, Roma

Margrit Althammer, René Hochuli, Zürich

Im Bereich der ehemaligen Berliner Mauer werden Dorotheen-Stadt und Friedrich-Wilhelm-Stadt zu deutlich lesbaren Stadtkörpern ergänzt. Die dafür vorgesehenen Bebauungsmuster orientieren sich unprätentiös an den Strukturen des Pariser Platzes sowie an den Berliner Typologien. Es wird insbesondere darauf geachtet, die denkmalgeschützten Anlagen in die Gestaltung der neuen Bebauungsblöcke zu integrieren (Reichspräsidentenpalais, Kammer der Technik, Erinnerungen an die Berliner Mauer).

Die neuen Anlagen des Bundestags und des Bundeskanzleramts trennen ein städtisches Feld aus dem Landschaftsraum des Tiergartens, das Forum der Regierungsgebäude. Im Gegensatz zu den prägnanten, großmaßstäblichen Strukturen auf der repräsentativen Seite des Parlaments entwickelt sich die Gartenseite mit ihren differenzierten Baukörpern und den asymmetrischen Mäandern der Landschaft in eine abgestimmte Kleinteiligkeit. Die Verzahnung von bebauter Struktur und Parkraum bricht die Monumentalität der Empfangsseite und schafft räumlich vielfältige Außenräume.

DIE ARCHITEKTEN

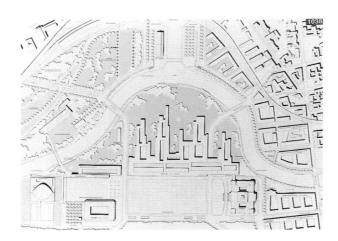

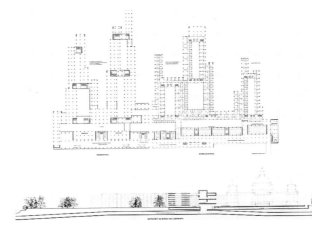

In the vicinity of the Berlin Wall, Dorotheenstadt and Friedrich-Wilhelm-Stadt are reinforced as quite legible urban figures. The planned patterns of development are oriented unpretentiously both to the design proposed by the study commissioned for Pariser Platz and to the Berlin typology. Particularly close attention is given in the design of the new blocks (i.e. the Presidential palace, the Chamber of Technology, memorials to the Berlin Wall) to the integration of areas under preservation. The new areas planned for the Bundestag and the Federal Chancellery offices divide an urban zone from the landscape of the Tiergarten, the forum of government buildings.

In contrast to the imposing, large-scale structures on the representative side of parliament, the garden side is developed with differentiated volumes and the asymmetric meander of the landscape in a premeditated, finely tuned intricacy. This dovetailing of built structure and park space disrupts the monumentality of the reception side of the complex and creates spatially complex exterior spaces.

THE ARCHITECTS

Das Projekt gibt nicht vor, bestehende Strukturen oder Erinnerungen wiederzuerschaffen, doch es verstärkt die lokalen Besonderheiten. Dabei sollen Kontraste entstehen, die unterschiedliche Interpretationen zulassen.

Da der Entwurf ein äußerst geschichtsträchtiges Gebiet betrifft, möchte er den historischen Kern der Stadt und die Verbindung mit der Umgebung wiederherstellen. Die wichtigen Aspekte sind:

Verknüpfung des Tiergartens und des in Nord-Süd-Richtung angelegten Parksystems mit einem neuen Park am Humboldthafen.

Schaffung einer begrünten Zwischenebene, so daß sich vom Tiergarten bis zu den neuen Gebäuden ein allmählicher Anstieg ergibt. Deshalb können die Neubauten in der gleichen Ebene wie der Eingang des Reichstags errichtet werden.

Eine Reihung in Ost-West-Richtung zwischen der Stadtmitte und der Kongreßhalle unterstreicht die lineare Anordnung, die eine unterschiedliche Dichte der Bebauung bzw. der Bepflanzung und der Freiräume zuläßt.

Planung von Flächen und Räumen, die trotz der erforderlichen Sicherheitsmaßnahmen für die Nutzung durch die Öffentlichkeit bestimmt sind.

Die verschiedenen Gebäude des Parlaments- und Regierungskomplexes werden durch unterschiedliche architektonische Lösungen in ihrer Funktion ablesbar gemacht.

DIE ARCHITEKTEN

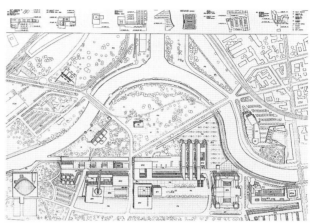

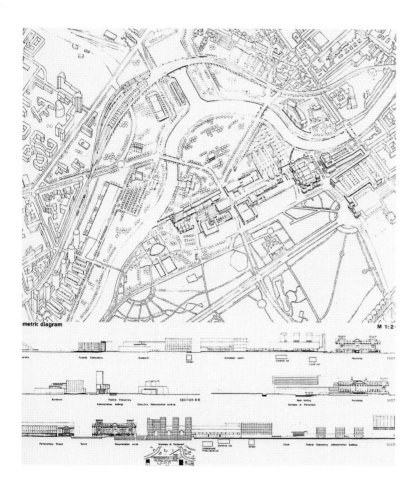

The project does not presume to reconstitute preexisting fabrics or memories; yet it stresses specific local features with the intention of establishing a system of differences that lends itself to multiple interpretations.

Operating in this extremely delicate area, the project intends to restore the city's historical nucleus and its relation with the surrounding territory. The essential aspects of the project are:

Connecting the Tiergarten to the north-south park system with a new park area in the area of Humboldt harbor.

A grass bank to make for a gradual passage from Tiergarten to the new buildings. It allows the new buildings to be at the same level as the Reichstag entrance.

Establishing an east-west sequence, a linear order but allowing for different degrees of density between buildings, open spaces and vegetation.

Creating spaces that do not preclude usage by the common public, in spite of security measures.

The different parts of the government system will be identifiable by the different architectural solutions.

THE ARCHITECTS

Rafaelo Cecchi & Vincenza Lima, Milano

Paul Bretz, Luxembourg

J. Lohmann Rasmussen, Tommerup

Giuseppe Rebecchini, Andrea Aleardi,
Luca Guerra, Alessandro Massarente,
Antonio Ravalli, Bruno Segato, Roma

Martin + Monika Jauch-Stolz, Luzern

Société Pú, Kanagawa-ken

Stefan Gasser, Roland Sievi, Zürich

Fernando Fernández Herrero, Santander

Johann Pfeiler, Wien

Marcià Codinachs, Manuel Luque,
Barcelona

Franco Bertossi, Alfredo Broletti, Udine

Martin Widmer, St. Gallen

Eduardo Vargas, Laatzen

Hubert Lagier, Paris

Rinaldo Olivieri, Verona

**Jürgen Marlow, Kurt Heitmann,
Christian Heeckt, Hamburg**

Kurt-Hans Lehmann, Wiesbaden

159

Ralf Zander, Ettlingen

Rosaldo Bonicalzi, Fagnano Olona

Peter Joos, Christoph Mathys, Zürich

I.M.P.U., Barcelona

**Platz der Republik,
as a Forum**

Edgar Pusch, Ebersburg-Weyherg

Rodolfo Machado, Jorge Silvetti,
Peter Lofgren, Boston, MA

José María Tomás Llavador, Valencia

Hans Thomas Stolpe, Saarbrücken

160

Shiuh-Lin Chou, Kong-Fatt Richard Ho,
Singapur

Nicola Maeder, Lucie Cloutier, Genève

Tad Berezowski, New York, NY

Guido Canella, Milano

Jo. Zimmermann, Berlin

Enrico Benedetti, Gianluca Forlivesi,
Lugo

Maurizio D'Orsa, Thomas Kettenbach,
Matthew Young, Lorenza Pieruzzi,
Milano

Jean Jacques Chagnaud, Paris

Georges Bulette, Tina Truglio, Montreal

Roberto Germani, Ines Rubio & Partner,
La Plata

Thomas K. Davis, Marleen Davis,
Syracuse, NY

Kevin Bone, New York, NY

Nietz Prasch Sigl, Hamburg

Brigit de Kosmi, Paris

Petr Kordovský, Luboš Pata,
Václav Frydecký, Praha

Yves Caradec & Pierre Varier, Paris

Platz der Republik,
as a Forum

Platz der Republik: Das Forum

Covell Matthews Wheatley, Ali Sanei,
London

Robert Goodill, Firenze

Guido Pietrini & Marco Arrigoni,
Viareggio

Carlo Aymonino, Roma

Helmut Küffel, Wien

Jakob Eggen, København

Valeria Pezza, Napoli

Emilio Puglielli, Roma

Kraemer Sieverts & Partner,
Braunschweig

Jean Pierre Laborie, Toulouse

Mikko Ranto, Ilmajoki

Pietro P. Hammel, Rotterdam

Roland Ackermann, Gian Pescatore, Küsnacht

Pierre Vichnievsky, Paris

Dimitris Manikas, Wien

Liliana Antoniucci, Niclas Dünnebacke, Barcelona, Unna

Alberto Sposito, Palermo

Rainer + Gerhart Brandt, Alfred Swoboda, Salzburg

Alberto Zetti, Firenze

Jean-Marc Deram, Oliver Tauvel, Paris

Platz der Republik, as a Forum

Kathrin Freienstein,
Brensbach/ Odenwald

Philipp Esch, Johannes Käferstein,
Zürich

Henrique Hernández O.,
Mariano Goldberg, Caracas

Jean Christophe Meylan, Bruno Thoma,
Thalwil

164

Giovanni Luigi Panzetta, Napoli

Robert Morianz, Graz

INTERSTICE, Woolloomooloo, Sydney

Uwe Altrock, Andrzej Orlinski, Wien,
Berlin

Chi Wing Lo, Athen

Janusz Klikowicz, Gdańsk

Augusto Romano Burelli, Venezia

**Els/Elbasani & Logan Architects,
Berkeley, CA**

Jo Frowein, Stuttgart

**Karl Hufnagel, Peter Pütz,
Michael Rafaelian, Berlin**

Christian Reitz, Paris

**Platz der Republik,
as a Forum**

Der historische Stadtgrundriß des Alsenviertels wird im wesentlichen nachgezeichnet. Erst der dreidimensionale Aufbau löst sich unterschiedlich stark vom historischen Vorbild und umfaßt geschlossene, offene und selbst dekonstruktivistische Bauformen. Teilweise wurden gebaute Volumen und offene Stadträume miteinander vertauscht: Alsenstraße oder Alsenplatz werden zu Baukörpern, die ehemaligen Blöcke zu Grünflächen.

Der Bebauung zur Spree wurde in der Regel besondere Aufmerksamkeit durch die Ausbildung einer Stadtkante oder durch das Aufbrechen der Randbebauung geschenkt, um das Grün der Ufer in die Blöcke hineinzuführen. In einer Reihe von Projekten wurde die strenge Geometrie des Grundrisses durch Höhendominanten oder durch die Konzentration der Baumassen auf einer Seite des Inneren Spreebogens gesprengt.

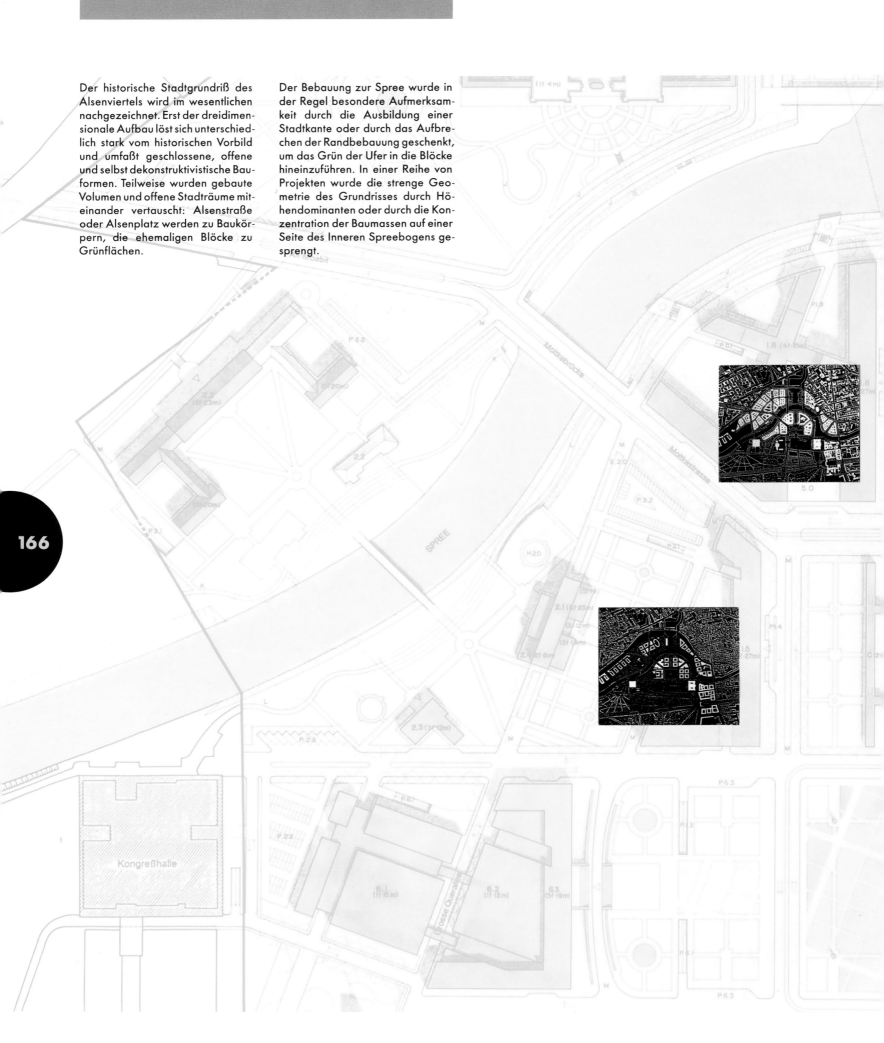

These projects basically retrace the historical plan of the Alsen District. It becomes only apparent in the three-dimensional structures that the submissions begin to depart, to varying degrees, from the historical pattern to encompass closed, open, and even deconstructivist building forms. In some cases, built-up areas and open urban spaces have been exchanged: Alsen Street and Alsen Square are now built up, and former blocks are now green spaces.

As a rule, the submissions pay particular attention to development bordering onto the Spree, by virtue of formation of a new urban edge, or by breaking up street development – in order to extend the green of the Spree banks into the constructed blocks. In particular submissions, the strict geometry of the plan has been dispersed by vertical dominants or by the concentration of building mass onto one side of the inner Spreebogen.

Traces of the Historical Urban Layout

Historische städtebauliche Muster sollen unter den neuen Strukturen, die den Bedürfnissen der Gegenwart genügen müssen, als Gerüst erkennbar werden und sie in der Geschichte verankern. Die deutlich umrissenen Bauformen orientieren sich an einem typischen Berliner Stadtmuster. Das Muster ist einfach, lesbar, flexibel. Häuser können nach und nach in ihm entstehen (oder wieder abgerissen werden), ohne das Ganze zu beeinträchtigen.

Sowohl das Gebiet wie die vorhandenen Gebäude weisen trotz der Ost-West-Achse des Reichstags eine Nord-Süd-Orientierung auf. Der Entwurf will daher vor allem mehrere Ost-West-Achsen anlegen und betonen und ihnen die Nord-Süd-Achse unterordnen.
Der Bundesrat wurde in den Scheitelpunkt des Spreebogens verlegt. Damit kann das Kanzleramt dem Reichstag gegenüber gestellt werden, der Bundesrat liegt gleichweit

entfernt zwischen ihnen. Diese Anordnung soll in ihrer Symbolik den Gegebenheiten besser gerecht werden, als es die Vorgaben der Ausschreibung tun. Der Bundesrat sitzt damit auf der Nord-Süd-Achse, die durch das Zentrum des Humboldthafens verläuft und den Platz der Republik durchschneidet.

DER ARCHITEKT

The patterns of previous eras should be felt as an armature underlying the new pattern, which must respond to current needs. A series of articulated buildings is proposed, which together form a pattern typical of Berlin. The pattern is simple, legible, and flexible. Different buildings can be built (and demolished) without affecting the overall composition.
The site and current buildings are thought to have a north-south bias,

despite the east-west axis of the Reichstag itself. The primary objective of the proposal is to establish and emphasize a series of east-west axial lines, and the subjugation of the north-south axial emphasis. The Bundesrat has been sited on the arc of the Spree. This enables the Chancellery to face the Reichstag, with the Bundesrat between and equidistant from them. This arrangement is thought to be more apposite symbolically than the brief require-

ments. A north-south axis, drawn through the center of the Humboldthafen, bisects the Platz der Republik; the Bundesrat straddles it.

THE ARCHITECT

Zentraler Gedanke des Entwurfs ist die Wiederherstellung der städtebaulichen Struktur des 19. Jahrhunderts. Bei dieser Option stehen geschichtliche Aspekte im Vordergrund, ohne jedoch die funktionale Gliederung des neuen politisch-administrativen Zentrums außer acht zu lassen. Die alte Ordnung ist für die neuen Funktionen außerordentlich gut geeignet.

Die Neubauten müssen sich in das kollektive Bild der Stadt einfügen: sie dürfen nicht anonym sein, sondern müssen ihre Funktion erkennen lassen und dem neuen politisch-administrativen Zentrum seine Bedeutung verleihen. Ihre architektonische Struktur entspricht einer vielfältigen Gliederung der Funktionen. Besonderen Funktionen sind besondere Gebäude zugeordnet, bestimmte Baukörper, die ineinandergreifen und immer — die durchschnittliche Höhe der Gebäude in Berlin respektieren.

Der durch die historischen Spuren vorgegebenen strengen Gliederung entspricht eine „dekonstruktivistische" Bauweise, die besser als jede andere die Absicht ausdrückt, die Zeichen der Vergangenheit zu übernehmen, um sich durch Auflösung ihres Strukturbildes davon freizumachen.

DIE ARCHITEKTEN

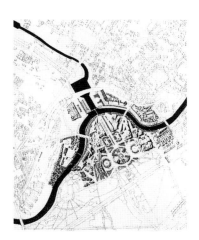

The central idea of the design is the reconstruction of the nineteenth century urban fabric. Historical aspects are given priority by this concept, but without losing sight of the functional organization of the new political/administrative center. The old order is extraordinarily well-suited for the new functions.

The new buildings must fit into the collective urban image: they should not be anonymous, but rather allow their functions to be recognized and convey the meaning of the new political/administrative center. Their architectural form expresses a complex functional organization. Special functions are given special buildings and certain built forms, which intersect one another while always maintaining a certain height — the average building height in Berlin. The rigorous composition, determined by the historical traces (of the site), expresses a "deconstructivist" manner of building, which by breaking up its formal pattern expresses better than any other the intent to supersede the signs of the past in order to liberate itself.

THE ARCHITECTS

Bruno Gabrielli, Giuseppe Gambirasio, Genova

Berghof Landes Rang, Frankfurt/ Main

Fumihiko Hirayma, Milano

Fedja Košir, Ljubljana

Rolf Ahlberg, Falkenberg

170

Hans-Jürgen Hanitsch, Bad Homburg

Heinrich-Martin Bruns, Bielefeld

W. Schmid, Kümmersbrück

Jörg Müller, Berlin

Juha Hovinen, Espoo

Stephan Braunfels, München

Monika Reiher, Berlin

Karl Grubich, Wien

Herbert Behrens, Giovanni Diodati,
Wolfgang Triebsch, Düsseldorf

Alex Omasits – Georg Töpfer,
Michael Mergenthal, Wien

Franz C. Demblin, Walter Cernek,
Wien, Stuttgart

Michał Owadowicz, Paweł Dełko,
Warszawa

Enzmann Ettel Kirschning, Berlin

Warren Platner Associates,
New Haven, CT

Matthias Ferwagner, Rosenheim

André Dzierzawski, Bruxelles

**Traces of the
Urban Layout**

Spuren des Stadtgrundrisses

Helmut Rieder, St. Jean le Blanc

SW Architects LTD, London

Pasqualino Carbone, Torino

Peter Lanz, München

Segjo Imeri, Berlin

Hans Bosch, Amsterdam

**Paulo Bruna, Roberto Cerqueira Cesar,
Beatriz Jost Breuel, São Paulo**

G. Pfaue, Karlsruhe

**Grochulski, Oborski, Szeniawski,
Trzópek, Warszawa**

Bernd Rudolf, Weimar

Heinrich Jennes, Berlin

Heinz Thiemann, Hamburg

Krzysztof Baczynski, Poznań

Shangqing + Zhengmao Yang, Kent, OH

Ingo Andreas Wolf, Berlin

Thomas E. Bitnar, New York, NY

Mihai-Corneliu Driscu, Iasi

Chantal Bernier, Paris

Paul Waltenspuhl, Genève

Noel Hart & Pank Hart Architects, London

Traces of the Urban Layout

Die heterogenen Bebauungsformen und städtebaulichen Elemente, die unterschiedlichen Freiflächen und Stadträume, die, in einzelnen Feldern separiert, hart aneinanderstoßen, können als Spiegelbild der modernen, aus Fragmenten zusammengesetzten Großstadt interpretiert werden. Statt die Widersprüche heilen bzw. die Gegensätze einander annähern zu wollen, wurde das Aufeinanderstoßen von Bruchstücken unterschiedlicher städtebaulicher Strukturen und Typologien thematisiert.

In den deutlichsten dieser Beispiele stehen "Teppiche" von Scheiben, von Punkthäusern, von Hochhäusern neben Inseln aus Blockbebauungen oder Grünflächen, in anderen Beispielen geht die Idee von einer weniger deutlich in "Inseln" abgegrenzten typologischen Vielfalt von Bebauungsstrukturen auf. Vereinzelt werden die unterschiedlichen Städtebautypologien überlagert.

174

The heterogeneous building forms and urban design elements, and the various open areas and urban spaces – separated into individual sections – are characterized by sharp mutual abutment and may be interpreted as mirror images of the modern metropolis in its typically fragmentary composition. Instead of attempting to reconcile contradictions or of mitigating opposites, many of the participating architects have thematically treated the confrontation of fragments of diverse urban architectural structures and typologies. The most pronounced examples of this group feature "carpets" of slabs, or of highrise buildings set next to "islands" consisting of block development or green spaces. Other examples develop the concept of a typological diversity of building structures which is less markedly demarcated by island forms. Some cases even feature the superposition of different urban design typologies.

Collages, Patchwork

Das neue Regierungsviertel wird durch Achs-, Sicht- und Höhenbezüge mit dem vorhandenen Stadtgewebe verflochten. Das Potential des Spreebogens als räumliche Drehscheibe wird vom Schiff, den Uferpromenaden, den Parks und den Hochbahntrassen in wechselnden räumlichen Beziehungen erlebbar. Die Spreefassade ist Schauseite des neuen Regierungsviertels. Unterschiedliche Bautypen bilden ein lockeres Ensemble mit vielfältigen Bezügen sowohl untereinander als auch zur Stadt und Geschichte. Die Mitte des Spreebogens, das Dach „Europa", ist inhaltliches und räumliches Zentrum des Regierungsviertels. Es repräsentiert die Öffentlichkeit: Ausstellungsflächen, ein Forum politischer Zeitgeschichte und ein Aussichtsplateau bieten als neue gesamtstädtische Attraktion Ein- und Ausblicke in das Regierungsviertel und auf Berlin.

Der Platz der Republik erhält durch die tieferliegende „Plaza" eine differenzierte räumliche Qualität. Kolonnaden werten die fußläufigen Wegeverbindungen auf.

Der „Regierungspark" und der „Park der Bundesländer", durch die Alsenbrücke miteinander verbunden, bieten attraktive öffentliche Räume beiderseits der Spree.

DIE ARCHITEKTEN

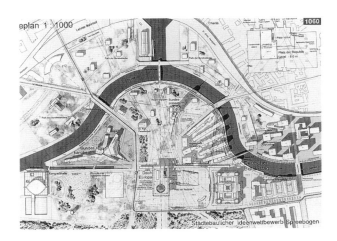

The new government district is interwoven with the existing urban fabric by means of axial, visual and height relations. The potential of the Spreebogen as a spatial turning point will be experienced from boat, promenades along the river, the park, and from the elevated rail tracks in changing spatial relationships. The river façade is the showpiece of the new government quarter. Different building types create a loose ensemble with various interrelations.

The center of the Spreebogen, the rooftop "Europe", is the focus of the government quarter both in content and spatially. It represents the public: exhibition space, a forum of political history, and a viewing platform as a new citywide attraction that offers views in and from the government quarter and to Berlin.

The Platz der Republik takes on a differentiated spatial quality at the sunken "plaza". Colonnades emphasize the pedestrian paths.

The "government park" and the "park of the Bundesländer"(federal states), linked by the Alsenbrücke, offer attractive public spaces on either side of the Spree.

THE ARCHITECTS

Der Spreebogen ist aus städtebaulichen Motiven die ideale Gründungsstätte für das Regierungszentrum; dort, wo das historische Zentrum und der wichtigste Stadtpark ineinander übergehen, am Fluß, wo die Stadt ihren Ursprung findet und erschlossen ist durch die wichtigsten städtischen Infrastrukturen.

Der zentrale Raum des Gebietes, der neue Platz der Republik, ist durch einen halbrunden Platz gestaltet: die Ebene dient als Glied zwischen dem Tiergarten und der Spree.

Auf dem Platz befinden sich drei Türme – in verschiedener Höhe – für den Abgeordnetenbereich. Als Mittelpunkt der Demokratie bilden diese Räume auch das Zentrum und den Höhepunkt des Gebietes. Sie sind in der Silhouette der Stadt erkennbar.

Der südliche Teil des Platzes grenzt an den Teich, den man vor dem Bundestagsgebäude anlegt.

Die Flußufer sind größtenteils öffentlich. Die nördlichen Ufer werden parkähnlich gestaltet, wobei die bestehende Vegetation einbezogen wird.

Am Rande des Lehrter Bahnhofs entsteht ein hoher dreieckiger Hotel- und Medienturm. Am südlichen Kai befindet sich unter anderem das Deutsche Historische Museum..

DIE ARCHITEKTEN

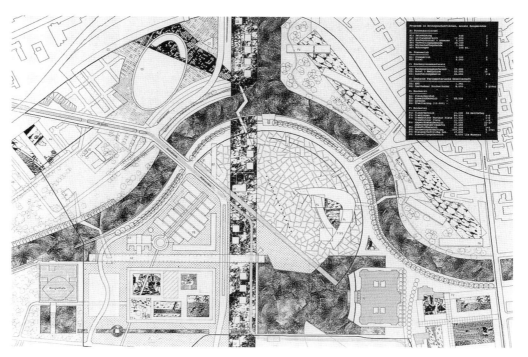

The Spreebogen is the ideal foundation for the government center in terms of urban design themes: this is where the historic center and the most important city park blend into one another, by the river the city had its origin, and the site is accessible through all the important urban infrastructure.

The central space of the district, the new Platz der Republik, is formed by a halfround square, a link between the Tiergarten and the Spree.

On the square, three towers of varying height for the members' areas are located. As the center of the democracy, these spaces also form the center and highlight of the district. They are recognizable in the city's skyline.

The southern part of the square borders the water basin created in front of the Bundestag building – the monumental Reichstag. The river banks are mostly accessible to the public. The northern banks will be designed as parks integrating the existing vegetation.

At the edge of Lehrter Bahnhof, a high triangular hotel and media tower will be built. On the southern quay is, among other things, the German Historic Museum.

THE ARCHITECTS

Centrum Herengracht, Den Haag

Roger Sherman, Santa Monica, CA

A. Hrabiec, K. Januszkienicz, P. Then, Kraków

Fernando Montes, Jean-Pierre Buffi, Paris

Kiyoshi Sei Takeyama, Kyoto

178

Holger Dubois, Klaus Muhler, Berlin

DEGW Berlin GmbH, Berlin

James L. Bodnar, New York, NY

S.A.L.-Planungsgruppe Heinz Esser, Münster

Walter Zulauf, Windisch

Francesco Vittorio Valletti, Torino

Erich Fischlin Thomas, Altstätten

Jan Verheyden, Zellik

Resolution: 4 Architecture, New York, NY

Doug Garofalo, Mark Linder, Chicago, IL

Trevor Skempton, Newcastle upon Tyne

**Werner G. King, Wolfgang Söllner,
Berthold Fahrner, Tübingen**

Giovanni Vio, Mestre, Venezia

Davidsson & Lindeberg, Helsinki, Berlin

Bates Architects, London

**Andreu Arriola & Carmen Fiol,
Barcelona**

**Collages,
Patchwork**

Stefan Alenius, Magnus Silfverhielm,
Jonas Åhlund, Mats Irner, Stockholm

Abdelilah Maaroufi, Colombes

Leonid Batalov, Igor Isaksson,
Stockholm

Alex Bloch, David Guggenheim,
Jerusalem

Michael Weiss, Tel Aviv

Bertrand Conan, Paris

Giovanni Cerutti, Torino

Christophe Potet, Paris

Michele Bardelli, Marco Büchler,
Angelo Martella, Locarno

B.D.M., Paris

HPP Hentrich-Petschnigg & Partner, Düsseldorf

Bona Enrico Davide, Milano

Esbjörn Adamson, Jan Enfors, Lars Vretblad, Stockholm

André Georgel, Montrouge

Architektengruppe Rutschmann + Partner, Stuttgart

Jacques & Philippe Moinard, Richard Bourdier, Clermont-Ferrand

Winkels, Runge & Partner, Dortmund

J.-P. Grießmann & Partner, Berlin

István Károlyi, Budapest

Baum, Freytag, Leesch, Langlotz, Zimmermann, Erfurt, Weimar

Collages, Patchwork

Einer Zusammengehörigkeit der einzelnen Baukörper und Funktionsbereiche für Parlament und Regierung wird mitunter durch die additive Verwendung identischer oder variierter Modulbaukörper Ausdruck verliehen. Es wird versucht, Individualität und Kollektivität als Kennzeichen einer pluralistisch demokratischen Gesellschaft in Bebauungsformen umzusetzen. Blöcke oder blockhafte Baukörper, „Scharen" von Zeilen oder punktförmigen Volumen ordnen oder streuen sich über das Wettbewerbsgebiet. In Ausnahmefällen sind die Module aus den vorhandenen Bebauungen entwickelt, beispielsweise aus dem Reichstagsgebäude. Durch die in der Regel offenen Bebauungsformen bleiben weite Flächen des Wettbewerbsgebietes als Grünraum erhalten.

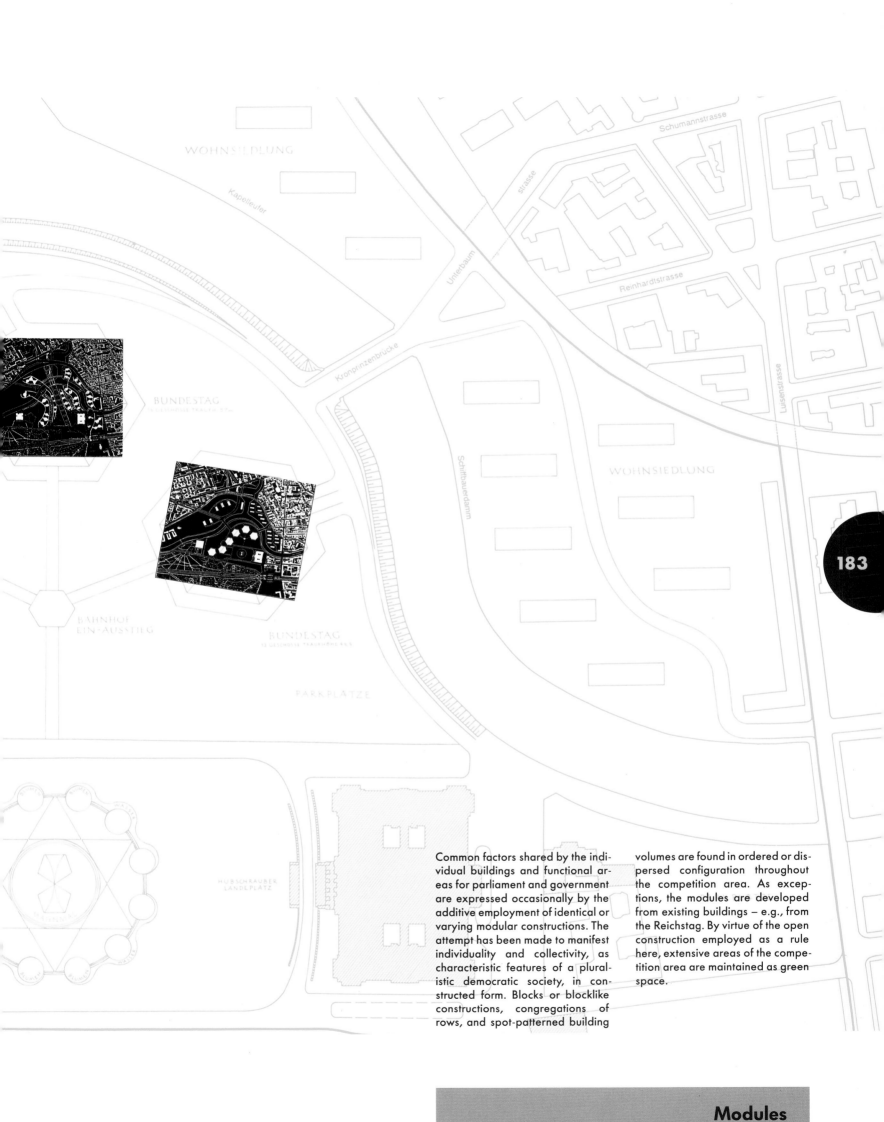

Common factors shared by the individual buildings and functional areas for parliament and government are expressed occasionally by the additive employment of identical or varying modular constructions. The attempt has been made to manifest individuality and collectivity, as characteristic features of a pluralistic democratic society, in constructed form. Blocks or blocklike constructions, congregations of rows, and spot-patterned building volumes are found in ordered or dispersed configuration throughout the competition area. As exceptions, the modules are developed from existing buildings – e.g., from the Reichstag. By virtue of the open construction employed as a rule here, extensive areas of the competition area are maintained as green space.

Modules

Die Grundidee für das Kapitol der neuen deutschen Hauptstadt Berlin läßt sich als „Parlamentspark" beschreiben. Gedacht ist an eine lockere, luftige, frei schwingende Raumcollage aus plastischem Landschaftsrelief und typisierten, minimalistischen Architekturkomponenten. Der Parlamentspark soll eine selbständige, weltoffene Mitte sein: eine autonome, durchgrünte Raumstadt in der steinernen Flächenstadt, eine Gartenstadt in der Großstadt.

Ein Archipel aus viergeschossigen „Raumfachwerkinseln" verteilt sich spielerisch über die Parklandschaft aus Wassern, Wäldern und Wiesen. „Raumfachwerkinseln" und als Raster angeordnete Schrägtürme sind in Proportion und Dimension vom Reichstagsgebäude abgeleitet. Die räumliche Vernetzung aller Teilbereiche untereinander vollzieht sich über die Freiraumdistanzen hinweg über zwei Transportsysteme: ein „Monorail" rotiert kontinuierlich

über aufgeständertem Gleisoval, und zwei „Wolkenbügel" – hoch aufgeständerte, frei über Parklandschaft und Baukomplexen schwebende prismatische Glasachsen mit geschwindigkeitsgestaffelten Rollbändern – bilden ein Kreuz.

DIE ARCHITEKTIN

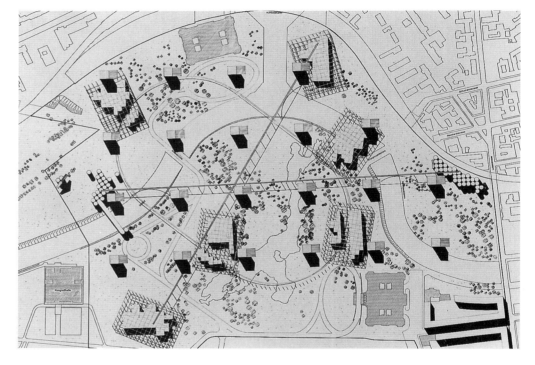

The basic idea for the capitol of the new German capital city, Berlin, could be described as a "Parliamentary Park". A loose, airy, free floating spatial collage is conceived which consists of the sculptural landscape relief (contour) and standardized, minimalistic architectural components. The Parliamentary park should be an independent center open to the world: an autonomous, greened city in the city of stone surfaces, a garden city in the metropolis. An archipelago of four-story "space-frame islands" playfully arranges itself across the landscape park of water, forests and meadows. The "space-frame islands" and slanted towers arranged in a grid are compatible with the proportion and size of the Reichstag building. The spatial networking of all the parts among one another is continued across the expanses of open space over two transport systems: a constantly moving "monorail" revolves around an oval-shaped elevated track; two "Wolkenbügel" (prouns) – elevated prismatic glass strips containing moving sidewalks of graduated speeds – are crossed and sweep over the park landscape and building complexes.

THE ARCHITECT

Das einzelne Modul ist ein Blumenstiel in pyramidaler Form, mit 12 Blättern für die 12 Länder, als Gleichnis der Geschichte und der Natur des Menschen. Der Bereich des Bundestages besteht aus sieben solcher Blumen, die in ihren Umrissen einen Menschenkopf bilden, Lebendigkeit bezeichnen. Der Körper (Amphitheater) und die Seele (Königsplatz und Platz der Republik) werden miteinander verbunden. Das Amphitheater ist in das aufgeschüttete Terrain eingebettet (Symbol: Vergangenheit-Faschismus), seine andere, gesunde Hälfte strebt als Halbkugel himmelwärts (mit den Farben der Völkerfahnen).

Im Mittelpunkt des Entwurfs soll der Mensch als Idee einer polaren Natur- und Geschichtsentwicklung stehen, als Symbol des Guten und Bösen. Ein „Wiederaufbau" der Berliner Mauer im kleinen soll als Mahnmal dienen, an der Stelle der Mauer werden „Portale" mit den Namen der Opfer errichtet, „Lebenssäulen" im Osten und Westen bergen die Erinnerung an die Vergangenheit. Die historischen Wurzeln sind wichtiger als das Kaschieren von Trennungsnähten mit Mitteln der Planung.

DER ARCHITEKT

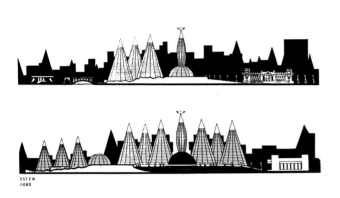

The module is a pyramidally shaped flower stem with 12 leaves for the 12 Länder (states). It is an allegory of history and human nature. The Bundestag area consists of seven flowers, the outline forming a human head, representing life. The body (Amphitheater) and the soul (Königsplatz and Platz der Republik) are being joined. The amphitheater is erected as a memorial to the human being, one part imbedded in the hill (symbolizing the past fascism), the other half, the healthy part, rising up as a dome (with the colours of the flags of all peoples).

The focal point of the plan is the human being representing the polar development of nature and history, symbolizing both good and evil. "Reerecting" the Berlin Wall in miniature serves as a reminder. At the site of the communist wall "portals" will be dedicated to its victims, and "pillars of life" hold the memory of the past. The historical roots are of more importance than developing plans to conceal the city's division.

THE ARCHITECT

Ahmet Bakamović, Klagenfurt

Schapour Pourteymour, Wiesbaden

Roman Lis, Przemyśl

**Francisco Felipe Rodríguez,
Jeffrey Huang,
Maria Simonetta Mohl Rodríguez,
Myriel Waldvogel, Zürich**

Erik Uluots, Stockholm

Christopher Macdonald, Austin, TX

Paul Joubert Elliott, Königstein

Michael Azmanov, Tel Aviv

**Simon Schmidig, Annibale Ceballos,
Birsfelden**

**Atsushi Ueda & Berlin Competition Team,
Kyoto**

**K.J.M. Architekten und Planer CO.,
Taling Chan, Bangkok**

Richard Gryziec, San Francisco, CA

**Giuseppe Mario Oliveri,
Domenico Cavallo, Giuseppina Giuliani,
Milano**

M. Scott Lockard, San Francisco, CA

Walter Höltje, Holzminden

K. Tabey-Aoul, London

Gebhard F. Müller, Stuttgart

187

**Sergio Boidi, Giorgio Mazziotta,
Alessandria**

Hyung-Woo Han, Courbevoie

Modules

Diese Kategorie sammelt Projekte mit hoher Bebauungsdichte: Cluster, flächenhafte, additive Strukturen oder architektonische Großformen. Einige der flächenhaften Strukturen wachsen über die Blöcke östlich des Reichstages in den Inneren Spreebogen hinein.

In den Beispielen architektonischer Großformen wird die Präsenz von Parlament und Regierung durch eine Übersteigerung der Dimensionen zelebriert. Die Neubauten lösen sich bewußt in Form, Maßstab und Funktion von den angrenzenden Stadtstrukturen.

In einem Teil der Projekte wird die hohe Konzentration von Nutzungen und Baumassen in einem Teil des Wettbewerbsgebietes genutzt, um die verbleibenden Flächen als Grünräume zu entwickeln.

188

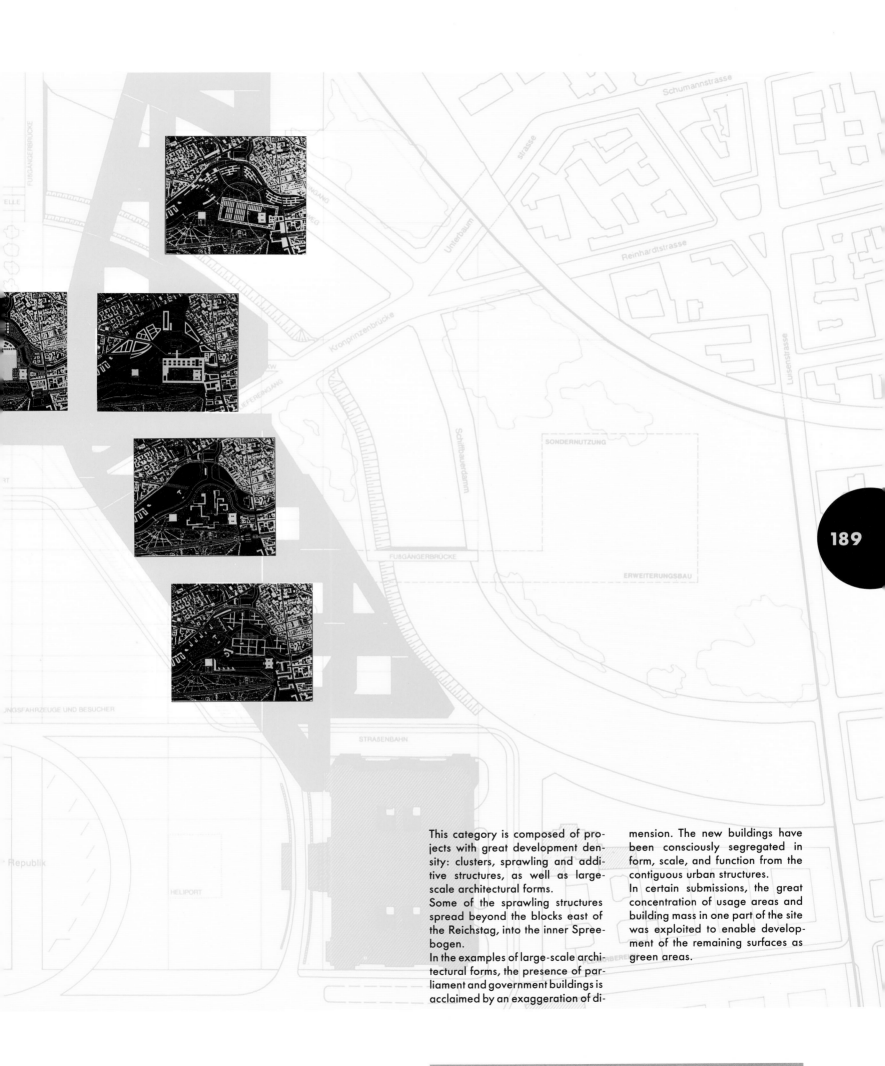

This category is composed of projects with great development density: clusters, sprawling and additive structures, as well as large-scale architectural forms.

Some of the sprawling structures spread beyond the blocks east of the Reichstag, into the inner Spreebogen.

In the examples of large-scale architectural forms, the presence of parliament and government buildings is acclaimed by an exaggeration of dimension. The new buildings have been consciously segregated in form, scale, and function from the contiguous urban structures.

In certain submissions, the great concentration of usage areas and building mass in one part of the site was exploited to enable development of the remaining surfaces as green areas.

Megastructures

Peter Petzold, Gottfried und Toni Hansjakob, München

Der Entwurf löst sich von den historischen Formen des symmetrisch axial ausgerichteten Städtebaus und dem Platz der Republik als Mittelpunkt. Bezugspunkte für die neue Stadtkante sind das Reichstagsgebäude und das Brandenburger Tor. Die Richtung wird bestimmt durch die Verlängerung der Moltkestraße auf den Platz der Republik. Auf diese Weise wird das Gebiet nordöstlich der Spree mit dem Sitz des Bundeskanzlers und altem Baumbestand zu einer großzügigen Erweiterung des Tiergartens.

Den Übergang vom Landschaftsraum des Tiergartens zu den bebauten Flächen bildet ein See, der gleichzeitig den Deutschen Bundestag mit Platz der Republik, Kanzleramt und Bundesrat verbindet. Die eigentliche Stadtstruktur mit den Bauten für den Bundestag wurde bewußt in einen Gegensatz zum freien Verlauf des Spreebogens gestellt. Durch die enge Verknüpfung der Flächen nördlich und östlich der Spree mit der Bebauung im Spreebogen kann der Eindruck eines Inseldaseins der Verwaltungen vermieden und eine Verknüpfung mit den vielfältigen Funktionen der umliegenden Stadt deutlich gemacht werden.

DIE ARCHITEKTEN

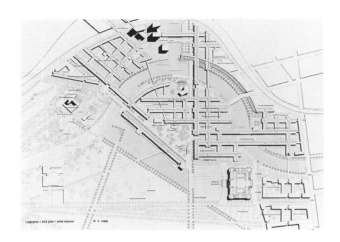

The design distances itself from the historic forms of symmetrically axially oriented urban design and the Platz der Republik as center point. The reference points for the new city edge are the Reichstag building and the Brandenburg Gate. The direction is determined by the extension of Moltkestrasse to the Platz der Republik. In this way, the district northeast of the Spree, with the seat of the Federal Chancellor and the groups of old trees can become a generous expansion of the Tiergarten.

The transition from the landscape of the Tiergarten to the built areas is made by a lake, which at the same time connects the German Parliament with the Platz der Republik, the Chancellery, and the Bundesrat. The actual urban fabric of the buildings for the Bundestag was consciously placed in opposition to the winding path of the Spreebogen. Through the close joining of the areas north and east of the Spree with the development in the Spreebogen the impression of an islandstate of the administration is avoided, a good link with the multiple functions of the surrounding city is established.

THE ARCHITECTS

Die Verdichtung der Gebäude zugunsten eines spreeseitigen Freiraumes steht im Vordergrund. Der Entwurf sieht zwei Konzentrationen von Bauvolumen vor. Einerseits das stark verdichtete Regierungsviertel als 8geschossiger, teils aufgeständerter „Rahmen". In seiner äußeren Gleichförmigkeit soll es die Idee einer Politik als über- und durchschaubares Regierungsinstrument spiegeln. Andererseits die durchmischten Wohn- und Gewerbebauten, welche Mitarbeitern und Dienstleistungsbetrieben zugedacht sind. Diese Gebäude sind ähnlich den Zuschauerrängen eines Amphitheaters dem Regierungsviertel zugewandt.

Die Anordnung und die Lage der Regierungsbauten verdeutlichen die Wichtigkeit ihrer Aufgaben nach außen. Bewußt wurde im Inneren des Regierungshofs eine Gleichheit im Großen, aber eine Individualität in der kleinräumigen Handhabung angestrebt. Die Agora als Platz des öffentlichen Gespräches, der Demonstration von Macht und Ohnmacht ist auch der Einblick und Zugang in die Geschehnisse rund um die Regierenden. Zwei Pressetürme dienen als Punkte der Übersicht und zur Weiterleitung von Informationen.

DIE ARCHITEKTEN

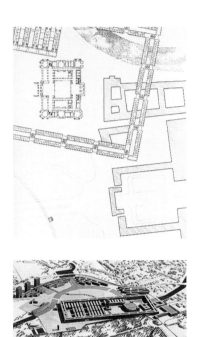

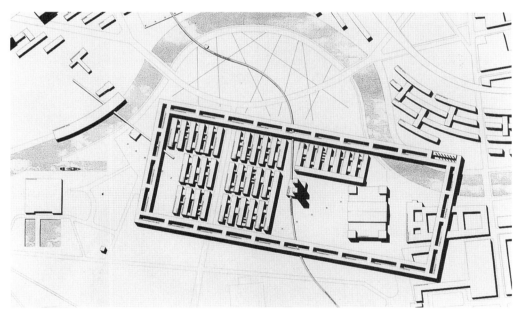

The densification of the buildings is emphasized, thus making an open space towards the Spree possible. The project envisions the building volumes in two concentrations. On the one hand the very dense government district – an eight-story, partially elevated "frame". In its outer uniformity it reflects the notion of politics as an intelligible and transparent tool of government. On the other hand are the mixed residential and commercial buildings for staff and services. These buildings are oriented towards the government quarter, similar to the stands of an amphitheater. Layout and location of the governmental buildings indicate the importance of their functions towards the outside. Inside the government court we consciously strove for similarity on the larger scale, but for individuality on the smaller scale. The agora as the site of public discourse and of demonstration of power and powerlessness at the same time provides insight and access to governmental activities. Two press towers serve as points of visual reference and for transmittance of information.

THE ARCHITECTS

Tom Hegi, Daniel Schneider, René Studer, Olten

Megastrukturen

Angélil / Graham Architecture,
Los Angeles, CA

Driendl & Steixner, Wien

PAU.HOF Architekten, Wien

Alain Robert, Paris

Nadezda-Nada Velimirović, Hamburg

Denis Sloan, Anne Judet-Sloan,
Ollivier Ceyrac, Jacques Simon, Paris

Jens Jacob Happ, Frankfurt/Main

Gian Carlo Leoncilli Massi & A. Ricci,
D. Spoletini, Spoleto, Perugia

Vladislav Nikolov, Montgeron

Cabrini Keller Verda, Lugano

Al., M. & J. Mansfeld, H. Kehat, Haifa

P. Cerliani, J. Klemm & H. Matthias, M. Albers, Zürich

Alain James Gromelle, Marseille

Bru Gurtner, Basel

Architecture 401, Rice University, Houston, TX

Johann Staber, Wien

„3 M", Berlin

Georges Czyz, Daniel de Laveleye, Casimir Grochowski, Bruxelles

Jan S. Kalinowski, Anna E. Dropiewska, Bronx, NY

Alex Amini, San Remo

Megastructures

Megastrukturen

**Fritz Bühler, Lukas Niethammer,
Erich Allemann, Biel**

Campman Tennekes de Jong, Gouda

**Marcelo Hanlon, Pablo Szelagowski,
La Plata**

Peter Dikov, Sofia

Lukas Buol, Marco Zund, Basel

Andrzej Siobowicz, Los Angeles, CA

Joel Huffman, Venice, CA

Richard Guy, Paris

Koichi Nagashima, Tokyo

Emiliano Bernasconi, Milano

Daniel Baillif + Roger Loponte, Carouge,
Genève

Pierre Jouven, Catherine Paris, Paris

Salvatore Bisogni, Napoli

Villa Associati Architetti, Milano

Pierre Auffan, Paris

Irina Popovici, Cosma Jurov,
Rodica Eftenie, Florin Machedon,
Mihai Eftenie, Bucuresti

Brian Thomas Johnston,
William Hugh Tucker, Edinburgh

Marcin Orawiec, Franz Stadler, Köln

Ralph Baenziger, Friederike von Wolff,
Ben Huser, Zürich

Lim Teng Ngiom, Kuala Lumpur

Megastructures

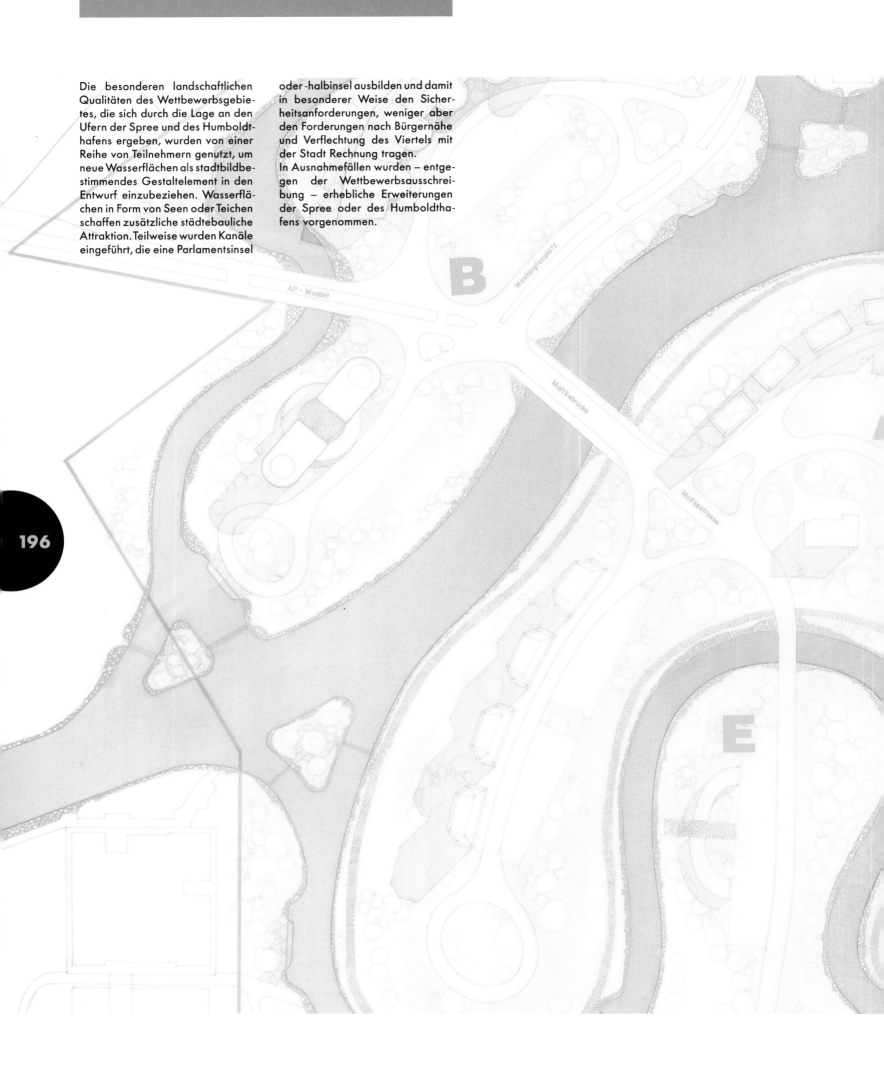

Das Wasser

Die besonderen landschaftlichen Qualitäten des Wettbewerbsgebietes, die sich durch die Lage an den Ufern der Spree und des Humboldthafens ergeben, wurden von einer Reihe von Teilnehmern genutzt, um neue Wasserflächen als stadtbildbestimmendes Gestaltelement in den Entwurf einzubeziehen. Wasserflächen in Form von Seen oder Teichen schaffen zusätzliche städtebauliche Attraktion. Teilweise wurden Kanäle eingeführt, die eine Parlamentsinsel oder -halbinsel ausbilden und damit in besonderer Weise den Sicherheitsanforderungen, weniger aber den Forderungen nach Bürgernähe und Verflechtung des Viertels mit der Stadt Rechnung tragen.

In Ausnahmefällen wurden – entgegen der Wettbewerbsausschreibung – erhebliche Erweiterungen der Spree oder des Humboldthafens vorgenommen.

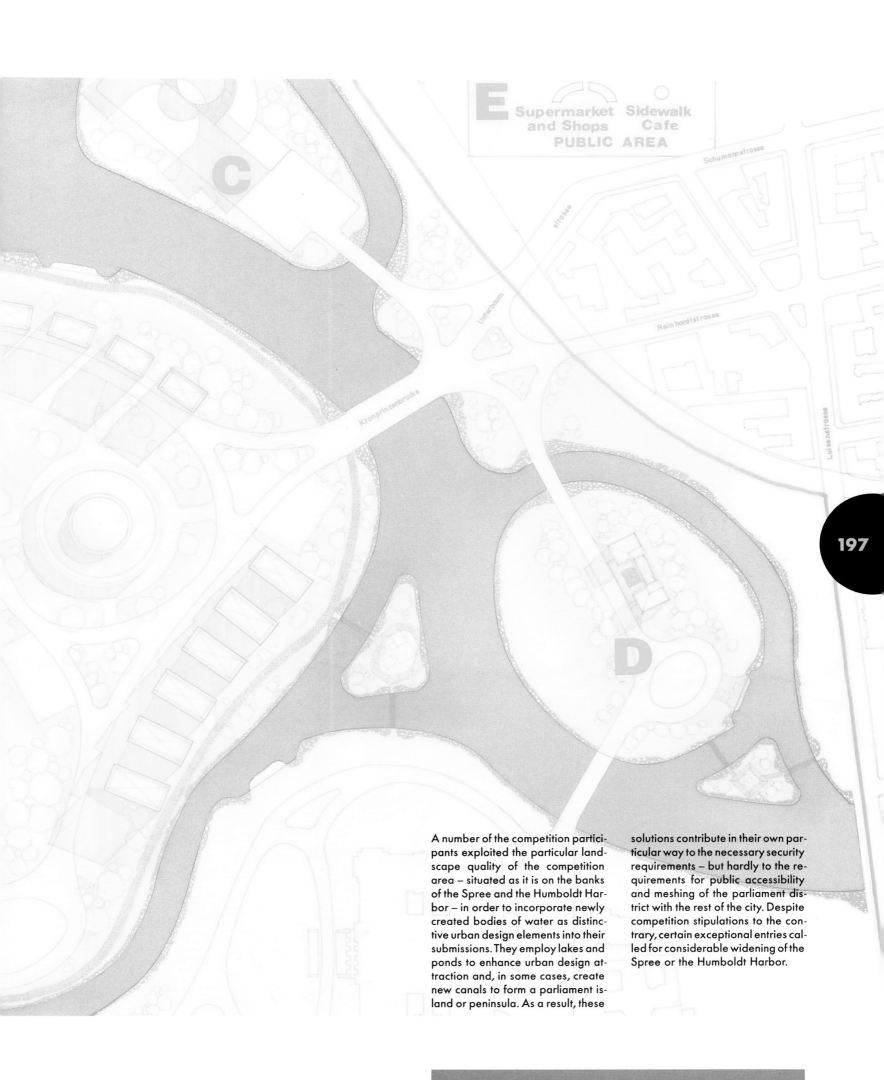

C

197

D

A number of the competition partici- pants exploited the particular land- scape quality of the competition area – situated as it is on the banks of the Spree and the Humboldt Har- bor – in order to incorporate newly created bodies of water as distinc- tive urban design elements into their submissions. They employ lakes and ponds to enhance urban design at- traction and, in some cases, create new canals to form a parliament is- land or peninsula. As a result, these solutions contribute in their own par- ticular way to the necessary security requirements – but hardly to the re- quirements for public accessibility and meshing of the parliament dis- trict with the rest of the city. Despite competition stipulations to the con- trary, certain exceptional entries cal- led for considerable widening of the Spree or the Humboldt Harbor.

Water

Peter Paul Hoff, Dortmund

Der Spreebogen soll von Bebauung freigehalten werden. Er wird durch zusätzliche Wasserflächen ergänzt, so daß eine Insel entsteht: die sogenannte „Parlamentsinsel". Die erforderlichen Flächen für die Parlamentarier werden demzufolge in einem Hochhaus – dem „Bundeshaus" – untergebracht.

Das Gebäude bildet mit seinen beiden gekrümmten Fassaden einen Innenbereich, der unterschiedlich große Säle beherbergen kann. So können Ausschuß- und Fraktionssitzungen direkt im Abgeordnetenhaus abgehalten werden. Eine Fußgängerbrücke im dritten Obergeschoß verbindet das Abgeordnetenhaus mit dem Reichstag und stellt die kürzeste Verbindung zum Plenum dar.

Das Bundeskanzleramt schließt sich im rechten Winkel an den Bundesrat an. Es begrenzt den Platz der Republik und kehrt seine Rückseite zur Spree. Über eine Fußgängerbrücke erreicht man den Kanzlergarten auf der anderen Spreeseite.

DER ARCHITEKT

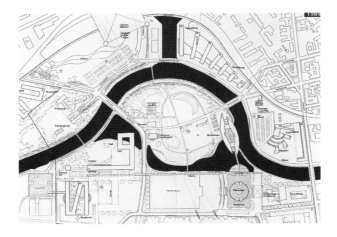

The Spreebogen should be kept free from built development. It will be enhanced with additional water areas, so that an island is created: the so-called "Parliament Island". The areas necessary for the parliament members will be accordingly placed in a single tall building – the "Bundeshaus" (Federal House).

The building with its two curved façades creates an envelope which can contain halls of various sizes. Then the committee and party group meetings can be located directly inside the members' building. A pedestrian bridge on the third upper level connects the building directly with the Reichstag.

The Federal Chancellery is connected to the Bundesrat at a right angle. It borders the Platz der Republik and turns its back to the Spree. The Chancellor's Park on the other side of the Spree can be reached by means of a footbridge.

THE ARCHITECT

Im Spannungsfeld der Geschichte muß sich der Bereich des Spreebogens neu definieren. Überkommene Strukturen müssen dem heutigen Selbstverständnis gemäß neu definiert werden, um zu einer demokratischen Ausdrucksweise zu gelangen. Starre Achsbezüge sind verfehlt; die Vielzahl der Orientierungsmöglichkeiten, der Fixierung und Ausrichtung sind einer pluralistischen Gesellschaft adäquater und lassen Spielraum für Entfaltungen.

Transparenz und Durchlässigkeit ist das Thema – die Gebäude stehen daher im landschaftlichen Park in Fortsetzung des Tiergartens wie Brücken.

Langgestreckt schiebt sich der dreigeschossige Gebäudekomplex der "Parlamentarischen Meile" von Bundestag, Bundeskanzleramt und Bundespressekonferenz bis dicht an das nördliche Spreeufer und staffelt sich mit seinen hohen Sälen bis hinunter an den Wasserspiegel. Dar-

über sind, wie an mächtigen Brükken-Pylonen schwebend, die hohen Bürobaukörper abgestrebt. In luftiger Höhe überspannen sie das alte Flußbett der Spree und das denkmalwürdige Südufer, das zur sichelförmigen Insel wird.

DIE ARCHITEKTEN

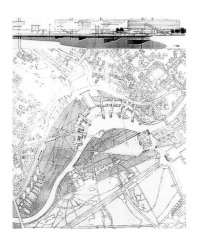

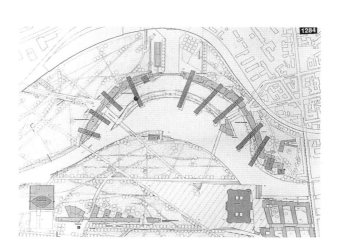

199

The district must redefine the Spreebogen within the field of historical references. Surviving patterns must be redefined according to today's selfimage in order to succeed in a democratic means of expression. Rigid axial connections are lacking; multiple orientations and the fixings are more appropriate to a pluralistic society and permit unrestrained leeway for future development.

Transparency and accessibility is the main theme, and for this reason

the buildings are set like bridges in a landscape park in the continuation of the Tiergarten.

A three-story building complex, the "parliamentary mile" of the Bundestag, the Federal Chancellery, and the Federal Press conference stretches longitudinally right up to the northern bank of the Spree; its high halls step down to the water level. Across from it, as if hovering on powerful pylons, the high office volumes are suspended. At a lofty height,

they span the old river bed of the Spree and the historically valuable southern bank, which becomes a crescent-shaped island.

THE ARCHITECTS

Wolfgang Poos, Ulrich Isensee, Peter Nehmann, Hannover

Das Wasser

Thiess Marwede, Köln

Brunnert Mory Osterwalder Vielmo,
Stuttgart

Virgilio T. Panganiban,
Makati Metro Manila

Gustavo Bonevardi, Jon McMillan,
New York, NY

Meryem + Marcato Bekkoucha, Toulouse

Tectoniques, Lyon

Jean-Marc Massot, Le Crest

Andrzej Krzysztof Barysz,
Ryszard Mendrok, Tychy

Agostino Falzone, Coco Lorenzo,
San Martino Delle Scale

Mauri Korkka, Helsinki

Cooper Partnership, Redland, Bristol

Des Smith Architects, Melbourne

Leo Campbell, Stephen Frith, Surry Hills

Michael Sorkin, New York, NY

**Empio Malara, Giovanni Drago,
Giacomo Bancher, Milano**

Günter Stahn, Gebhard Gfrörer, Berlin

Tjeerd Dijkstra, Lodewijk Baljon, Edam

Teun Koolhaas Associates, Almere

Jean-Pierre Reynders, Bruxelles

Klaus Bruntsch, Darmstadt

Water

Im inneren Spreebogen, zum Teil aber auch nördlich der Spree bis zur Hochbahntrasse werden Einzelbaukörper unter bewußtem Verzicht auf jedes geometrische oder strukturelle Ordnungsraster frei über das Wettbewerbsgebiet verteilt. Diese oft sehr verschiedenen Architekturen im Park gebärden sich skulptural. In der Regel ist die Bebauungsdichte gering, die Grünflächen des Tiergartens ziehen sich in den als Stadtlandschaft komponier-

ten Spreebogen hinein. Der Bereich östlich des Reichstages wird als der Stadt zugehörig verstanden und mehr oder weniger durch Blockstrukturen mit historischer Traufhöhe verdichtet.

In the inner Spreebogen, and to some extent also to the north of the Spree up to the elevated rail lines, these projects distribute individual building volumes freely throughout the competition area, with intentional renunciation of any geometric or structural order grids. The architecture here, often exhibiting a great degree of diversity, also demonstrates sculptural attributes. As a rule, the building density is slight, and the green areas of the Tiergar- ten extend into the townscape composition of the Spreebogen. The area to the east of the Reichstag has been viewed as belonging to the city, and is compressed to a greater or lesser degree through block structures with historic eaves height.

Dispersions

Ott Gira, Pornchai Pong Boonsom, Bangkok

Der Spreebogen, einst ein Ort der Trennung zwischen Ost- und Westberlin, wirft Fragen in bezug auf die Verknüpfung der sehr unterschiedlichen städtebaulichen Texturen auf. Unser Entwurf geht von der Idee der "forced perspective" aus, um eine Landschaft zu gestalten, die visuell und physisch den historischen Kontext mit neuen Strukturen verbindet. Die Linienführung unseres Projektes wird durch die bereits vorhandenen ordnenden Linien bestimmt: vorhandene Gebäude, vorhandene Verkehrswege, Freiräume und die Spree. Mit einer Reihe von dominanten Ost-West-Achsen soll die Einheit der einst geteilten Stadt wieder hergestellt werden; auch der Nord-Süd-Korridor wird weiter unterteilt. Ergebnis ist ein Zustand zwischen Vernunft und Vision. Vereinzelt es sich oder wächst alles zusammen? Der besondere Charakter der „Stadt an der Spree" wird durch zwei städtische Plätze erreicht, die buchstäblich über das Wasser gelegt sind.

DIE ARCHITEKTEN

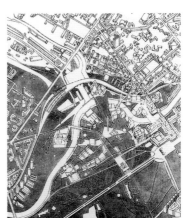

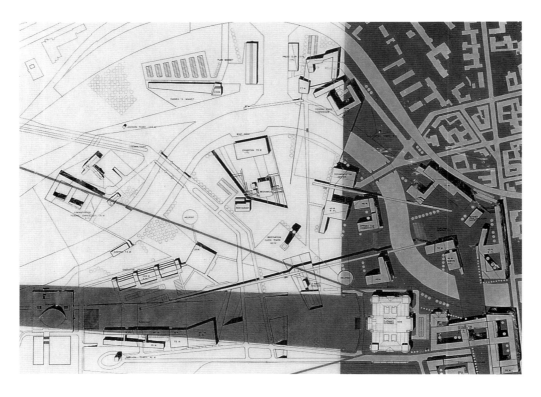

The Spreebogen site, once a division point between East and West Berlin, poses questions concerning connections between the radically different city textures. This project chose the idea of forced perspective to create a landscape that would physically and visually link historical context with new structures. The lines of the site are based on the lines of the context: existing buildings, existing circulation, open space, and the Spree river. A pre- dominant series of east-west axes reconnect the once separated city; the north-south corridor is cut up as well. The result is a state between reason and vision. Is it fragmenting or becoming a whole? "Berlin on the Spree" is achieved by literally imposing two urbanly scaled plazas over the water.

THE ARCHITECTS

Berlin ist eine fragmentierte Stadt. Die Zerstörungen durch den Zweiten Weltkrieg und die Teilung der Stadt haben viele Brachen hinterlassen, die das Wesen der Stadt mehr als ihre bebauten Flächen charakterisieren. Unser Entwurf orientiert sich an dieser Leere Berlins. Die Regierungsgebäude können als Skulpturen-Gruppe von metropolitanem Ausmaß gesehen werden. Ihre Primärformen sind einfach und kommunikativ und beziehen sich auf das kollektive Gedächtnis des Menschen: das Ei, die Hütte, der Phallus. Das neue Gebäude für den Bundestag wölbt sich über die Spree, das Gebäudes des Kanzleramts erhebt sich 200 Meter hoch. Die Gebäude sind mit Messingblech verkleidet, was ihren skulpturalen Charakter betont und sie unmittelbar erkennbar macht.

DER ARCHITEKT

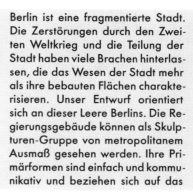

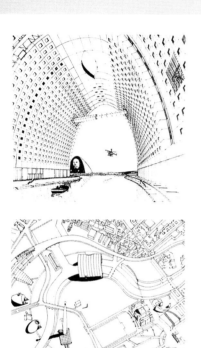

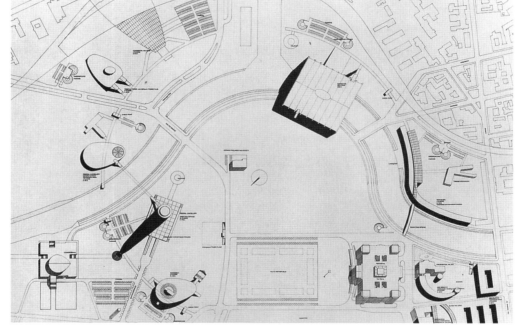

Berlin is a fragmentary city. The destruction caused by the second world war and the subsequent division of the city created many voids which represent the essence of the city much more than built-up areas. Our proposal follows the emptiness of Berlin. The government buildings can be seen as a group of sculptures of metropolitan scale. Their shapes are primary, simple and communicative and linked to the collective memory of man: the egg, the hut, the phallus. The new building of the Bundestag arches across the Spree, the building of the Chancellery rises 200 meters high. The buildings will be faced by brass sheets which stresses their sculptural character and makes them immediately identifiable.

THE ARCHITECT

Dante Bonuccelli, Milano

Streuungen

H. P. Freudenreich, Berlin

Raoul Bunschoten, London

Näf Cornel, Hans Frei, Zürich

R. J. Mulder, Rijswijk

Roberto Loeb, Debra Carol Haddock,
Elaine Sobral Pohl, São Paulo

Massimo Fagioli, Leonardo Latini,
Ruben Lombardelli, Firenze

Eduard Otto Baumann, Zürich

Kas Oosterhuis, Ilona Lénárd,
Leo Donkersloot, Rotterdam

Ilan Pivko, Haifa

Bräm, Harnist, Mathys, Sintzel,
Zürich, Bern

Nasrine Seraji-Bozorgzad, Paris

Ilse Vana-Schiffmann, Wien

ohm-Architekten, Wetzikon

Lydia Prati de Ramelli, Cali

Roman Matthias Leuppi,
Stephanie M. Schafroth, Zürich

M. Epstein, D. Bulley, London

Leonard St. Hill, Holders Hill, St. James

Group 91, Dublin

Martin/Baxi Studio, Berkeley, CA

Clorindo Testa, Buenos Aires

Dispersions

Land Art, Grüne Mitte

Die unmittelbare Nachbarschaft des Wettbewerbsgebietes zum Tiergarten führte bei diesen Projekten zur Interpretation des Spreebogens als primär dem Grün- und Landschaftsraum zugeordnetes Areal. Die Bebauung wurde bei einem Teil der Arbeiten auf die östlichen und/oder nördlichen Wettbewerbsbereiche konzentriert, um den inneren Spreebogen weitgehend freizuhalten. Die Parklandschaft des Tiergartens wurde bis an die Spree, oder über die Spree hinweg bis an den Lehrter Bahnhof geführt. Bei anderen Arbeiten in dieser Kategorie macht sich die Architektur zu einem Teil der Landschaft, geht gewissermaßen in Land Art über. Der innere Spreebogen wird interpretiert als bebautes, aber als architektonische Landschaft verstandenes Areal im Übergang zwischen Stadtkörper und Landschaftsraum.

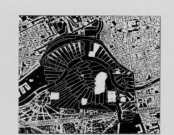

The immediate proximity of the competition area to the Tiergarten led in these projects to interpretation of the Spreebogen as primarily a green and landscape area. In some of these submissions, development was concentrated to the east and/or north of the competition area, in order to preserve as much of the inner Spreebogen as possible as green space. The park landscape of the Tiergarten was extended to the Spree, or even across the Spree up to the Lehrter Railway Station. In other examples in this category, architecture is rendered as part of the landscape – and attains, as it were, an aspect of land art. The inner Spreebogen is thereby interpreted as a developed area – yet one understood as an architectonic landscape in transition between urban mass and park landscape space.

Land Art, Green Center

Die offene Landschaft des Spreebogens stellt seit der Gründung Berlins im 13. Jahrhundert ein kontinuierliches morphologisches Kennzeichen dar. Durch alle historischen Epochen hindurch ist diese Leerfläche seither besonders mit der formalen und funktionalen Struktur der Stadt verbunden gewesen.

Das Entwurfskonzept geht von der Idee aus, daß eine Leerfläche nicht notwendigerweise ausgefüllt oder unbestimmt reguliert werden muß, sondern mitunter als Leerfläche höher geschätzt werden kann. Im Falle des Spreebogens kann der zentralen Leerfläche eine neue Bedeutung verliehen werden: als alternativer Raum für öffentliche Kundgebungen und Aktivitäten, als Stadtbühne, als zwanglose Brücke unmittelbar neben dem formalen Sitz des deutschen Parlaments.

Der Vorschlag für den Spreebogen enthält vier urbane Hauptfragmente: die zentrale Leerfläche, historisch geschlossene Häuserblöcke, Parkketten im Norden und Plätze im Süden.

DIE ARCHITEKTEN

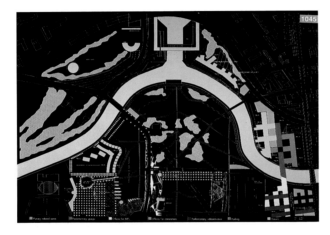

210

The open landscape of the Spreebogen expresses a continous morphological feature present since Berlin's founding in the thirteenth century. Through all epochs of history since then, this open area has been especially linked with the formal and functional structure of the city.

The design concept stems from the idea that a void must not necessarily be filled up or regularized, but can be more valued as such. In the case of the Spreebogen, the central void can take on new significance as an alternative place for public rallies and activities, as an urban stage, as an informal bridge directly adjacent to the formal seat of the German Parliament.

The proposal for the Spreebogen incorporates four main urban fragments: the central void, historically closed blocks of buildings, chains of green spaces in the north and squares in the south.

THE ARCHITECTS

Kontext: Park in der Stadt
Konzept: Stadt im Park
Der Entwurf ist als „Öko-Stadt" gedacht mit unterirdischen Gärten, Längsriegeln, Querriegeln (Verbindungen), Konfetti (Säle) und einer ovalen künstlichen Insel entlang der Spree. Der gesamte Verkehr verläuft in Tunneln, eine V-förmige Fußgängerbrücke überquert die Spree. Der V-förmige Wolkenkratzer gegenüber dem Reichstag ist aus schwarzem Granit; eine seiner Fassaden ist ein vertikaler Schnitt durch das Gebäude, die anderen beiden sind geneigt. Er nimmt alle Funktionen der Öffentlichkeitsarbeit (Presseclub, Bundespressekonferenz etc.) auf. Der Platz der Republik ist in drei Zonen aufgeteilt: ein Granitplatz, ein Wasserplatz (für Paraden – wenn er nicht gebraucht wird, ist er ein Wasserbecken), ein Grasplatz. Die Öko-Stadt hat mehrere Schichten: die Tiefebene und die Dachebene sind Grünflächen, zwischen diesen beiden Parks sind alle Funktionen angeordnet. Das Ergebnis für den Spreebogen ist ein flacher Horizont und eine gegenüber vorher stark vergrößerte Grünfläche.

DIE ARCHITEKTEN

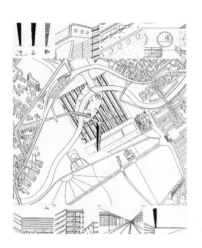

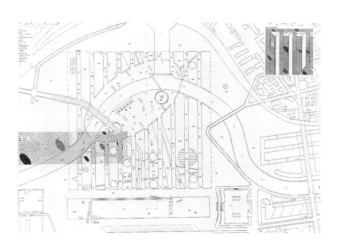

Context: Park in the city
Concept: City in the park
The project is conceived as "eco-city" with subterranean gardens, longitudinals (office space), transversals (connections), confetti (halls) and an oval-shaped artificial island along the river. All traffic passes through tunnels, a V-shaped pedestrian bridge crosses the Spree. The V-shaped skyscraper across the Reichstag is black granite; one façade is a vertical section through the building, the others are sloped. It contains all functions of public contact (press club, press conference etc.) The Platz der Republik is divided in granite square, water square (for parades – when it is out of use: a pool), grass square. The eco-city's bottom and roof levels are green spaces, all functions are in between the two parks. Results for the site are a flat skyline and a much larger green surface than before.

THE ARCHITECTS

**Bojan Radonić, Goran Rako,
Den Haag, Zagreb**

Das Projekt löst das Spreebogen-gelände in eine freie, jedoch geordnete Parkanlage auf. Es sieht im nördlichen Teil eine kompakte urbane Bebauung vor.

Die Aufmerksamkeit wird stark auf die optischen und funktionellen Beziehungen gerichtet wie auch auf die Vernetzung des Parks in sich. Vom Kreismittelpunkt, der am U-Bahn-Eingang gelegen ist, ist eine 360°-Panorama-Ansicht der Baukörper möglich. An diesem Punkt kreuzen sich die beiden Linien, die zur Moltkebrücke und der neuen, von Calatrava entworfenen Brücke führen, in einem 90°-Winkel; der gegenüberliegende, gleich breite Winkel ist nicht bebaut und läßt den Blick auf den Park offen.

Der kleinere Teil der Neubauten wird in der geplanten Erweiterung des Tiergartenparks innerhalb des Spreebogens angesiedelt. Es entsteht so ein neues Szenarium repräsentativer Gebäude, die die urbane Front des gegenüberliegenden Spreeufers zum Hintergrund haben. Die bestehende Vegetation ist, soweit möglich, intakt gelassen worden. Die Vorrangigkeit von Grünflächen auf dem Gesamtareal ist integraler Bestandteil des Projekts. Dachgärten reduzieren negative klimatische Einflüsse, die von den Gebäuden ausgehen, und gewinnen Fläche für die Natur zurück.

DER ARCHITEKT

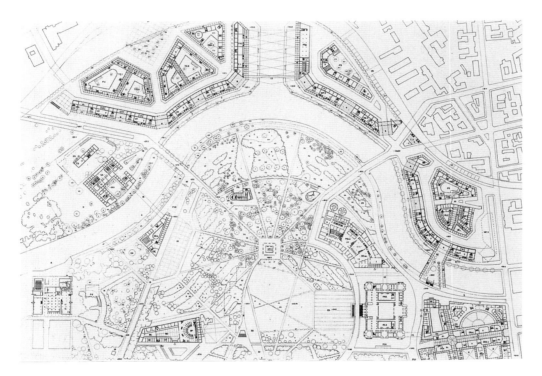

This project allows the Spreebogen area to blend into the free but orderly composition of the park, using more compact structures of urban character in the northern strip.

Attention is focused chiefly both on the visual and functional links, and on the capillary network of the park. From the central point at the underground entrance the volumes can be seen in a panoramic view of 360°. Here the perspectives of the two bridges, Moltkebrücke and the new bridge designed by Calatrava, converge at an angle of 90°; the opposite angle of equal width is free of buildings and opens onto a view of the park.

The lesser part of the new structures is distributed within the proposed extension of the Tiergarten inside the Spreebogen, creating a new scenario of representative buildings for which the urban frontage line on the other side of the Spree forms the backdrop.

Wherever possible the existing vegetation has been left in situ. The predominance of green spaces in the whole area is an integral part of the project. Roof gardens significantly reduce the negative climatic effects of the buildings and reconquer space for nature.

THE ARCHITECT

„Wie also muß eine Gesellschaft beschaffen sein, damit einer, der baut, sich in die erfahrbare Welt des Gebauten einfügen kann, ohne wiederum zum Träger vergangener Bilder zu werden?"

Aus dem Studium der Karten vom Spreebogen werden komplexe, übereinander gelagerte Ordnungen deutlich. Aus der klaren Blockstruktur von Dorotheen- und Friedrichstadt mit ihren eindeutigen und überkommenen Linien und Begren-zungen folgte für uns die Wiederherstellung der außergewöhnlichen Grundrißfiguren von Pariser und Leipziger Platz, die sich als stark artikulierte Platzformen aus dem Rand des Stadtkörpers herausschieben. Unser Entwurf stellt sowohl die axialen und bandartigen Bezüge des Ortes wie die stark verdichtete Blockrandbebauung im östlichen Teil wieder her. Innerhalb dieser transitorischen, abstrakten Stadtlandschaft sind alle einzelnen Gebäude eng axial miteinander verknüpft und visuell mit der Stadt verbunden.

Um eine visuelle Verbindung zur Spree zu schaffen, die zur Zeit vom Norden her nicht zu sehen ist, ist die abstrakte Landschaft im Süden angehoben und erlaubt einen Panoramablick auf das ganze Stadtbild. Die Linie der Otto-Grotewohl-Straße bildet das Rückgrat des neuen Regierungsviertel. Auf der Ostseite des Bundestags soll ein intimer Platz entstehen, der wie die ganze Landschaft zum Fluß hin gekippt und geformt ist. Er soll als ruhiger, repräsentativer öffentlicher Raum ein Gegengewicht zu dem eher kommerziell orientierten Pariser Platz bilden.

DIE ARCHITEKTIN

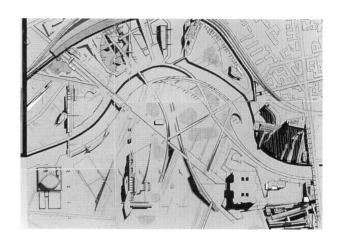

"How then must a society be conditioned so that experience with building can integrate itself into the work of real experienced architecture without it being again and anew the bearer of past images?" Map studies suggested a complex relationship of orders layered on the Spreebogen site. Distinct block structures with long-established and clearly delineated edges at the Dorotheenstadt and the Friedrichstadt suggested that we reestablish the ex-traordinary figures of the Pariser Platz and Leipziger Platz as a strong plaza type pushed outside of the edge of the city. The axial and striped relationships across the site as well as the clear block structure of high density towards the east have been reestablished. Within this transitional urban abstract landscape, each single building is closely related in an axial sense to all others and visually connected to the city. To create a visual relationship to the Spree river, which at the moment is entirely invisible from the north, the abstracted landscape has been raised towards the south, thus allowing a rich panoramic view of the entire Berlin city image. We propose the edge along the Otto Grotewohl Strasse as the spine of the new government center. We provide an intimate, governmental plaza, east of the Bundestag, which is, like the whole landscape, tilted and modulated towards the river. It is intended to provide a calm, representational, public space as a counterweight to the more commercial Pariser Platz.

THE ARCHITECT

Dagmar Richter, Santa Monica, CA

Henry Smith-Miller & Laurie Hawkinson,
New York, NY

Kolatan / Mac Donald Studio,
New York, NY

W. Traxler, Raaba / Graz

Dean P. Hoffmann, Houston, TX

Christopher Diel,
Nathaniel Quincy Belcher,
Columbus, OH

Nobuaki Furuya, Hiroshima

Jose Oubrerie,
Mohammad Karimnamazi,
Eymen Homsi, David Soka,
Mabel Bequelman, Columbus, OH

Andrew Zago, Los Angeles, CA

Beres, David, Dervieux, Faivre, Paris

Nicholas Gill, Natasha Le Comber,
Dan Macarie, London

**Renato Rizzi, Barbara Borgini,
Jörg Gleiter, Rovereto**

Eric Guernalec, Paris

Rolf Grundmann, Essen

**Guido Orsingher, Christian Schüpbach,
Berlin**

**Studio Heiner Rodel,
Massagno / Lugano**

**M. Christl + J. Bruchhäuser,
Frankfurt/Main**

Hannes Stiefel, Zürich

Jürgen Kuck, Lübeck-Travemünde

Marc Loeliger, Detlef Schulz, Zürich

Peter Colomb, London

**Land Art,
Green Center**

Peter Schmal/Early Birds,
Frankfurt/Main

Roche & François, Paris

Nicholas Boyarsky + Nicola Murphy,
London

David Ling + Rick Gooding,
New York, NY

Jacques Filippi, Marseille

Hugh B. Ellwood, Berlin

Misha Stefan Stavrides, London

Hans Günter Hofmann,
Hans-Wilhelm Knaack, Düsseldorf

Cem Erönder, Berlin

Enric Batlle, Joan Roig, Barcelona

J. Bensdorp, T. Mees, Amsterdam

Erich Bramhas, Wien

Roland Castro, Sophie Denissof, Paris

Christian Sonnet, Paris

J.-J. Robert Decoppet, Berlin

Alessandro Marata, Bologna

Fred Angerer, Werner Willfurth, Lochham

Studio de Lucchi, Milano

Blassel Lelay Touraine Miller, Paris

Joram Schaap, Vangelis Lykos,
Amsterdam

Land Art,
Green Center

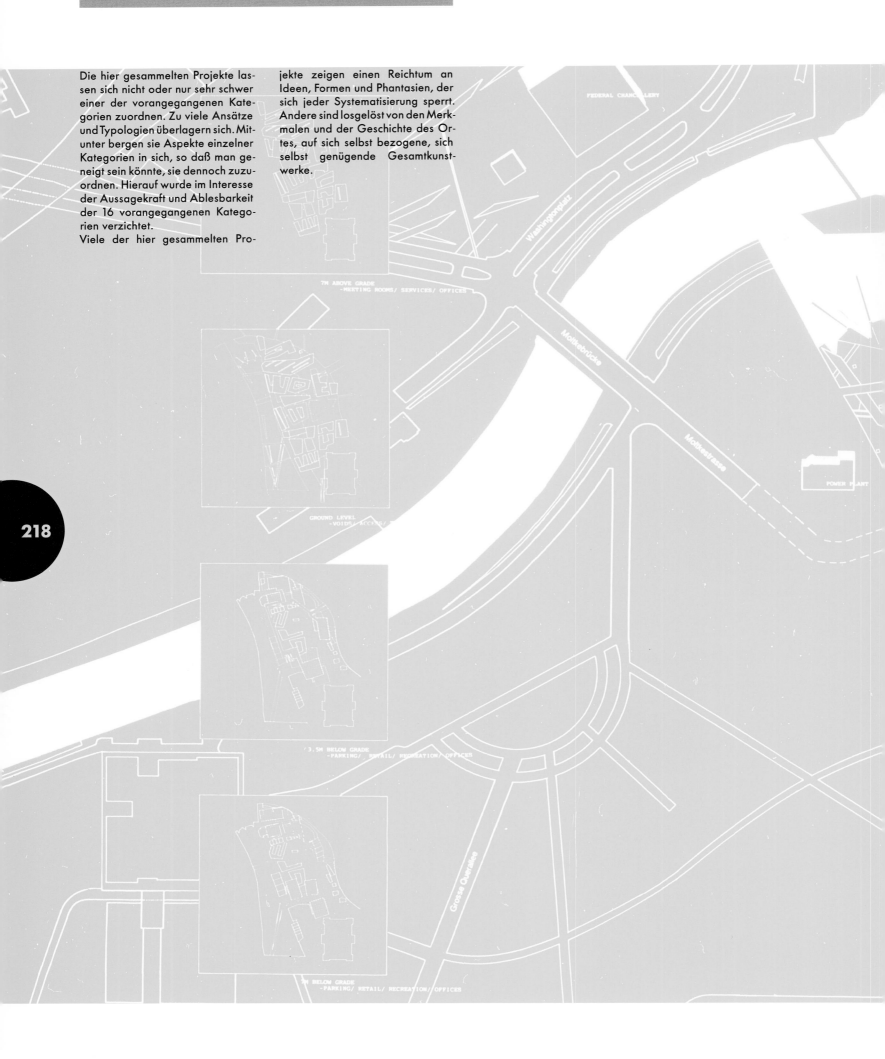

Sonderlösungen und Mischformen

Die hier gesammelten Projekte lassen sich nicht oder nur sehr schwer einer der vorangegangenen Kategorien zuordnen. Zu viele Ansätze und Typologien überlagern sich. Mitunter bergen sie Aspekte einzelner Kategorien in sich, so daß man geneigt sein könnte, sie dennoch zuzuordnen. Hierauf wurde im Interesse der Aussagekraft und Ablesbarkeit der 16 vorangegangenen Kategorien verzichtet.

Viele der hier gesammelten Projekte zeigen einen Reichtum an Ideen, Formen und Phantasien, der sich jeder Systematisierung sperrt. Andere sind losgelöst von den Merkmalen und der Geschichte des Ortes, auf sich selbst bezogene, sich selbst genügende Gesamtkunstwerke.

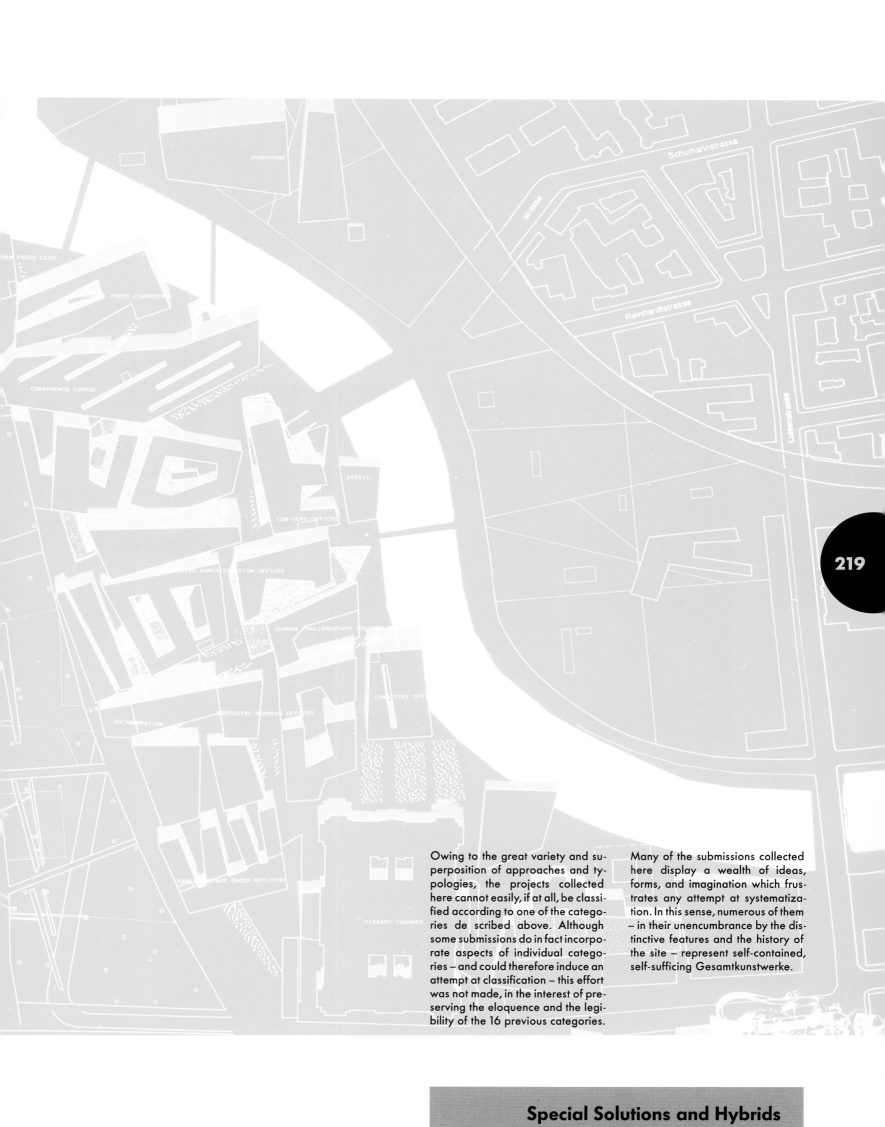

Owing to the great variety and su-perposition of approaches and ty-pologies, the projects collected here cannot easily, if at all, be classi-fied according to one of the catego-ries de scribed above. Although some submissions do in fact incorpo-rate aspects of individual catego-ries – and could therefore induce an attempt at classification – this effort was not made, in the interest of pre-serving the eloquence and the legi-bility of the 16 previous categories.

Many of the submissions collected here display a wealth of ideas, forms, and imagination which frus-trates any attempt at systematiza-tion. In this sense, numerous of them – in their unencumbrance by the dis-tinctive features and the history of the site – represent self-contained, self-sufficing Gesamtkunstwerke.

Special Solutions and Hybrids

Die Geometrie der Bauten in diesem Entwurf leitet sich vom Mäander der Spree auf ihrem Weg durch Berlin von Osten nach Westen ab. Der Entwurf unterteilt das Gebiet in vier Bereiche. Ein 80 m breiter Grünstreifen, in der Mitte geteilt durch die Spree, erinnert an die ursprüngliche Landschaft an diesem Ort. Die Bauten im Süden nehmen die Parlamentsfunktionen auf und bilden den Hauptschauplatz des städtischen Lebens. Im Norden, entlang der U-und S-Bahn-Linien, liegen unterschiedliche Bauten, deren Nutzung und Formgebung die Verbindung zum Stadtgefüge herstellen. Der Platz der Republik erstreckt sich von dem um 4 m erhöhten Terrain vor dem Reichstag bis zur Kongreßhalle.

Der Entwurf sieht die Erhaltung des Geländes entlang der Spreeufer in ihrem ursprünglichen und möglichst unberührten Zustand vor und seine Nutzung als öffentliche Grünfläche mit Springbrunnen, botanischen Gärten und Spazierwegen. Alle für das Parlament erforderlichen Gebäude wurden südlich davon inmitten von Gärten und Rasenflächen angelegt; so entsteht ein abgesonderter Bereich.

Die Platzfläche hat von einem Ende zum anderen eine Neigung von sechs Grad und symbolisiert damit den Unterschied zwischen den beiden Regierungskörperschaften.

Jenseits der Spree orientiert sich der Entwurf weniger an der Geschichte und an den Regierungsaufgaben, sondern wendet sich stärker der Stadt selbst und ihren Menschen zu.
DIE ARCHITEKTEN

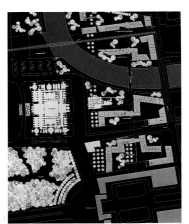

220

The buildings that make up this master plan derive their geometry from the meandering of the Spree and its path from the East to West of Berlin. The proposal calls for a division of the site into four distinct territories: A stretch of park land 80 m in width is bifurcated by the Spree and recalls Berlin's natural heritage. The structures to the south, dedicated to Parliamentary functions, are the main precincts of urban activity. To the north, along the U-Bahn and S-Bahn, are various structures connected to the city fabric through their programs and morphology. The Platz der Republik extends from a 4 m elevation at the Reichstag to the Kongresshalle.

The proposal suggests that the lands that embank the Spree remain natural and untouched and be dedicated as public green space, fountains, botanical gardens and pathways. All buildings necessary for the Parliament have been placed further south and are set into the gardens and lawns thereby providing a distinguished territory.

The main Plaza inclines from one end to the other at a rate of 6°, thereby symbolically balancing the two governmental bodies.

Beyond the Spree the approach has less to do with the history of the site and the government and is more attentive to the city itself and its people.

THE ARCHITECTS

Der Entwurf möchte dem Gedanken der Verbindung oder Verknüpfung Ausdruck verleihen, sowohl als Modell einer modernen Regierung wie auch als tatsächliches Modell für diesen historischen Stadtzusammenhang. Die Metapher der Brücke als verbindendes Element ersetzt die Erinnerung an die trennende Mauer; eine neue Definition von „Zentrum" wird vorgeschlagen, nicht als fester Punkt, sondern als Zusammenwirken dynamischer Systeme.

Das Hochhaus, in dem die Büros der Abgeordneten sowie die Pressekonferenz untergebracht sind, setzt für das Viertel ein erkennbares Zeichen im städtischen Kontext. Eine große Plaza verweist auf den förmlichen Charakter des Orts, verstärkt aber gleichzeitig die nichthierarchische Beziehung zwischen den einzelnen Institutionen, die alle ihr eigenes Gebäude haben. Die Plaza sollte von geschlungenen Wegen durchzogen sein. Ein riesiger Fach-

werkträger trägt die Länge des Brükkengebäudes, das als symbolische wie tatsächliche Verbindung zwischen Bundestag und Bundesrat wirkt; die darunterliegende Plaza wird nicht unterbrochen. Das Dach des Promenadengebäudes, in dem administrative Funktionen untergebracht sind, kann als öffentlicher Weg dienen, der den Tiergarten mit dem Park der Wohnungen auf dem Moabiter Werder verbindet.

DIE ARCHITEKTEN

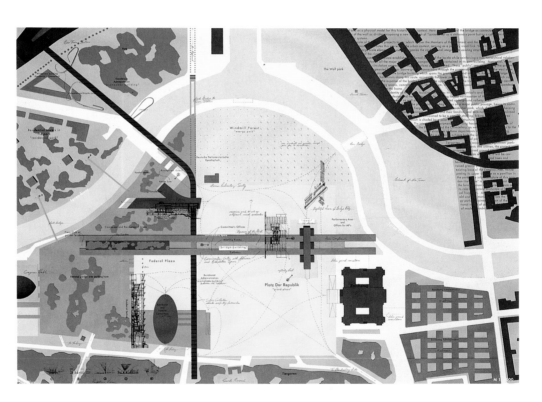

This proposal seeks fundamentally to express the notion of linkage or connection, both as a conceptual model of modern government and as a physical model for this historic urban context. Here the metaphor of the bridge as connector replaces the memory of the wall as divider, proposing a new definition of "center", not as a stationary point but as a collection of dynamic systems. The tower which houses the Members of the Parliament and the offices of the

Press Conference demarcates this site within the urban context. A proposed grand plaza establishes the formal nature of the locale while reinforcing a non-hierarchical relationship between all the major programmatic components, each contained in its own building. Non-axial, meandering circulation sequences through the plaza are envisioned. A large truss frame supports the expanse of the bridge building. The identity of the bridge building

reinforces its role as a symbolic and literal link between the Bundestag and the Bundesrat while allowing for the continuation of the grand plaza beneath. The roof of the promenade building, housing administrative functions, serves as a major public passage, it links the Tiergarten to the proposed residential park on Moabiter Werder.

THE ARCHITECTS

Laszlo Kiss & Todd Zwigard, New York

Die Grundgeste des Entwurfs spiegelt die wesentlichen Züge des Ortes wider, vor allem die historischen Nord-Süd- und Ost-West-Achsen, die sich im quadratischen Platz der Republik (auch als Esplanade oder Plaza gedacht) schneiden. Im Gegensatz zu dieser Konzeption, die eine klare programmatische und typologische Zuordnung erlaubt, haben wir die historische Anordnung, die durch das Kreuzen von Unter den Linden und Luisenstraße definiert wird, als ein zweites System angenommen. Die beiden Systeme bilden die Matrix bzw. den Rahmen der Komposition. Wegen der Bezüge zwischen den bestehenden Gebäuden und die durch Anforderungen und Ort auferlegten Einschränkungen können Monumentalität und Dynamik nicht als voneinander unabhängige Kategorien behandelt werden. Daher ist das Reichstagsgebäude monumental, seine Fassade wird betont, und es steht am Ende der wichtigen Ost-West-Achse – es sollte aber kein schließendes Element bilden. Seine Hauptfassade sollte das zentrale Bild für den Deutschen Bundestag abgeben.

DER ARCHITEKT

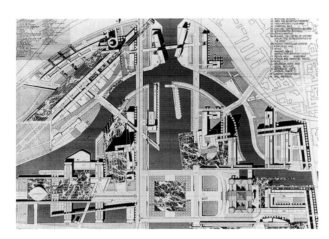

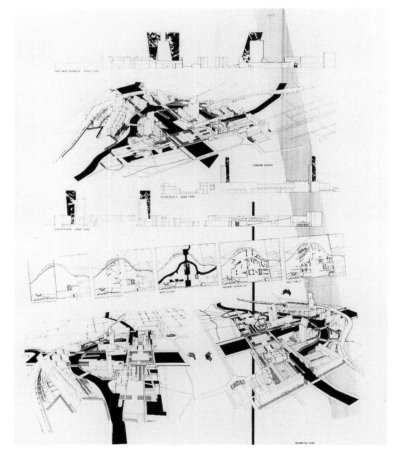

The design's initial gesture reflects the site features, such as the historical north-south and east-west axes that cross over the square (esplanade / plaza), that is „Platz der Republik". In opposition to this conceptual system that allows a clear programmatic and typological distribution we considered the historical/material layout defined by the intersection between Unter den Linden and Luisenstrasse as a second system. The two systems act as compositional matrix and frame. Because of the relations among the existing buildings and the constraints of program and site, monumentality and dynamics cannot be dealt with as separate categories. Thus the Reichstag is monumental and frontalized, located at the end of the important east-west axis; it should not be treated as a closing element. Its frontal façade is the main image of the German Bundestag.

THE ARCHITECT

Parlamente neigen dazu, über das Maß ihrer Offenheit zu täuschen. Durch die „transparente" Fassade wird einzig hindurchgelassen, was die innere Balance nicht stört. Die Tore in den Stadtmauern dieses Entwurfs sollen diesen Umstand in Erinnerung bringen.

Die Parlamentsstadt hinter den Mauern ist um ihre öffentlichen Räume herum organisiert. Nähe, Intimität und Vielfalt sind die Ursprungskräfte des Entwurfs.

Im Mittelpunkt befindet sich ein Forum, das 7 m unter Niveau liegt. Es ist zugänglich über eine Schiffsanlegestelle, Fahrrampen, kleine Fahrrad- und Fußgängerbrücken sowie einige seitliche Treppen. Vom Forum aus gelangt man in die umliegenden Gebäude, darunter der Reichstag, die nicht intern, sondern über das Forum erschlossen werden. Zum Forum gehören große Plätze, kleinere Höfe, Straßen, Galerien etc.

Um die Ebene 0 entsteht eine Stadt, die sich mit dem Forum verbindet. In ihr finden sich Büros, Tagungssäle und ähnliche Einrichtungen für die zum Bundestag gehörenden Personen. Im Umland siedeln das Kanzleramt, der Bundesrat und die verschiedenen diplomatischen Niederlassungen. Ihre Beziehung zur Parlamentsstadt ist die von Satelliten, so wie auch die Parlamentsstadt selbst einen Satelliten der Stadt Berlin bildet.

DER ARCHITEKT

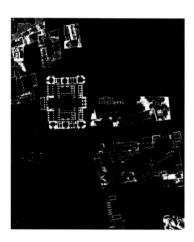

Parliaments tend to be deceptive concerning their openness. Behind a façade of transparency the only thing that is allowed to filter through is what does not disturb its balance. In this project, the gates in the wall serve as a reminder of this problem. The city behind this wall is organized around its public sphere. The generating principle for the plan is proximity, intimacy and multiplicity. The plan promotes a forum that is laid out 7 m below grade. Access is provided through a boat landing, car ramps, small bicycle and pedestrian bridges and some stairs along the edges. The Forum itself provides access to the buildings that stem from them, among them the Reichstag. Circulation is solved on the Forum, not internal to the buildings. Its spaces include large public squares, smaller courtyards, streets, gallerias etc.

Around grade zero a city comes into being and mixes with the Forum. It provides for offices, meeting rooms and additional facilities for those involved with the Bundestag. The lands surrounding it provide a "habitat" for the Federal Chancellery, the Bundesrat and various diplomatic missions. They are connected as satellites to the parliamentary city, very much in the same way the parliamentary city is connected to the city of Berlin.

THE ARCHITECT

Ronald van Duivenbode, Rotterdam

Der Entwurf sieht vor, daß die dem Bundestag und Bundesrat dienenden Bauvolumen die Form eines mehrgliedrigen Fächers annehmen, dessen Segmente sich im Zentrum des Spreebogens erheben. Alle Funktions- und Raumansprüche können auf diese Weise innerhalb eines einzigen Gebäudes erfüllt werden. Ausgangspunkt des Entwurfs sind die physischen Gegebenheiten des Gebiets, dessen Potentiale für die Gestaltung der Baukörper und der Landschaft genutzt werden sollen. Ergänzend wurden verschiedene funktionale Elemente in Bereichen angesiedelt, wo sie bereits früher vor dem Zweiten Weltkrieg standen, beispielsweise der Bahnhof, ein städtischer Platz, ein Theater, verschiedene Verkehrswege usw.

Das zentrale Gebäude besteht aus miteinander verflochtenen aufgefächerten Flanken, die eine Fülle verschiedener öffentlicher Bereiche überdachen. Besucher können sich frei unter ihnen bewegen, ohne das Gebäude zu betreten. Für die Abgeordneten schaffen diagonal geführte Aufzüge eine direkte Verbindung zum Plenarsaal und den verschiedenen Sitzungssälen. Der Plenarsaal des Bundesrates befindet sich an den Flanken des Gebäudes. Wichtige Bereiche des Bundestags liegen darüber in Form einer Brücke, die alle Gebäudeteile verbindet und eine Art Stadttor darstellt.

DER ARCHITEKT

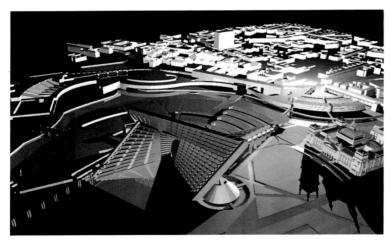

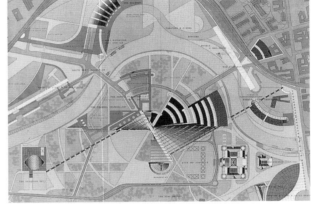

The project proposes that the building volumes serving the Bundestag and Bundesrat should take the form of a multi-flank canopy, its wings emerging from the earth in the center of the Spreebogen. Here, all the complex and diversified features required could be achieved in one single building complex. Its starting point should be the present physical features of the area, making an effort to develop the physical and landscape potential.

In addition, several functional elements were chosen according to their location prior to their destruction during the Second World War, e. g. the railway terminal, a city square, a theater, various traffic lines etc.

The central building consists of interlaced canopy flanks, roofing a wide variety of public areas. This will enable visitors to move freely under the building's roof without entering it. There is a direct link for the MP's through diagonal elevators leading to the assembly hall and the various committee rooms. The Bundesrat has its small assembly hall at the buildings flanks.

Main areas of the Bundestag rise above shaped as a bridge, uniting all the building's parts and creating a sort of gate for the city.

THE ARCHITECT

Das Spreebogenareal als Angelpunkt verschiedener Stadtstrukturen und Ort historischer Ereignisse kann und soll nicht einfach okkupiert werden oder zum Denkmal erstarren. Es muß neu definiert werden, um der Tragweite der symbolischen und repräsentativen Institutionen Rechnung zu tragen.

Nur großmaßstäbliche Beziehungen können dem Ort die notwendige Identität und Autonomie verleihen, um das unmittelbare wie mittelbare Stadtgefüge weder funktional noch räumlich zu überlasten. So wird sich eine Gruppierung mehrerer Solitäre in die großmaßstäbliche, fragmentarische Berliner Stadtlandschaft einfügen.

Die Abgrenzung durch einen Wasserlauf macht aus der Verschiedenartigkeit der Nutzung – als öffentliche Parkanlage, als tertiärer Sektor, als Sicherheitsbereich – ein natürliches Ereignis.

Die inhärenten topographischen und baulich-landschaftlichen Eigenschaften des Areals bleiben in ihren wesentlichen Merkmalen wahrnehmbar.

DIE ARCHITEKTEN

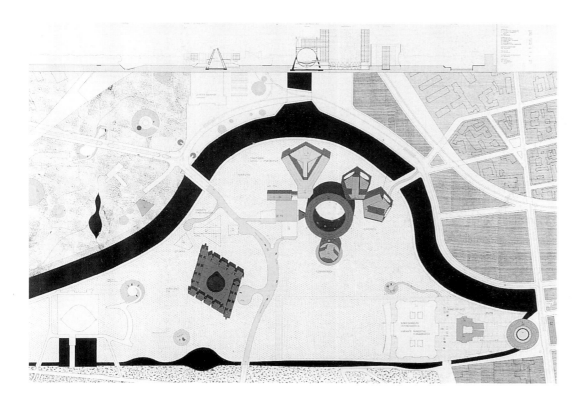

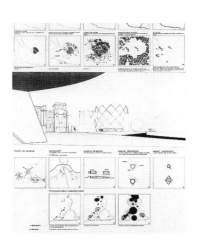

The Spreebogen site, a pivotal point where different urban patterns come together and historic events took place, should not be occupied or made into a monument. It must be newly defined in order to take on the scope of symbolic and representative institutions.

Only large-scale references can give the place the identity and autonomy necessary to refrain from either functionally or spatially overloading the urban fabric in the direct vicinity and beyond. A grouping of several single buildings is thus set into the largescale, fragmented urban landscape of Berlin.

The boundary along the course of the water makes a natural event out of the different uses – as public park space, as service sector, as security area. The essential features inherent in the topographical, architectural and landscape qualities of the site remain recognizable.

THE ARCHITECTS

**Renzo Vallebuona, Walter Nägeli,
Jochen Könz, Berlin**

Sonderlösungen und Mischformen

Krüger Salzl Vandreike & C. Schuberth, Berlin

Margaret Mahboubian, New York, NY

Maarten P. Evelein, Amsterdam

Juliette Beckering, Bart Goldhoorn, Diederik Nortier, Michiel Riedijk, Herman Verkerk, Jurjen Zeinstra, Amsterdam

John Clagett, Oakland, CA

Tatjana Zwyssig, Zürich

Gavan James Reilly, Perth

Jacques Ringuez, Agnès Gelain, Claire Midey, Paris

Page & Park Architects, Glasgow

Horst Roschker, Johannesburg

Walter Liebender, München

Albert Aballanet Gimenez, Barcelona

Josep Maria Fuses, Joan Maria Viader, Girona

Buro voor Urbane Ruimtelijke Ontwikkeling, Maastricht

Atelier A3 + IBUS, Treilles + Berlin

Dante Salmè, Torino

André Jacqmain, Genval

Giordano Sandro, Stefano Accinelli, Oscar Tonello, San Remo

Mattheos Papavasiliou, Athen

Toribio Sosa, Dieter Mattich, Marina de Marchi, Lugano

Special Solutions and Hybrids

Janusz Kaczyński, Białystok

M. Herzog, A. Emmenegger, Bonfol

John C. F. Cheng, Anthony Cheung,
Douglas Sung, South Pasadena, CA

Jürgen Ritzmann, München

Jørn Boldsens Tegnestue, København

Thomas Malysa, Prahran

Dariusz Kozłowski, Maria Misiagiéwicz,
Kraków

Hoffmann, Uellendahl + Adams,
Rosenberg, Kolb, Berlin, New York

art M, Marseille

William Odell, St. Louis, MO

Sharat Das & Associates, New Delhi

Birgit Hammoodi, Doha / Qatar

Dan P. Branch, C. Ashton Smith,
Lafayette, CA

Marek Golonka, Kraków

Eugenio Jungk, Hieronim Listowski,
Gregorio Berchenko, Paris

Richard Hajnosz, Georges Jourdan,
Bellevue, WA, Chiny

Cynthia P. Cheng, San Luis Obispo, CA

Nielebock Hein Meier-Hartmann, Berlin

Giancarlo Smurra, Milano

Maria Veltcheva, Roma

**Special Solutions
and Hybrids**

Thomas Han, Swarthmore, PA

David Cohen, Beer-Sheva

Pascale Seurin, Paris

Harper Mackay Ltd., London

Michel Birmant, Paris

Brian Wait, Patrice Lynch, Paris

Richard Tobias, London

Nandinee Phookan, Norman Cox, Brooklyn, NY

Giovanni Picco, Fabrizio Astrua, Enrico Desideri, Luca Liparulo, Cristiano Picco, Roberto Rustichelli, Torino

Avishai Ben-Abba, Alona Lifshitz, Jerusalem

A. S. Mahdavi, London

Joachim Ramin, Berlin

F. Javier Aguilar, Barcelona

Christoph Affentranger, Zug

Christos Kokkas, Evangelos Ravanos, Athen

Eduardo E. Lozano, Cambridge, MA

231

Fred Genin, Monaco

Göran Andersson, Hans Birkholz, Peter Walker, Bromma

Carrie R. Wilson, Omaha, NE

Michael R. Davis, Doug Coots, Boston, MA

Special Solutions and Hybrids

L. Mannini, P. Mancini, P. Chiavarini,
Sesto Fiorentino

Walter Arbolino, Roma

Bruno Sacchi, Firenze

Victor Dibrov, Rishon-Letzion

232

Dunlop Farrow Inc. Architects, Toronto

Svetlana Popova, Leonid Pokrass,
Silvia Pencheva, Marin Yordanov, Sofia

Friedrich Meiners-Habichthorst,
Dorita Habichthorst, Münster

Edna Ishai Wilson, Tel Aviv

Xiaobai She, Cincinnati, OH

Parag Mehta, Percy Pithawala,
New York, NY

J. A. Attwood, London

J. Steven Wright, Paris

Cataldo D'Imperio, Torino

Stefan Forster, Darmstadt

Lawrence C. Davis, Scott A. Johnston,
Randy J. Stephens, Oxford, OH

Arthur A. Ovaska, Berlin, Ithaca, NY

Guntram Mäztler, Bregenz

Nabil el Fayoumi, Gamal Selim
Goubran, Alexandria

Dan Zamora, Cebazan

Michel Macary, Namer Tomas, Paris

**Special Solutions
and Hybrids**

Léonard Enea Spilimbergo, Paris

A. G. Krishna Menon, New Delhi

Philippe Dubois-Brunet, Paris

Christian Leprette, Paris

Romuald Hausmann, Piła

Johann Winter, Wien

Charles Grosset-Grange,
Bercheres-Sur-Vesgre

Ivan Franic, Michel Garcin, Paris

Marek Gapinski, Yonkers, NY

Kailas S. Savant, Bombay

Rolf Thies, Birgit Reck, Ute Nüchterlein, Yngsjö, Berlin

William Tate, Lafayette, LA

Archaos Architcts, Råå

Hubert + Jürgen Bahl, Duisburg

Jacques Courbon, Fontenay-aux-Roses

Peter Elliott + Ray House, Mahwah, N.J.

Alberto Caruso, Milano

Tsoukala Kyriaki, Dina Demiri, Vana Tentokali, Fani Vavili-Tsinika, Thessaloniki

Christian Kohl, Duisburg

Marco Gramigni, Novara

Special Solutions and Hybrids

Remi Papillault, Paris

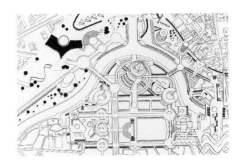

Uli Gassmann, Paris

Studio A 3, London

O. Karel, Mühltal

Hossein Amanat, Vancouver

Petr Hurník, Brno

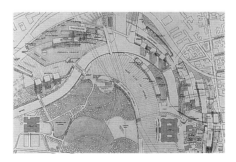

Lefas, Christodoulopoulou, Athen

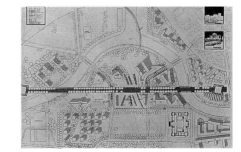

Nilberto Gomes De Sousa, Paris

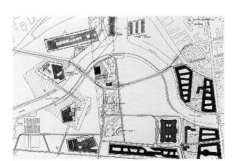

Fabienne Guedo, Les Lilas

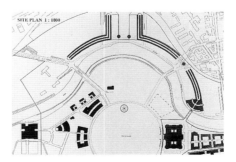

Tim Kilpatrick, Liverpool

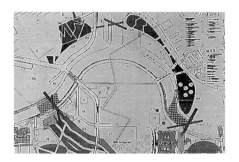

Franco Zagari, Roma

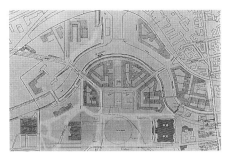

Vlastimir Hoffmann, Taormina

Marc Antoine Lenzi, Firenze

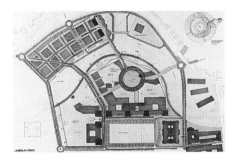

Cuijpers, Fagnotti, Eindhoven

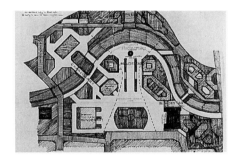

S. Ektate, Dombivali, Maharashtra

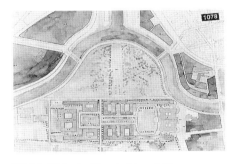

Webb Nichols, Cambridge, MA

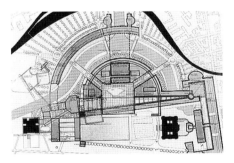

Janos Szabo, Ontario

Burkhard Grashorn, Oldenburg

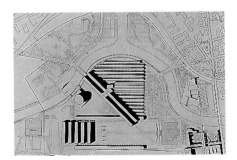

Luca Santini, Firenze

„An diesem Ort Berlins planten die
Verantwortlichen Deutschlands die Errichtung
ihres neuen Regierungssitzes."

Wolfgang Max Rudorf, Berlin

Special Solutions
and Hybrids

Chronologie des Wettbewerbs

20. 6. 1991 Hauptstadtbeschluß des Deutschen Bundestages

30. 10. 1991 Entscheidung des Ältestenrates für das Reichstagsgebäude als Plenarbereich des Deutschen Bundestages

12. 6. 1992 Ausgabe der Ausschreibungsunterlagen

22. 7. 1992 Letzter Termin für schriftliche Rückfragen

1. 9. 1992 Letzter Termin für Teilnahmeregistrierung

12. 10. 1992 Abgabetermin für Wettbewerbsarbeiten

26. 10. 1992 Abgabetermin für Modelle

20. 1.– 23. 1. 1993 Erste Preisgerichtsrunde

15. 2.–18. 2. 1993 Zweite Preisgerichtsrunde

19. 2. 1993 Pressekonferenz im Reichstag mit Bekanntgabe der Preisträger im Wettbewerb Spreebogen und im Reichstagswettbewerb

12. 3.–13. 3. 1993 Zweites Reichstagskolloquium des Deutschen Bundestages, Vorstellung und Erörterung der preisgekrönten Projekte

Chronology of the Competition

June 20, 1991 Decision of the German Bundestag for Berlin as capital

October 30, 1991 Decision of the Parliamentary Advisory Committee for the Reichstag as Plenary Chamber of the German Bundestag

June 12, 1992 Distribution of competition briefs

July 22, 1992 Final deadline for written queries

September 1, 1992 Final deadline for registration of participants

October 12, 1992 Deadline for submission of entries

October 26, 1992 Deadline for submission of models

January 20 – 23, 1993 First jury session

February 15 – 18, 1993 Second jury session

February 19, 1993 Press conference at Reichstag, announcing the prize winners of the Spreebogen competition

March 12 – 13, 1993 Second Reichstag Colloquium of the German Bundestag, presentation and discussion of the prize winning projects

Allgemeine Beurteilungskriterien

Der Auslober legt auf die Erfüllung der nachfolgend genannten Forderungen besonderen Wert und macht deshalb zur Grundlage der Beurteilungskriterien der Vorprüfung:

- Entwicklung einer überzeugenden städtebaulichen Lösung

- Erfüllung des Raum- und Funktionsprogramms des Deutschen Bundestages und des Bundeskanzleramtes

- Beachtung der verkehrlichen Anforderungen für alle Verkehrsarten

- Beachtung der städtebaulichen Entwicklungsziele, insbesondere der städtebaulichen, stadträumlichen und denkmalpflegerischen Bezüge zur umgebenden Stadt und einzelner Gebäude. Besonders beachtet werden sollen die Bedeutung der Charité, des Reichstagsgebäudes sowie die landschaftspflegerische und topographische Bezugnahme auf die Spreeufer und den Tiergarten

- Beachtung von Stadtstruktur und Stadtgrundriß bei der Neubebauung der Blöcke östlich des Reichstages im städtebaulichen Kontext der Dorotheenstadt und der Friedrichstadt

- Schaffung attraktiver öffentlicher Räume mit hoher Aufenthaltsqualität und abwechslungsreichen Angeboten

- Entwicklung von internen und externen Erschließungskonzepten, die im Innern die Funktionsabläufe gewährleisten und nach außen das Parlamentsviertel an die Stadt anbinden

- Behindertengerechte Gestaltung von Gebäuden und Freiflächen

- Berücksichtigung ökologischer Faktoren (Freiflächen und Grün, Energie, Wasser, Boden, Abfallentsorgung, Luft und Stadtklima)

- Berücksichtigung der Sicherheitsanforderungen

- Abschnittsweise Realisierungsmöglichkeit auch unter Berücksichtigung der Verkehrsplanung.

General evaluation criteria

The awarding parties emphasize the importance of compliance with the requirements listed below and have therefore made them the basis of criteria of the preliminary examination:

- development of a convincing urban design solution

- satisfaction of the spatial and functional requirements of the German Bundestag and the Federal Chancellery

- consideration of the requirements for all types of traffic

- consideration of the goals of urban design, in particular the required contextual, spatial and historical links to the surrounding urban fabric and individual buildings. Particular attention must be given to the buildings of the Charité hospital bordering the site to the northeast, retention of the central focus of Reichstag building within the inner Spreebogen site, and incorporation of the design of landscaping and topography together with the quays of the Spree and the gardens of the Tiergarten

- consideration of the urban structure and layout in the building of new blocks to the east of the Reichstag in the context of Dorotheenstadt and Friedrichstadt

- creation of attractive public spaces where it is pleasant to stay and which offer a variety of activities

- development of internal and external design strategies that guarantee the operation of inner functions

- linking the Bundestag area with the rest of the city on the outside

- consideration of ecological factors (open spaces and greenery, energy, water, soil, waste disposal, air and urban climate)

- consideration of security requirements

- provision for phased implementation with regard to traffic planning

Beteiligte des Preisgerichtsverfahrens / Composition of the jury

Fachpreisrichter / Expert Judges
International / International
Vittorio Gregotti, Milano; Wilhelm Holzbauer, Wien;
Henning Larsen, København; Richard Meier, New York;
Kaija Siren, Helsinki; Claude Vasconi, Paris

Stellvertreter / Deputy Judges
Franco Stella, Vicenza; Maria Auböck, Wien;
Romuald Loegler, Kraków; Karen Van Lengen, New York;
Fabio Reinhart, Lugano; Douglas Clelland, London;
Christophe Girot, Paris

National / National
Hanns Adrian, Hannover; Edvard Jahn, Berlin;
Gerhart Laage, Hamburg; Günther Schäffel, Bonn;
Christiane Thalgott, München; Angela Wandelt, Leipzig

Stellvertreter / Deputy Judges
Hildebrand Machleidt, Berlin; Karlheinz Wuthe, Berlin;
Hille von Seggern, Hamburg; Barbara Jakubeit, Berlin;
Ute Baumbach, Rostock; Helmut Trauzettel, Dresden

Sachpreisrichter / General Judges
Prof. Dr. Rita Süssmuth, MdB, Präsidentin des Deutschen Bundestages
Friedrich Bohl, MdB, Bundesminister, Chef des Bundeskanzleramtes
Dr. Irmgard Schwaetzer, MdB, Bundesministerin für Raumordnung,
Bauwesen und Städtebau
Dr. Dietmar Kansy, MdB, Peter Conradi, MdB,
Prof. Dr. Jürgen Starnick, MdB
Eberhard Diepgen, Regierender Bürgermeister von Berlin
Dr. Volker Hassemer, Senator für Stadtentwicklung und Umweltschutz
Wolfgang Nagel, Senator für Bau- und Wohnungswesen
Wolfgang Naujokat, Bezirksbürgermeister Tiergarten

Stellvertreter / Deputy Judges
Dr. Rudolf Kabel, Direktor beim Deutschen Bundestag
Anton Pfeifer, MdB, Staatsminister beim Bundeskanzler
Gerhard von Loewenich, Staatssekretär im Bundesbauministerium
Dr. Oscar Schneider, MdB, Gerd Wartenberg, MdB
Cornelia Schmalz-Jacobsen, MdB;
Volker Kähne, Chef der Senatskanzlei
Wolfgang Branoner, Staatssekretär Senat für Stadtentwicklung und
Umweltschutz
Dr. Hans Stimmann, Staatssekretär Senat für Bau- und Wohnungswesen
Benno Hasse, Bezirksbürgermeister Mitte

Beteiligte der Vorprüfung / Composition of Preliminary Examination

Leitung / Organization
Bernd Faskel und Gunter Strey

Koordinationsbüro / Coordinating Office:
Klaus Bonnet, Gabriele Brüß, Darius Cierpialkowski, Carina Keil,
Andrea Wiese

Vorprüfer / Preliminary Examiners:
Jean Marc Abcarius, Annegret Burg, Christopher Burns, Karin Dalbert,
Birgit Dietsch, Gert Dirichlet, Burkhard Entrup, Petra Epperlein,
Holly Getch, Heidrun Günther, Christel Häussler, Gunter Hastrich,
Norbert Hemprich, Reimar Herbst, Andreas Herschel,
Andreas Hierholzer, Stephan Höhne, Wolf von Horlacher,
Christian Huntgeburth, Corinne Jaquand, Helma Karau,
Stephan Krüger, Martin Kusanke, Kristin Latour, Hermann Lüddecke,
Detlef Mallwitz, Ricardo Mohr, Georg Mrowetz, Ulrike Poeverlein,
Agniesz Preibisz, Christian Rapp, Caroline Raspé, Gabriele Riesner,
Francesca Rogier, Steffen de Rudder, Max von Rudzinski,
Gisela Schneidewind, Dieter Scholz, Veronika Schröter, Carl-
Georg Schulz, Corrado Signorotti, Elisabeth Sikiaridi,
Sigismund Sliwinski, Jürgen Späth, Isolde Stamm, Julia Tophof,
Hans Vetter, Dr. Martin Wimmer, Bernd Wippler, Beatrix Wuttke

Mitarbeiter der Vorprüfung / Assistants to the Preliminary Examination:
Yalçin Bal, Abel Benedikt, Monika Bischoff, Stefan Bodewein,
Anja Bremer, Gabimari Cissek, Frank Cremer, Jürgen Dahlmanns,
Reinhard Dassel, Frank Dierich, Stefan Drewes, Jeiro Ferreirada,
Ulrike Forster, Ferdinand Francken, Matthias Frick, Volker Gahnz,
Cécile Gall, Stefan Gellenbeck, Ulrike Gresser, Holger Hansen,
Sybille Hartel, Mathia Hartmann, Andrea Henrion, Bettina Hente,
Volker Hussmann, Ines Kaschowitz, Jochen Klippert, Thorsten Klooster,
Knud Kohlhof, Wolfgang Kriegs, Wolfgang Lampe, Antje Lehners,
Tobias Lindemann, Thomas Lippert, Christof Löffler, Sandra Lorenz,
Dirk Mahlmann, Alexandra Majewski, Anja Maria Mayer,
Susanne Müller, Frank Noé, Andrew Onraet, Rodrigo Opazo,
Konrad Opitz, Dirk Otterpohl, Markus Penell, Michael Prytula,
Renate Sami, Harald Schäfer, Martin Schenk, Christine Schily,
Hartmut Schlomm, Michael Schmidt, Ralf Schopen, Andrea Schröder,
Beate Seule, Roman Siegle, Manuela Sliwinski, Katrin Stoepper,
Cord Struckmann, Volker Thiele, Jens Windolf, Barbara Wolff

240

Register
Index

Deutschland / Germany

243

Register

Egypt → Ägypten

Estland / Estonia / Eesti

244

Index

Register

Germany → Deutschland

Griechenland / Greece / Helliniki Demokratia

Großbritannien / Great Britain

247

Index

Register

248

Japan / Nippon

249

Index

Register

250

251

Index

Register

Index

Register

Venezuela

Bildnachweis/Acknowledgements

Aus: Ausschreibung/Competition Brief:
Seiten/pages 38, 39, 40, 41, 42, 43, 44
Aus: „Hauptstadt Berlin", Berlin:
Gebrüder Mann, 1990: Seiten/pages 33, 34
Archiv Annegret Burg:
Seiten/pages 23, 24, 25, 26, 27, 28, 29, 30, 31 l., 34 r., 35
Archiv Axel Schultes:
Seite/page 49
Bezirksamt Charlottenburg:
Seite/page 20 l.
Barbara Klemm:
Seiten/pages 21, 22
Dieter Kramer:
Seiten/pages 36/37
IBA-Bildarchiv:
Seiten/pages 33 r., 34 r. u.
Landesbildstelle:
Seiten/pages 20 r., 32 r.